高等职业教育汽车类专业创新教材

# 汽车底盘结构拆装与检修

## （配实训工单与习题）

主　编　陈　雷　章　磊　许　栋

副主编　李雪峰　孙　云　连显慧

　　　　张婷霞　毕　昆

参　编　彭卫锋　杨　力　盛雪莲

　　　　茅启园　汪　军　施蒋彬

二维码总码

机械工业出版社

本书根据职业教育工作过程系统化教学的特点，将内容按照"教学目标——案例引入——知识学习——技能操作"等环节进行编排。全书按照汽车传动系统、行驶系统、转向系统、制动系统分成4个学习场、18个学习情境，每个学习场对应一套习题，每个学习情境对应一份实训工单，并配套课件一份。

每个学习情境都突出了"以学生为中心"，强调学生的学，并结合教学实际情况、企业岗位实际需求、课程育人教学改革要求，突出对学生实践技能与职业素养的培养，其中新技术与新工艺使用蓝色字体，操作规范与标准要求使用绿色字体，重点和难点内容配以视频或微课进行讲解。

本书可供高职高专院校、中职中专院校及技师学院等汽车专业课程学习使用，也可作为汽车技术人员的培训教材和参考用书。

**图书在版编目（CIP）数据**

汽车底盘结构拆装与检修：配实训工单与习题 / 陈雷，
章磊，许栋主编. — 北京：机械工业出版社，2023.6（2024.8重印）
高等职业教育汽车类专业创新教材
ISBN 978-7-111-73325-6

Ⅰ.①汽… Ⅱ.①陈… ②章… ③许… Ⅲ.①汽车-底盘-
装配（机械）-高等职业教育-教学参考资料 ②汽车-底盘-
车辆修理-高等职业教育-教学参考资料 Ⅳ.①U472.41

中国国家版本馆CIP数据核字（2023）第105752号

机械工业出版社（北京市百万庄大街22号 邮政编码100037）
策划编辑：齐福江　　　　　　责任编辑：齐福江　丁　锋
责任校对：龚思文　梁　静　封面设计：张　静
责任印制：刘　媛
北京中科印刷有限公司印刷
2024年8月第1版第2次印刷
184mm×260mm·16.25印张·421千字
标准书号：ISBN 978-7-111-73325-6
定价：59.90元（含附加册）

电话服务　　　　　　　　　　网络服务
客服电话：010-88361066　　机　工　官　网：www.cmpbook.com
　　　　　010-88379833　　机　工　官　博：weibo.com/cmp1952
　　　　　010-68326294　　金　书　网：www.golden-book.com
**封底无防伪标均为盗版**　　机工教育服务网：www.cmpedu.com

# 前言

"汽车底盘结构拆装与检修"是高职院校汽车维修类专业的一门专业核心课程。为加快建设新形态教材,适应结构化、模块化专业课程教学的要求,本书以工作手册式的新形态教材形式编写,配套资源丰富,呈现形式灵活,可听、可视、可练、可互动。

本书根据职业教育工作过程系统化教学的特点,将内容按照"教学目标——案例引入——知识学习——技能操作"等环节进行编排。全书总计4个学习场、18个学习情境,每个学习场对应一套习题,每个学习情境对应一份实训工单。编写时,突出了"以学生为中心",强调学生的学,并结合教学实际情况、企业岗位实际需求、课程育人教学改革要求,突出对学生实践技能与职业素养的培养。

本书在编写过程中,突出以下特点:

1. 为推进党的二十大精神进教材,并结合党的二十大报告中关于"深入实施人才强国战略,坚持尊重劳动、尊重知识、尊重人才、尊重创造"等内容,在思政(素养)目标上,培养学生诚实守信、实事求是的职业道德,安全环保、和谐友善的职业素养,精益求精、热爱劳动的职业精神。

2. 遵循职业教育教学规律和人才成长规律。以企业实际案例为载体,融入新技术与新工艺,注重操作规范与标准要求,满足项目学习、案例学习、模块化学习等不同学习方式要求。

3. 丰富并合理编排教材内容。教材内容设计逻辑严谨、梯度明晰,图文并茂。配套课件、微课、动画、视频等大量融媒体资源,可通过扫码观看,提高学生学习兴趣,降低学生学习难度。

4. 校企联合、校校联合组成教材编写团队。生产型、维修型企业技术人员和多所高职院校的中青年骨干教师参与教材编写或提供帮助。

5. 工单特色。依据工作过程系统化理念,按照六步法设计工单,即"资讯单——计划单——决策单——实施单——检查单——评价单",主要由学生分组合作完成任务,充分发挥学生主观能动性。为节省篇幅,计划单可由学生分组在白纸上制订。

本书由江苏世纪龙科技有限公司提供技术支持,由常州工业职业技术学院陈雷、章磊、许栋任主编,常州工业职业技术学院李雪峰、孙云、连显慧、张婷霞、毕昆任副主编,常州工程职业技术学院彭卫锋,常州工业职业技术学院杨力、盛雪莲、茅启园,常州富祥汽车维护服务有限公司汪军,南通职业大学施蒋彬等参与编写。感谢北京理想汽车有限公司赵长友、常州宝新汽车服务有限公司姜凯平为本书的编写提供帮助。

由于编者水平有限,书中难免有不当之处,恳请使用本书的师生和读者批评指正。

编　者

# 二维码清单

| 名称 | 图形 | 页码 | 名称 | 图形 | 页码 |
|------|------|------|------|------|------|
| 传动系统认知 | | P002 | 驱动桥与半轴 | | P056 |
| 离合器 | | P005 | 主减速器 | | P058 |
| 手动变速器认知 | | P012 | 差速器 | | P059 |
| 二轴式手动变速器 | | P013 | 差速器拆卸 | | P064 |
| 同步器 | | P018 | 差速器安装 | | P065 |
| 手动变速器操纵机构 | | P022 | 车架 | | P067 |
| 自动变速器分类 | | P028 | 车桥 | | P069 |
| 万向传动装置 | | P046 | 车轮与车胎 | | P072 |

# 目 录

Contents

# 学习场一
# 汽车传动系统结构拆装与故障
# 诊断、检修

## 学习情境一　汽车传动系统认知与离合器检修

### 知识目标

1. 了解汽车底盘各系统的功能。

2. 掌握汽车传动系统的分类、组成、工作过程。

3. 掌握汽车传动系统的布置形式。

4. 掌握离合器的组成、功用、分类与工作原理。

5. 掌握离合器的自由间隙和离合器踏板的自由行程。

### 能力目标

1. 能够完成离合器的维护与检修任务。

2. 能够完成离合器起步抖动故障的诊断与排除任务。

3. 能够完成离合器分离不彻底故障的诊断与排除任务。

4. 能够完成离合器打滑故障的诊断与排除任务。

5. 能够完成离合器异响故障的诊断与排除任务。

### 素养目标

1. 规则意识，规矩意识。

2. 一丝不苟，精益求精的工匠精神。

## ➡ 案例引入

　　一辆手动挡五菱宏光面包车驶进汽车维修站，据车主反映，该车的离合器踏板虽已踩到底，但挂挡仍有困难，等勉强挂上挡后，有时在离合器踏板尚未完全放松时，汽车就熄火了。后经维修人员检查发现，该车存在离合器分离不彻底等故障。作为维修人员，应掌握汽车传动系统的分类、组成与工作过程，掌握离合器的组成、功用、分类与工作原理，能够完成离合器的维护与检修任务，能够排除离合器的各类故障。

## ➡ 知识学习

### 一 汽车底盘

#### 1.定义

汽车底盘是由传动系统、行驶系统、转向系统和制动系统四部分组成。

#### 2.功用

汽车底盘的作用是支承、安装汽车发动机及其各部件、总成，成形汽车的整体造型，并传递发动机的动力，使汽车产生运动，保证汽车正常行驶。如图1-1-1所示。

图1-1-1 汽车底盘

#### 3.汽车底盘的各部分功能

1）传动系统：传动系统的功用是将发动机的动力传给驱动车轮。不同的汽车，其底盘的组成稍有不同。如对于多数载货汽车及部分轿车，其底盘一般是由离合器、手动变速器、万向传动装置、驱动桥等组成。

2）行驶系统：行驶系统的功用是支承、安装汽车的各零部件总成，传递和承受车上、车下各种载荷的作用，以保证汽车的正常行驶。它主要由车架（车身）、车桥、悬架、车轮等组成。

3）转向系统：转向系统的功用是保证汽车能够按照驾驶人选定的方向行驶。它主要由转向操纵机构、转向器、转向传动机构组成。现在的汽车普遍采用动力转向装置。

4）制动系统：制动系统的功用是使汽车减速、停车并能保证可靠地驻停。汽车制动系统一般包括行车制动系统和驻车制动系统等两套相互独立的制动系统，每套制动系统都包括制动器和制动传动机构。现在汽车的行车制动系统一般都装配有制动防抱死系统（ABS）。

汽车底盘各个系统都有着各自的作用，都有特定的位置，按照规则运行，保证汽车的正常行驶。

### 二 汽车传动系统

#### 1.定义

汽车传动系统简单来说是指从发动机到驱动车轮之间所有动力传递装置的总称。

#### 2.功用

1）动力传递，将发动机发出的动力传给汽车的驱动车轮。

2）降速增矩。

#### 3.分类及组成

汽车传动系统的组成与传动系统的类型、布置形式及汽车驱动形式等许多因素有关。

**（1）机械式传动系统组成及动力传递**　机械式传动系统反映了各动力方式下机构运动的直接传递情况，对于前置后驱的汽车来说，发动机发出的转矩依次经过离合器、变速器、万向节、传动轴、主减速器、差速器、半轴传给后车轮，所以后轮又称为驱动轮。驱动轮得到转矩便给地面一个向后的作用力，并因此而使地面对驱动轮产生一个向前的反作用力，这个反作用力就是汽车的驱动力。汽车的前轮与传动系统一般没有动力上的直接联系，因此称为从动轮，如图 1-1-2 所示。

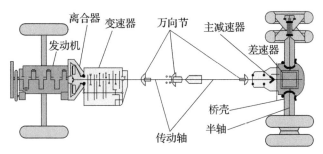

图 1-1-2　机械式传动系统布局图

**（2）机械式传动系统各总成的功用**

1）离合器：按照工作需要，适时地切断或接合发动机与传动系统之间的动力传递。

2）变速器：改变发动机输出转速的高低、转矩的大小及旋转方向，也可以切断发动机向驱动轮的动力传递。

3）万向传动装置：将变速器输出的动力传递给主减速器，并适应两者之间距离和轴线夹角的变化。

4）主减速器：降低转速，增大转矩，改变动力的传递方向 90°。

5）差速器：将主减速器传来的动力分配给左右两半轴，并允许左右两半轴以不同角速度旋转，以满足左右两驱动轮在行驶过程中差速的需要。

6）半轴：将差速器传来的动力传给驱动轮，使驱动轮获得旋转的动力。

　　汽车传动系统各个部件都有着各自的作用，都有特定的位置，按照规则运行，保证汽车的正常行驶。大家在日常的生活、学习、工作中也应该树立规矩意识、规则意识。

**（3）液力机械式传动系统组成、优点及其动力传递**　液力机械式传动系统是组合运用液力传动和机械传动，以液力机械变速器取代机械式传动系统中的摩擦式离合器和普通齿轮式变速器，其他组成部件及布置形式均与机械式传动系相同。液力传动的输入轴与输出轴之间只靠液体为工作介质联系，构件间不直接接触，是一种非刚性传动。液力传动系统的优点是能吸收冲击和振动，过载保护性好，甚至在输出轴卡住时动力机仍能运转而不受损伤，带载荷启动容易，能实现自动变速和无级调速等。因此，它能提高整个传动装置的动力性能。液力机械传动系统布局如图 1-1-3 所示。

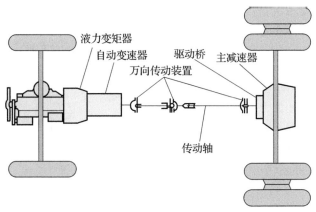

图 1-1-3　液力机械传动系统布局图

## 三 汽车传动系统的布置形式

汽车传动系统的布置形式取决于汽车的使用性质、发动机的安装位置和汽车的驱动形式。汽车的驱动形式通常用汽车车轮总数 × 驱动车轮数来表示（其中车轮数按轮毂数计）。普通汽车多装有四个车轮，其中只有两个驱动轮，其驱动形式为 4×2。越野汽车的全部车轮都可作为驱动轮，其驱动形式有 4×4、6×6 等。此外，汽车的驱动形式也可以用车桥总数 × 驱动桥数来表示，如 2×1 和 2×2 等。

### 1.发动机前置、后轮驱动

图 1-1-2 所示为发动机前置、后轮驱动（FR 型）的布置形式。它是目前货车上广泛采用的一种传动系统布置形式，如解放 CA1092、东风 EQ1090E 汽车。

另外，部分奔驰和宝马系列轿车，也采用这种布置形式，如图 1-1-4 所示。

### 2.发动机前置、前轮驱动

图 1-1-5 所示为发动机前置、前轮驱动（FF 型）的传动系统布置形式。它是轿车上普遍采用的一种传动系统布置形式，如上海大众、一汽大众、上汽通用、广汽本田等轿车，但是部分汽车的发动机是横置，部分汽车的发动机是纵置。

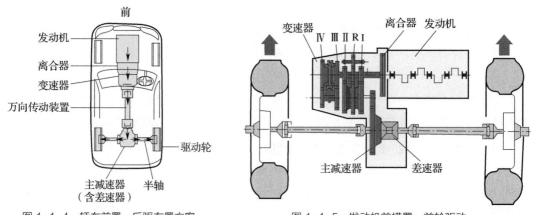

图 1-1-4　轿车前置、后驱布置方案　　　　图 1-1-5　发动机前横置、前轮驱动

### 3.发动机后置、后轮驱动

图 1-1-6 所示为发动机后置、后轮驱动（RR 型）的传动系统布置形式。它是某些大型客车上采用的一种传动系统布置形式，如厦门金龙、VOLVO 客车等。这种布置形式，其发动机、离合器和变速器制成一体布置在驱动桥之后。

### 4.越野汽车传动系统布置形式

图 1-1-7 所示为 4×4 越野汽车的传动系统布置形式示意图，如北京切诺基、奥迪 Q7、东风本田 CRV 汽车等均有采用。越野汽车为了充分利用所有车轮与地面之间的附着条件，以获得尽可能大的牵引力，采用了四轮驱动。

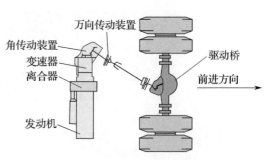

图 1-1-6　发动机后置、后轮驱动

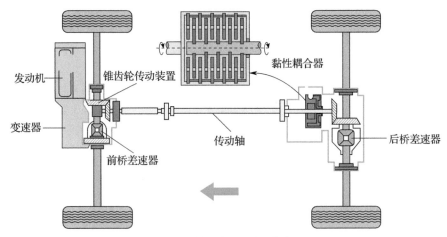

图 1-1-7　越野汽车传动系统布置图

### 四 汽车离合器

离合器

#### 1. 安装位置

离合器是传动系统中直接与发动机联系的总成，通常安装在发动机与变速器之间。

#### 2. 功用

离合器用来切断和接通发动机对传动系统的动力传递，其功用如下。

1）使发动机与传动系统逐步接合，保证汽车平稳起步。汽车由静止到行驶的过程中，其速度由零逐渐增大，如果发动机与变速器之间没有离合器，变速器一旦挂上挡位，汽车将因突然接收动力而猛烈向前冲击，随之立即熄火。而在传动系统中设置了离合器后，驾驶人就可以柔和地接合离合器，逐渐加大对传动系统的作用力矩，这就避免了对曲轴造成很大的反向冲击力矩。

2）保证变速器换挡平顺。汽车在行驶过程中，为了适应行驶条件的不断变化，变速器常需要换用不同挡位工作。而普通齿轮式变速器的换挡是通过拨动变速杆机构来实现的，即原挡位的啮合齿轮副脱开，新挡位的齿轮副开始啮合。换挡时，如果离合器没有将发动机与变速器之间的动力暂时切断，则原挡位的啮合齿轮副因压力过大而很难脱开，新挡位的齿轮副因两者圆周速度不等而难以进入啮合，即使能进入啮合，也会产生很大的冲击和噪声而损坏机件。装设了离合器后，换挡前，先踩下离合器，使其分离，暂时切断动力传递，然后再进行换挡操作，以保证换挡操作过程的顺利进行，并减轻换挡的冲击。

3）限制所传递的转矩，防止传动系过载。当车速急剧改变时，与传动系统两端相连的发动机曲轴与车轮从协调转动到相互扭转，传动系统内各转动件也将产生很大的惯性力矩，这一力矩作用于传动系统，会造成传动系统过载而使其机件损坏。由于离合器所能传递的转矩有限，当超过其传递的最大转矩时，其主动部分与从动部分之间将相互打滑，从而避免了传动系统内过大负荷的出现，起到过载保护作用。

#### 3. 汽车离合器的分类

**（1）摩擦式离合器**　目前，与手动变速器相配合的离合器绝大多数为摩擦式离合器。摩擦式离合器的类型较多，分类如表 1-1-1 所示。

表 1-1-1　摩擦式离合器的分类

| 分类法 | 类别 | 特点 |
|---|---|---|
| 按从动盘片数分 | 单片式 | 从动盘为单片 |
| | 多片式 | 从动盘为多片 |
| 按压紧弹簧的分布分 | 周布弹簧式 | 压紧弹簧沿从动盘圆周分布 |
| | 中央弹簧式 | 压紧弹簧安装在从动盘中央 |
| 按压紧弹簧结构形式分 | 螺旋弹簧式 | 压紧弹簧为螺旋弹簧 |
| | 膜片弹簧式 | 压紧弹簧为膜片弹簧 |
| 按离合器是否浸在油中分 | 干式 | 离合器不与油接触 |
| | 湿式 | 离合器与油接触 |

（2）**液力耦合式离合器**　液力耦合式离合器靠工作油液传递转矩。泵轮是主动件，涡轮与泵轮相对，是从动件。当泵轮转速较低时，涡轮不能被带动，主动件与从动件之间处于分离状态；随着泵轮转速的提高，涡轮被带动，主动件与从动件之间处于接合状态。

（3）**电磁式离合器**　电磁式离合器靠线圈电流的通断来控制离合器的接合与分离。为了加强主动件与从动件之间的接合力，可以在两者之间放置磁粉。

### 4. 离合器的组成和工作原理

（1）**组成**　离合器主要由主动部分、从动部分、压紧装置和操纵机构等四部分组成。以目前汽车上广泛采用的摩擦片式离合器为例，其基本结构如图 1-1-8 所示。

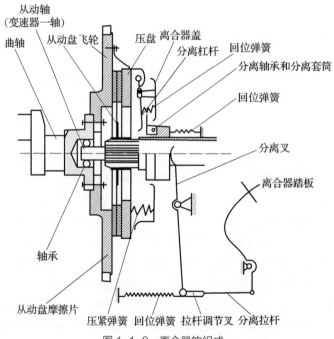

图 1-1-8　离合器的组成

离合器的主动部分包括飞轮、离合器盖和压盘。飞轮用螺栓与曲轴固定在一起，离合器盖通过螺钉固定在飞轮后端面上，压盘通过弹性钢片或凸台与离合器盖相连，相对于离合器盖可轴向移动。这样只要曲轴旋转，发动机发出的动力就可经飞轮、离合器盖传给压盘，使它们一起旋转。

从动盘是离合器的从动部分，从动盘通过滑动花键与变速器第一轴（从动轴）相连。从动盘两面带有摩擦片，装在飞轮和压盘之间。

离合器压紧装置是装在压盘与离合器盖之间的压紧弹簧，用于对压盘产生压紧力，将从动盘夹紧在飞轮与压盘之间。

离合器的分离机构和操纵机构由踏板、拉杆、拉杆调节叉、分离拨叉、分离套筒、分离轴承、分离杠杆及回位弹簧等组成。分离杠杆是离合器分离机构的组成零件，分离杠杆外端与压盘相连，中间是支承点，装在离合器盖上，内端为受力点，处于自由状态。分离轴承安装在分离套筒上，分离套筒松套在变速器第一轴轴承盖前端的轴套上。分离轴承、分离套筒、分离拨叉、拉杆、离合器踏板组成离合器的操纵机构，分离拨叉是中部带支点的杠杆，内端与分离套筒相连，外端与拉杆铰连。离合器踏板中部铰接在车架上，一端与拉杆铰接。分离拨叉、分离套筒、分离轴承、分离杠杆同离合器主动部分及从动部分一起装在离合器壳（变速器壳）内。

**（2）离合器的工作原理**

1）接合状态：离合器处于接合状态时，操纵机构各部件在回位弹簧的作用下回到各自的位置。这时踏板处于最高位置，分离杠杆内端与分离轴承之间存在一定的间隙，压盘在压紧弹簧的作用下压紧从动盘，发动机的转矩经飞轮及压盘传给从动盘，再由从动盘传给变速器第一轴。离合器所传递的最大转矩取决于从动盘摩擦表面的最大静摩擦力，它与摩擦表面间的压紧力大小、摩擦面积的大小以及摩擦材料的性质有关。对一定结构的离合器而言，其最大静摩擦力是一个定值，若传动系传递的转矩超过这一定值，离合器就会打滑，从而起到了过载保护的作用。

2）分离过程：离合器分离时，驾驶人踩下离合器踏板，通过拉杆、分离拨叉、分离套筒消除间隙后，使分离杠杆外端拉动压盘克服压紧弹簧的压力向后移动，压盘与从动盘之间产生间隙，摩擦力矩消失，离合器主、从动部分分离，中断动力传递。

3）接合过程：当需要动力传递时，驾驶人缓慢抬起离合器踏板，在压紧弹簧的作用下，压盘向前移动并逐渐压紧从动盘，使接触面间的压力逐步加大，摩擦力矩也渐渐增大。压盘与从动盘刚接触时，其摩擦力矩比较小，离合器主、从动部分有转速差，离合器处于打滑状态。随着压紧力的逐步加大，离合器主、从动部分的转速也渐趋相等，直至完全接合而停止打滑，接合过程结束。

### 5. 离合器自由间隙和离合器踏板自由行程

**（1）离合器自由间隙** 离合器处于接合状态时，分离轴承与分离杠杆内端之间预留有一定的间隙，一般为几个毫米，该间隙称为离合器的自由间隙。自由间隙的作用是防止从动盘摩擦片磨损变薄后压盘不能向前移动，从而造成离合器打滑，使离合器所能传动的转矩下降，车辆行驶无力，并且会加速从动盘的磨损，如图1-1-9所示。

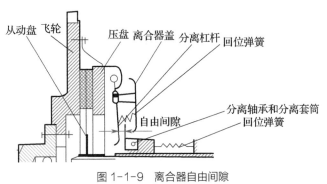

图 1-1-9 离合器自由间隙

（2）离合器踏板自由行程　为了消除离合器自由间隙和分离机构、操纵机构零件弹性变形所需要的离合器踏板行程称为离合器踏板自由行程。自由行程过大可能导致离合器分离不彻底，而自由行程过小则容易使离合器打滑。踏板自由行程的大小可以通过改变拉杆的工作长度进行调整。

### 6. 对离合器的要求

根据离合器的功用，它应满足下列要求。

1）具有合适的转矩储备能力，在保证可靠地传递发动机最大转矩而不打滑的同时，又能防止传动系统过载。

2）分离应迅速彻底，以便于发动机顺利起动和变速器平顺换挡。

3）接合时应平顺柔和，以保证汽车平稳起步，减少冲击。

4）具有良好的散热能力，保证离合器工作可靠。由于离合器结合过程中，主、从动部分有相对的滑转，在使用频繁时会产生大量的热，如不及时散出，会严重影响其使用寿命和工作的可靠性。

5）从动部分的转动惯量要尽可能小，以减轻换挡时对齿轮的冲击。

6）操纵轻便，以减轻驾驶人的疲劳。

## ➡ 技能操作

### 一　离合器的维护与检修

#### 1. 离合器的维护

一级维护时，应检查离合器踏板的自由行程；二级维护时，还要检查分离轴承回位弹簧的弹力，如有离合器打滑、分离不彻底、接合不平顺、分离时发响发抖等故障发生，还要对离合器进行拆检，以及更换从动盘、压盘、回位弹簧及分离轴承等附加作业项目。

#### 2. 从动盘的检修

1）离合器从动盘轴向偏摆的检查：将离合器从动盘装在定位轴上，用百分表检查其轴向偏摆，在距边缘25mm处测量，标准值为0.15mm，使用极限为0.5mm，超过极限时，可用工具进行修正。

2）从动盘与变速器第一轴（输入轴）配合花键的检查：将离合器从动盘装在变速器第一轴（输入轴）的花键轴上，检查从动盘的花键孔与变速器第一轴花键轴的配合，不得有明显的轴向摆动与圆周摆动，但在轴上能顺利移动。

3）从动盘磨损的检查：如图1-1-10所示，检查从动盘的磨损，用卡尺测量从动盘铆钉头至端面的深度，不得小于0.3mm，否则应更换从动盘。

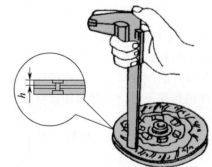

图1-1-10　从动盘磨损的检查

#### 3. 压盘组件的检修

1）压盘轴向圆跳动的检查：将压盘固定在心轴上，用百分表检查其轴向圆跳动，使用极限为0.2mm，若压盘铆接点损坏，应更换压盘。

2）膜片弹簧高度的检查：可用卡尺检查膜片弹簧的高度，其与标准高度相差应不大于

0.5mm，否则应更换。

3）膜片弹簧小端磨损的检查：用卡尺检查离合器压盘上膜片弹簧的小端与分离轴承接触磨损的痕迹，深度不得大于 0.6mm。

### 4. 飞轮的检查

飞轮与离合器摩擦片的接触表面不允许有擦伤、机油和润滑脂。若齿圈损坏，需用黄铜棒抵住齿圈的侧面，用锤敲下。更换的新齿圈需用喷燃器均匀加热到 200℃后，再装到飞轮上，并保证齿圈冷却后牢固地与飞轮接合在一起。

### 5. 分离轴承的检查

分离轴承的检查如图 1-1-11 所示，当用手转动分离轴承时，应灵活自如，应没有过大的噪声和阻力。分离轴承一般为封闭式，不能拆卸清洗或充加润滑脂，若损坏，必须更换。

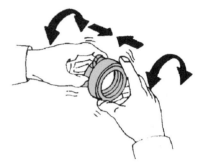

图 1-1-11　分离轴承的检查

### 6. 离合器主缸、工作缸的检修

当出现缸筒内壁磨损超过 0.125mm、活塞与缸筒的间隙超过 0.20mm、皮圈老化及回位弹簧失效等情况时，应更换相应零件。

### 7. 离合器踏板高度与自由行程的调整

可用钢直尺测量离合器踏板的高度，一般应为 130~140mm，而踏板自由行程一般应为 15~20mm。机械式离合器踏板的自由行程可通过拉索外套上的调整螺母改变拉索长度来进行调整，如图 1-1-12 所示。当不符合要求时，可能是驱动臂变形或分离叉轴安装不当导致，可松开螺栓重新调整。液压式离合器踏板的自由行程可通过转动 U 形叉达到，调整好后将锁紧螺母拧紧。踏板在静止位置时，不应与踏板支架触碰，调整后应使离合器踏板高度高于制动踏板高度 10mm 左右。

### 8. 离合器液压操纵系统中空气的排除

离合器液压操纵系统在经过检修后，管路内可能进入空气。空气一旦侵入，会造成主缸推杆行程的缩短，即踏板工作行程的缩短，从而使离合器分离不彻底，空气的排除方法如图 1-1-13 所示。

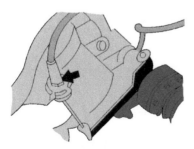

图 1-1-12　调整离合器踏板自由行程

图 1-1-13　离合器液压操纵系统空气的排除

1）用举升机将车辆举起（不能举太高），待确认车辆已牢固后，将主缸储液罐中的制动液加至规定高度。

2）在工作缸的放气阀上安装一软管，接到一个盛有制动液的容器内。

3）排空气需要两个人配合工作，一人慢慢地踏离合器踏板数次，感到有阻力时踏住不动，另一人拧松放气阀直至制动液开始流出，然后再拧紧放气阀。

4）按上述方法连续操作几次，直到流出的制动液中没有气泡为止。

5）空气排除干净之后，需要再次检查与调整踏板自由行程。

## 二　离合器起步抖动故障的诊断与排除

### 1. 故障现象

汽车用低速挡起步时，按操作规程逐渐放松离合器踏板并缓慢踩下加速踏板，离合器不能平稳接合且产生抖振，严重时甚至整车产生抖振现象。

### 2. 故障原因分析

1）从动盘或压盘变形，飞轮工作端面的轴向圆跳动严重。

2）从动盘摩擦片厚度不均匀、油污、烧焦、表面不平整、表面硬化、铆钉松动。

3）从动盘上的缓冲片破裂或减振弹簧疲劳、折断。

4）分离杠杆内端高度不处在同一平面内。

5）发动机支架、变速器、飞轮等的固定螺栓松动。

6）分离轴承套筒与导管上有油污，使分离轴承不能回位。

7）压紧弹簧弹力不均、疲劳或折断，膜片弹簧疲劳或开裂。

### 3. 故障排除方法

1）检查离合器踏板、分离轴承等是否回位，若已回位，则继续检查。

2）检查飞轮、变速器输出端等部位的固定螺栓是否松动，若松动，则紧固螺栓，否则继续检查。

3）检查分离杠杆内端是否在同一平面内，若是，则继续检查。

4）检查压盘、从动盘是否变形，铆钉是否松动、外露，压紧弹簧的弹力是否不在允许范围内，若是，则更换或修理。

## 三　离合器分离不彻底故障的诊断与排除

### 1. 故障现象

发动机怠速运转时，离合器踏板虽已踩到底，但挂挡困难，变速器齿轮有撞击声，勉强挂上挡后，在离合器踏板尚未完全放松时，发动机就已熄火。

### 2. 故障原因分析

1）离合器踏板自由行程过大，使工作行程过小。

2）主、从动盘破裂或变形，或沾有油污等。

3）新换的从动盘正反面装反。

4）液压传动离合器的液压系统漏油，造成油量不足，或液压系统中有空气。

5）离合器从动盘毂与变速器输入轴花键磨损、锈蚀，使从动盘在轴上滑动困难，或液压操纵机构中主缸出现故障，无法推动分离轴承，或机械式操纵机构中绳索以及传动杆件损坏。

**3. 故障排除方法**

1）若离合器踏板自由行程过大，则按规定方法调整至标准值。

2）检查主缸、工作缸的工作是否正常，机械绳索及传动杆件是否损坏、卡滞。

3）离合器操纵机构中钢索磨损严重或紧固螺栓松动，应更换钢索或重新紧固螺栓。

4）如果上述调整、检查均无效，应将离合器拆卸并分解，检查各部件的技术状况。

## 四 离合器打滑故障的诊断与排除

**1. 故障现象**

汽车用低速挡起步时，放松离合器踏板后，汽车不能起步或起步困难；汽车车速不能提升，严重时能闻到烧焦味。

**2. 故障原因分析**

1）离合器踏板没有自由行程，使分离轴承压在分离杠杆上。

2）压力弹簧疲劳或折断，膜片弹簧疲劳或开裂。

3）从动盘摩擦片、压盘或飞轮工作面磨损严重，离合器盖与飞轮的连接松动。

4）从动盘摩擦片油污、烧蚀、表面硬化、铆钉外露、表面不平，使摩擦系数下降。

5）分离杠杆弯曲变形，出现运动干涉，不能回位。

6）离合器操纵杆系卡滞，分离轴承套筒与导管间有油污，甚至卡滞，使分离轴承不能回位。

**3. 故障排除方法**

1）检查离合器踏板自由行程，若不符合规定应予以调整。

2）若自由行程正常，应拆下变速器壳，检查离合器与飞轮连接螺栓是否松动，若松动则予以拧紧。

3）若离合器仍然打滑，应拆下离合器检查从动盘摩擦片的状况。若有油污，一般可用汽油清洗并烘干，然后找出油污来源并设法排除。若摩擦片磨损严重或有铆钉外露，应更换从动盘。

4）若从动盘完好，则应分解离合器，检查压紧弹簧，若弹力过软则应更换。

## 五 离合器异响故障的诊断与排除

**1. 故障现象**

离合器在工作中发出不正常的响声。有时是踩下离合器踏板时发出异响，有时是在放松踏板时发出异响。

**2. 故障原因分析**

1）分离轴承磨损、脏污。

2）分离叉或传动装置卡住。

3）离合器回位弹簧折断、过软或松脱。

4）导向轴承磨损，分离套筒内零件松动。

5）离合器从动盘毂与变速器输入轴花键磨损严重。

6）飞轮上的传动销与压板上的传力孔，或离合器盖上的驱动孔与压板上的凸块配合间隙太大。

**3.故障排除方法**

1）离合器接合时发响：若是离合器分离轴承损坏或脏污引起，应更换新轴承；若是分离套筒内零件松动，或离合器从动盘毂与变速器输入轴花键磨损严重所致，则根据需要进行检修或更换。

2）离合器分离时发响：应检查分离叉和传动装置是否卡住，若卡住，应及时检修。

## 学习情境二　汽车手动变速器拆装与检修

### 知识目标

1.了解汽车变速器的功用和分类。

2.掌握两轴式手动变速器的组成、各挡位动力传递路线。

3.掌握三轴式手动变速器的组成、各挡位动力传递路线。

4.掌握同步器的组成、工作原理。

5.掌握手动变速器操纵机构的组成、工作过程。

6.了解手动变速器的换挡锁装置。

### 能力目标

1.能够完成手动变速器的拆装与检修任务。

2.能够完成手动变速器乱挡、跳挡故障的诊断与排除。

3.能够完成手动变速器异响故障的诊断与排除。

4.能够完成手动变速器挂挡困难故障的诊断与排除。

5.能够完成手动变速器漏油故障的诊断与排除。

### 素养目标

1.一丝不苟，精益求精的工匠精神。

2.规范操作的职业素养。

### ➡ 案例引入

一辆手动挡大众朗逸轿车驶进汽车维修站，据车主反映，该车在加速、减速、爬坡或剧烈振动时，变速杆会自动跳回空挡位置，甚至会熄火。后经维修人员检查发现，该车存在变速器跳挡等故障。作为维修人员，应掌握汽车二轴式与三轴式手动变速器的组成与工作过程，掌握同步器的组成与工作原理，能够完成手动变速器的拆装与检修任务，能够完成手动变速器各类故障的排除任务。

### ➡ 知识学习

#### 一 汽车变速器

手动变速器认知

**1.产生背景及功用**

汽车因其复杂的使用条件，要求汽车的驱动力和车速能在相当大的范围内变化。为解决发动机动力变化范围不足的矛盾，在传动系统中设置了变速器，它的功用如下。

1）前进挡：改变传动比，扩大驱动轮转矩和转速的变化范围。

2）倒挡：在动力输出方向不变的前提下，使汽车能倒退行驶。

3）空挡：中断动力传递，让汽车保持怠速。

### 2. 分类

**（1）按传动比的变化方式分类** 变速器按传动比的级数可分为有级式、无级式和综合式三种。

1）有级式变速器：有级式变速器采用齿轮传动，它具有若干个定值传动比。轿车和轻、中型货车变速器多采用 4~5 个前进挡和 1 个倒挡（变速器的挡数都是指前进挡的个数），每个挡位对应一个传动比。重型汽车行驶的路况复杂，变速器的挡位较多，可有 8~20 个挡位。

2）无级式变速器：无级式变速器的英文缩写为 CVT，它的传动比变化是连续的。目前轿车上的无级变速器一般都是采用金属带传递动力，通过主、从动带轮直径的变化实现无级变速。这种变速器在中、高级轿车上应用越来越多。目前，国产车型中的东风日产轩逸、广州本田飞度及奇瑞旗云等轿车均采用无级变速器。

3）综合式变速器：综合式变速器是由液力变矩器和有级齿轮式变速器组成的，一般都是由电控系统来自动实现换挡，所以多把这种变速器称为自动变速器。这种变速器的传动比可在最大值与最小值之间的几个分离的范围内实现无级变化，目前应用较多。

**（2）按变速器操纵方式分类** 按变速器操纵方式可分为手动变速器、自动变速器和手动自动一体变速器三种。

1）手动变速器：手动变速器的英文缩写为 MT，即 Manual Transmission 的缩写。它是通过驾驶人用手操纵变速杆来选定挡位，并直接操纵变速器的变速杆机构进行挡位变换。齿轮式有级变速器大多数都采用这种换挡方式。

2）自动变速器：自动变速器的英文缩写为 AT，即 Automatic Transmission 的缩写。这种变速器的电子控制系统根据发动机的负荷和车速的变化情况自动地选定挡位，并进行挡位变换，即自动地改变传动比。驾驶人只需要操纵加速踏板即可控制车速。

3）手动自动一体变速器：这种变速器可以自动换挡，也可以手动换挡。现在的轿车上越来越多采用手自一体变速器，比较典型的有奥迪 A6、上汽 Passat 等轿车。

## 二 手动变速器

### 1. 组成与分类

手动变速器包括变速传动机构和操纵机构两大部分。变速传动机构的主要作用是通过不同齿轮的啮合来改变转速和转矩的大小、方向；操纵机构的作用是通过对变速传动机构的控制实现变速。

变速传动机构是变速器的主体，按工作轴的数量（不包括倒挡轴）可分为二轴式变速器和三轴式变速器。

### 2. 二轴式变速器

二轴式变速器常用于发动机前置前轮驱动的汽车，前置发动机有纵向布置和横向布置两种形式，与其配用的二轴式变速器也有两种不同的结构形式。发动机纵置时，主减速器为一对锥齿轮，如图 1-2-1 所示。发动机横置时，

二轴式手动变速器

主减速器采用一对圆柱齿轮，如图 1-2-2 所示。

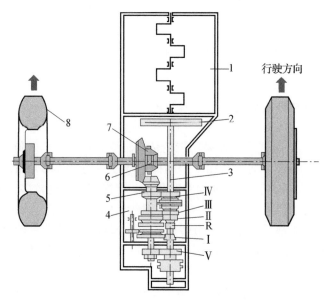

图 1-2-1    发动机纵置的二轴式变速器传动示意图

1—纵置发动机    2—离合器    3—变速器输入轴    4—变速器    5—变速器输出轴（主减速器主动锥齿轮）

6—差速器    7—主减速器从动锥齿轮    8—前轮    I、II、III、IV、V——一、二、三、四、五挡齿轮    R—倒挡齿轮

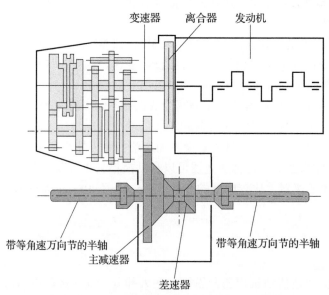

图 1-2-2    发动机横置的二轴式变速器传动示意图

**（1）发动机纵向布置的二轴式变速器**    图 1-2-3 所示为发动机纵向布置的二轴式变速器传动机构示意图，该变速器的变速传动机构的输入轴和输出轴平行布置，输入轴也是离合器的从动轴，输出轴也是主减速器的主动锥齿轮轴。具体而言，其结构特点如下。

1）该变速器具有五个前进挡和一个倒挡，全部采用锁环式惯性同步器换挡。

2）输入轴：输入轴上有一至五挡主动齿轮，其中一、二挡主动齿轮与轴制成一体，三、四、五挡主动齿轮通过滚针轴承空套在轴上，输入轴上还有倒挡主动齿轮，它与轴制成一体，三、四挡同步器和五挡同步器也装在输入轴上。

3）输出轴：输出轴上有一至五挡从动齿轮，其中一、二挡从动齿轮通过滚针轴承空套在轴上，三、四、五挡从动齿轮通过花键套装在轴上。一、二挡同步器也装在输出轴上。

4）倒挡轴：在变速器壳体的右端还装有倒挡轴，上面通过滚针轴承套装有倒挡中间齿轮。

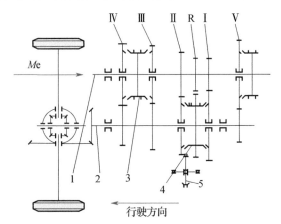

图 1-2-3 发动机纵向布置的二轴式变速器传动机构示意图

1—输入轴 2—输出轴 3—三、四挡同步器 4—一、三挡同步器 5—倒挡中间齿轮
Ⅰ—一挡齿轮 Ⅱ—二挡齿轮 Ⅲ—三挡齿轮 Ⅳ—四挡齿轮 Ⅴ—五挡齿轮 R—倒挡齿轮

**（2）发动机横向布置的二轴式变速器**

1）结构：发动机横向布置的二轴式变速器结构紧凑，所有前进挡齿轮和倒挡齿轮都采用常啮合斜齿轮，并采用锁环式同步器换挡，如图1-2-4所示。

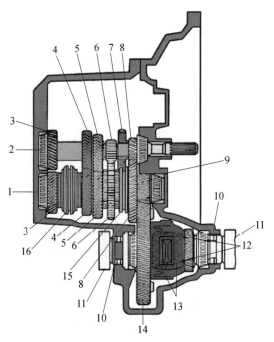

图 1-2-4 发动机横向布置的二轴式变速器传动机构示意图

1—输出轴 2—输入轴 3—四挡齿轮 4—三挡齿轮 5—二挡齿轮 6—倒挡齿轮 7—倒挡惰轮
8—一挡齿轮 9—主减速器主动齿轮 10—差速器油封 11—等速万向节轴 12—差速行星齿轮
13—差速半轴齿轮 14—主减速器从动齿轮 15—一、二挡同步器 16—三、四挡同步器

2）动力传动路线：

①一挡。一、二挡同步器使一挡齿轮与主减速器主动齿轮轴接合，将变速齿轮锁定到主

减速器主动齿轮轴上。输入轴齿轮的一挡主动齿轮顺时针转动，逆时针地驱动一挡从动齿轮和主减速器主动齿轮轴，再顺时针地驱动主减速器从动齿轮，如图 1-2-5 所示。

②二挡。从一挡向二挡换挡时，一、二挡同步器分离一挡从动齿轮，并接合二挡从动齿轮，如图 1-2-6 所示。

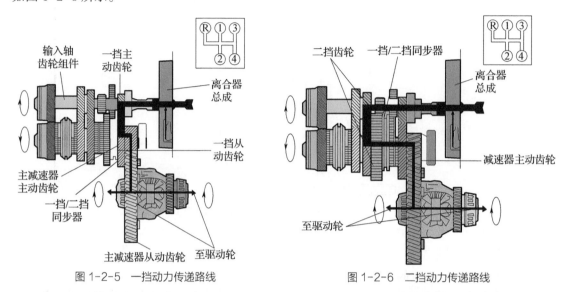

图 1-2-5　一挡动力传递路线　　　　　　　图 1-2-6　二挡动力传递路线

③三挡。当二挡同步器接合套返回空挡后，将三、四挡同步器锁定到主减速器主动齿轮轴上的三挡齿轮上，如图 1-2-7 所示。

④四挡。将三、四挡同步器接合套从三挡齿轮移开，移向四挡齿轮，将其锁定在主减速器主动齿轮轴上，如图 1-2-8 所示。

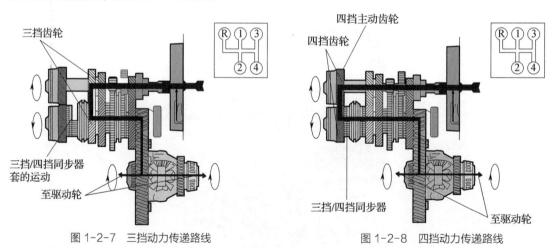

图 1-2-7　三挡动力传递路线　　　　　　　图 1-2-8　四挡动力传递路线

⑤倒挡。变速杆位于倒挡时，倒挡惰轮换入与倒挡主动齿轮和倒挡从动齿轮啮合。倒挡从动齿轮同时又是一、二挡同步器接合套，同步器接合套带有沿其外缘加工的直齿。倒挡惰轮改变变速齿轮的转动方向，汽车就可以倒车，如图 1-2-9 所示。

### 3.三轴式变速器

**（1）组成**　三轴式变速器用于发动机前置后轮驱动的汽车，下面以一款货车的变速器为例进行介绍，它有三根传动轴，即一轴、二轴和中间轴，所以称为三轴式变速器，另外还有倒挡轴，如图 1-2-10 所示。

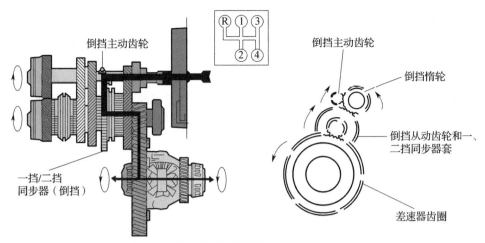

图 1-2-9　倒挡动力传递路线

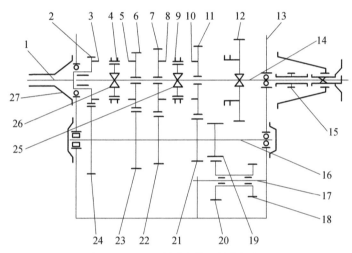

图 1-2-10　一款货车的三轴式变速器

1——一轴　2——一轴常啮合齿轮　3——一轴常啮合齿轮接合齿圈　4、9—接合套

5—四挡齿轮接合齿圈　6—二轴四挡齿轮　7—二轴三挡齿轮　8—三挡齿轮接合齿圈　10—二轴齿轮接合齿圈

11—二轴二挡齿轮　12—二轴一、倒挡直齿滑动齿轮　13—变速器壳体　14—二轴　15—回油螺纹　16—中间轴

17—倒挡轴　18、20—倒挡中间齿轮　19—中间轴一、倒挡齿轮　21—中间轴二挡齿轮　22—中间轴三挡齿轮

23—中间轴四挡齿轮　24—中间轴常啮合齿轮　25、26—花键毂　27—一轴轴承盖

### （2）动力传递路线

1）空挡：二轴上的各接合套、传动齿轮均处于中间空转的位置，动力不传给第二轴。

2）一挡：前移二轴一、倒挡直齿滑动齿轮 12 与中间轴一挡齿轮 19 啮合。动力经一轴齿轮 2，中间轴常啮合齿轮 24，中间轴齿轮 19，二轴一、倒挡齿轮 12，传到第二轴使其顺时针旋转（与第一轴同向）。

3）二挡：后移接合套 9 与二轴二挡齿轮 11 的接合齿圈 10 啮合。动力经齿轮 2、24、21、11，齿圈 10，接合套 9，花键毂 25，传到二轴使其顺时针旋转。

4）三挡：前移接合套 9 与二轴三挡齿轮 7 的接合齿圈 8 啮合。动力经齿轮 2、24、22、7，齿圈 8，接合套 9，花键毂 25，传到二轴使其顺时针旋转。

5）四挡：后移接合套 4 与二轴四挡齿轮 6 的接合齿圈 5 啮合。动力经齿轮 2、24、23、6，齿圈 5，接合套 4，花键毂 26，传到二轴使其顺时针旋转。

6）五挡：前移接合套 4 与一轴常啮合齿轮 2 的接合齿圈 3 啮合。动力直接由一轴 1、齿轮 2、齿圈 3、接合套 4、花键毂 26，传到二轴，传动比为 1。由于二轴的转速与一轴相同，故此挡称为直接挡。

7）倒挡：后移二轴上的一、倒挡直齿滑动齿轮 12 与倒挡齿轮 18 啮合。动力经齿轮 2、24、19、20、18、12，传给二轴使其逆时针旋转，汽车倒向行驶。倒挡传动路线与其他挡位相比较，由于多了倒挡中间齿轮的传动，所以改变了二轴的旋转方向。

### 三　同步器

#### 1. 产生背景

变速器在换挡过程中，必须使所选挡位的一对待啮合齿轮的转速相同（即同步），才能使之平顺地啮合，从而顺利挂上挡。若待啮合的两个齿轮不同步时即强制挂挡，势必因两齿轮间存在速度差而造成冲击，影响轮齿寿命，使齿端部磨损加剧，甚至使轮齿折断。

#### 2. 功用

同步器的功用就是使接合套与待啮合的齿圈迅速同步，以缩短换挡时间，且防止在同步前啮合而产生换挡冲击。

#### 3. 分类

同步器有常压式、惯性式、自行增力式等种类。目前，广泛采用的是惯性式同步器，按锁止装置不同，可分为锁环式惯性同步器和锁销式惯性同步器。

同步器

#### 4. 锁环式惯性同步器

锁环式同步器尺寸小、结构紧凑、摩擦力矩也小，多用于轿车和轻型车辆。

**（1）构造**　锁环式惯性同步器的结构如图 1-2-11 所示，其结构特点如下。

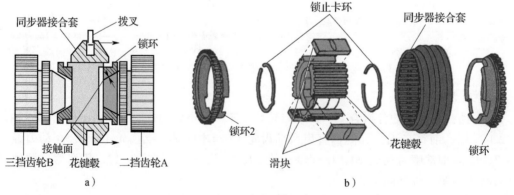

图 1-2-11　锁环式惯性同步器
a）同步器剖视图　b）同步器分解零件图

1）花键毂用内花键套装在二轴外花键上，用垫圈、卡环轴向定位。花键毂两端与二、三挡齿轮 A 和 B 之间各有一个青铜制成的锁环（也称为同步环），锁环上有短花键齿圈，其花键的尺寸齿数与花键毂、二挡及三挡齿轮的外花键齿相同。

2）两个齿轮和锁环上花键齿，靠近接合套的一端都有倒角（锁止角），且与接合套齿端的倒角相同。

3）锁环有内锥面，与齿轮A和B的外锥面锥角相同。在锁环内锥面上制有细密的螺纹（或直槽），当锥面接触后，它能及时破坏球油膜，增加锥面间的摩擦力。锁环内锥面摩擦副称为摩擦件，外沿带倒角的齿圈是锁止件，锁环上还有三个均布的缺口。

4）三个滑块分别装在花键毂上三个均布的轴向槽内，沿槽可以轴向移动。滑块被两个锁止卡环的径向力压向接合套，滑块中部的凸起部位压嵌在接合套中部的环槽内。

5）滑块和锁止卡环是推动件。滑块两端伸入锁环1的缺口中，滑块窄而缺口宽，两者之差等于锁环的花键齿宽。锁环相对于滑块顺转和逆转都能转动半个齿宽，且只有当滑块位于锁环缺口的中央时，接合套与锁环才能接合。

（2）工作原理 以二挡换三挡为例说明同步器的工作原理，如图1-2-12所示。变速器在二挡位置时，同步器结合套与二挡齿轮的外花键结合，二挡齿轮带动结合套、花键毂及与花键毂连接的输出轴旋转。当由二挡向三挡变换时，同步器结合套先回到空挡位置。

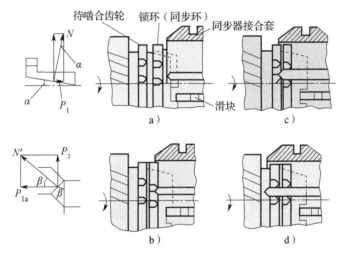

图 1-2-12 锁环式惯性同步器工作原理

1）空挡位置：接合套刚从二挡退入空挡时，如图1-2-12a所示，三挡齿轮、接合套、锁环以及与其有关联的运动件，因惯性作用而沿原方向继续旋转（图示箭头方向）。由于三挡齿轮是高挡齿轮（相对二挡齿轮来说），所以接合套、锁环的转速低于三挡齿轮的转速。

2）挂挡：欲换入二挡时，驾驶人通过变速杆使拨叉（参见图1-2-11，余同）推动接合套连同滑块一起向左移动，如图1-2-12b所示，滑块又推动锁环移向三挡齿轮，使锥面接触。驾驶人作用在接合套上的轴向推力，使两锥面有正压力$N$，又因两者有转速差，所以产生摩擦力矩。通过摩擦作用，三挡齿轮带动锁环相对于接合套向前转动一个角度，直至锁环缺口靠在滑块的另一侧（上侧）为止，此时接合套的内齿与锁环上错开了约半个齿宽，接合套的齿端倒角面与锁环的齿端倒角面互相抵住。

3）锁止：驾驶人的轴向推力使接合套的齿端倒角面与锁环的齿端倒角面之间产生正压力，从而形成一个企图拨动锁环的相对于接合套反转的力矩，此力矩称为拨环力矩。这样在锁环上同时作用方向相反的摩擦力矩和拨环力矩，同步器的结构参数可以保证在同步前（存在摩擦力矩）拨环力矩始终小于摩擦力矩，所以，在同步之前无论驾驶人施加多大的操纵力，都不会挂上挡，即产生锁止作用，如图1-2-12c所示。

4）同步啮合：随着驾驶人施加于接合套上的推力加大，摩擦力矩不断增加，使三挡齿轮的转速迅速降低。当三挡齿轮、接合套和锁环达到同步时，作用在锁环上的摩擦力矩消失。此时，在拨环力矩的作用下，锁环、三挡齿轮以及与之相连的各零件都相对于接合套反转一个角度，滑块处于锁环缺口的中央，如图1-2-12c所示，键齿不再抵触，锁环的锁止作用消失。接合套压下弹簧圈继续左移（滑块脱离接合套的内环槽而不能左移），与锁环的花键齿圈进入啮合，进而再与三挡齿轮进入啮合，如图1-2-12d所示，从而换入三挡。

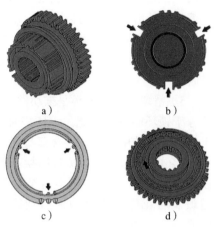

a)　　　　　　b)

c)　　　　　　d)

图1-2-13　同步器装配要点

（3）**装配**　以轿车五挡变速器的同步器为例说明装配要点，如图1-2-13所示，在装配同步器时，花键毂的细槽应朝向接合套拨叉槽的对面一侧，如图1-2-13a所示。花键毂上有三个凹口，如图1-2-13b所示。接合套上有三个凹陷的内齿，如图1-2-13c所示。安装时，三个凹口应与三个凹陷的内齿相吻合，这样可以安装滑块，然后再装卡环，卡环弯的一端应嵌入一个滑块中，如图1-2-13d所示。

### 5.锁销式惯性同步器

大、中型货车普遍采用锁销式惯性同步器，下面以一款货车五挡变速器的四、五挡同步器为例进行介绍，其结构如图1-2-14所示。

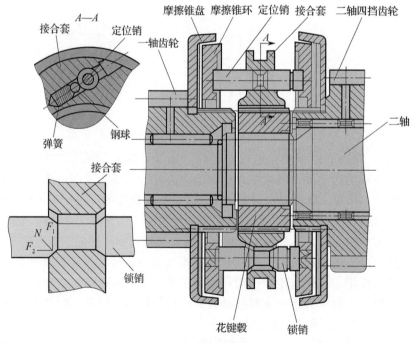

图1-2-14　锁销式惯性同步器

**（1）结构特点**

1）两个带有内锥面的摩擦锥盘，以其内花键分别固装在带有接合齿圈的斜齿轮上，随齿轮一起转动。

2）两个有外锥面的摩擦锥环，其上有圆周均布的三个锁销、三个定位销与接合套装在一起。

3）定位销与接合套的相应孔是滑动配合，定位销中部切有一小段环槽，接合套钻有斜孔，内装弹簧把钢球顶向定位销中部的环槽，使接合套处于空挡位置，定位销随接合套能轴向移动。定位销两端伸入两锥环内侧面的弧线形浅坑中，定位销与浅坑有周向间隙，锥环相对于接合套在一定范围内作周向摆动。

4）锁销中部环槽的两端和接合套相应孔两端切有相同的倒角；锁销与孔对中时，接合套才能沿锁销轴向移动，锁销两端铆接在锥环相应的孔中。

5）两个锥环、三个锁销、三个定位销和接合套构成一个部件，套在花键毂的齿圈上。

**（2）工作原理**

1）换挡时接合套受到拨叉的轴向推力作用，通过钢球、定位销推动摩擦锥环向前移动。

2）因摩擦锥环与锥盘有转速差，故接触后的摩擦作用使锥环和锁销相对于接合套转过一个角度，锁销与接合套上相应孔的中心线不再同轴，锁销中部倒角与接合套孔端的锥面相抵触，在同步前，作用在摩擦面的摩擦力矩总大于拨销力矩，因而接合套被锁止不能前移，以防止在同步前接合套与齿圈进入啮合。

3）同步后摩擦力矩消失，拨销力矩使锁销、摩擦锥盘和相应的齿轮相对于接合套转过一个角度，锁销与接合套的相应孔对中，接合套克服弹簧的张力压下钢球并沿锁销向前移动，从而完成换挡。

## 四　手动变速器操纵机构

### 1.功用

手动变速器操纵机构的功用是保证驾驶人能准确可靠地将变速器挂入所需要的挡位，并可随时退至空挡。

### 2.分类

变速器操纵机构按照变速操纵杆（变速杆）位置的不同，可分为直接操纵式和远距离操纵式两种类型。

### 3.直接操纵式

**（1）安装位置**　多数汽车变速器布置在驾驶人座位附近，变速杆由驾驶室地板伸出，驾驶人可直接操纵。这种操纵机构称为直接操纵式变速器操纵机构。

**（2）组成及用途**　直接操纵式多用于发动机前置后轮驱动的车辆，它一般由变速杆、拨块、拨叉、拨叉轴以及安全装置等组成，多集中装于上盖或侧盖内，结构简单，操纵方便，如图1-2-15所示。

**（3）工作原理**

1）拨叉轴11、10、9和8的两端均支承于变速器盖的相应孔中，可以轴向滑动。所有的拨叉和拨块都以弹性销固定于相应的拨叉轴上。

2）三、四挡拨叉16的上端具有拨块。拨叉16和拨块15、14、4的顶部制有凹槽。

3）变速器处于空挡时，各凹槽在横向平面内对齐，叉形拨杆5下端的球头即伸入这些凹槽中。

4）选挡时可使变速杆绕其中部球形支点横向摆动，则其下端推动叉形拨杆 5 绕变速杆轴 7 的轴线摆动，从而使叉形拨杆下端球头对准与所选挡位对应的拨块凹槽，然后使变速杆纵向摆动，带动拨叉轴及拨叉向前或向后移动，即可实现挂挡。

（4）示例　横向摆动变速杆使叉形拨杆下端球头深入拨块 15 顶部凹槽中，拨块 15 连同拨叉轴 9 和拨叉 13 沿纵向向前移动一定距离，便可挂入二挡。若向后移动一段距离，则挂入一挡。当使叉形拨杆下端球头深入拨块 4 的凹槽中，并使其向前移动一段距离时，便挂入倒挡。

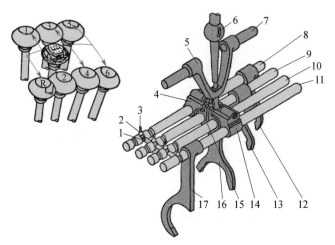

手动变速器操纵
机构

图 1-2-15　六挡变速器直接操纵式操纵机构

1—互锁销　2—自锁钢球　3—自锁弹簧　4—倒挡拨块　5—叉形拨杆　6—变速杆　7—变速杆轴
8—倒挡拨叉轴　9—一、二挡拨叉轴　10—三、四挡拨叉轴　11—五、六挡拨叉轴　12—倒挡拨叉
13—一、二挡拨叉　14—五、六挡拨块　15—一、二挡拨块　16—三、四挡拨叉　17—五、六挡拨叉

### 4. 远距离操纵式

（1）产生背景　在有些汽车上，由于变速器离驾驶人座位较远，则需要在变速杆与拨叉之间加装一些辅助杠杆或一套传动机构，进行远距离操纵。这种操纵机构称为远距离操纵式变速器操纵机构。该操纵机构应有足够的刚度，且各连接件间隙不能过大，否则换挡时手感不明显。

（2）用途及种类　这种操纵机构多用于发动机前置前轮驱动的轿车，由于其变速器安装在前驱动桥处，远离驾驶人座椅，因此需要采用这种操纵方式，如图 1-2-16 所示。

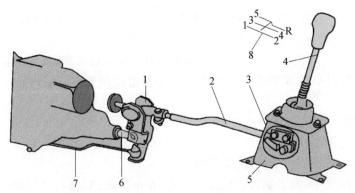

图 1-2-16　五挡手动变速器的远距离操纵机构

1—变速杆接合器　2—外变速杆　3—变速杆手柄座　4—变速杆
5—倒挡保险挡块　6—内变速杆　7—支撑杆　8—变速杆标记

有些轿车和轻型货车的变速器，将变速杆安装在转向柱管上，如图 1-2-17 所示，因此，在变速杆与变速器之间也是通过一系列的传动件进行传动，这也是远距离操纵方式。它具有变速杆占据驾驶室空间小、乘坐方便等优点。

第2号变速杆　　第3号变速杆

第1号变速杆　　第1号选速杆　　第2号选速杆

图 1-2-17　柱式变速杆操纵机构

### 五 换挡锁装置

为了保证变速器在任何情况下都能准确、安全、可靠地工作，设置了以下装置。

#### 1. 设置自锁装置

挂挡过程中，若操纵变速杆推动拨叉前移或后移的距离不足时，齿轮将不能在全齿宽上啮合而影响齿轮的寿命。即使达到全齿宽啮合，也可能由于汽车振动等原因，齿轮产生轴向移动而减少了齿的啮合长度，甚至完全脱离啮合。为防止上述情况，必须设置自锁装置。大多数变速器的自锁装置都是采用自锁钢球对拨叉轴进行轴向定位锁止的，如图 1-2-18 所示。

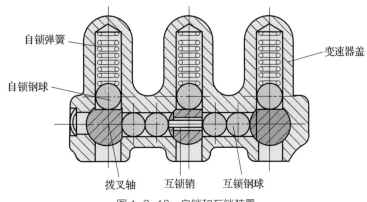

自锁弹簧　　　变速器盖

自锁钢球

拨叉轴　互锁销　互锁钢球

图 1-2-18　自锁和互锁装置

#### 2. 设置互锁装置

若变速杆能同时推动两个拨叉，即同时挂入两个挡位，则必将造成齿轮间的机械干涉，变速器将无法工作甚至损坏。因此，应设置互锁装置。互锁装置由互锁钢球和互锁销组成。当变速器处于空挡时，所有拨叉轴的侧面凹槽同互锁钢球、互锁销都在一条直线上，如图 1-2-19 所示。

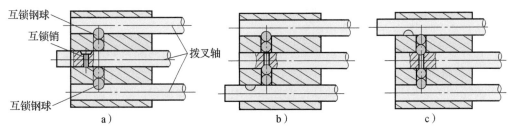

互锁钢球

互锁销

拨叉轴

互锁钢球

a）　　　b）　　　c）

图 1-2-19　互锁装置工作示意图

a）拨叉轴二锁止　b）拨叉轴三锁止　c）拨叉轴一锁止

### 3. 设置倒挡锁装置

若汽车行进中误挂倒挡，变速器轮齿间将发生极大冲击，导致零件损坏。若汽车起步时误挂倒挡，则容易出现安全事故。为防止误挂倒挡，在变速器操纵机构设有倒挡锁。

## ➡ 技能操作

### 一 手动变速器的拆装与检修

#### 1. 拆卸要点

1）把变速器放在工作台上，拆下变速器上盖和侧盖的安装螺栓。

2）拆下主驱动齿轮时，要先拆下卡环，如图 1-2-20 所示。

3）从变速器壳体中取出主轴，如图 1-2-21 所示。

4）取下中间轴时先从变速器的后部取下半圆键。

5）取出变速器里的所有齿轮。

6）拆卸并更换同步器总成。

7）随着变速器的解体，要进行各种检查。

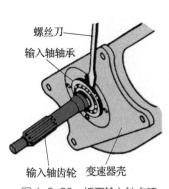

图 1-2-20　拆下输入轴卡环

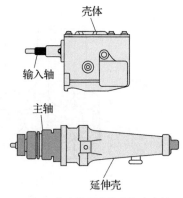

图 1-2-21　从变速器壳体中取出主轴

#### 2. 检修要点

1）检查所有的齿轮和同步器上齿的缺损情况。检查所有的轴承，检查同步器接合套是否能自由地在齿毂上移动。如果在变速器油里存在少量金属碎屑，就说明齿轮或同步器有磨损，必须换掉过度磨损的零件。

2）检查倒挡齿轮衬套的磨损，必要时予以更换。

3）按厂家规定的程序，拆下主轴和中间轴上的所有齿轮。

4）按厂家的要求检查各轴的径向圆跳动。

5）在许多手动变速器中，在重装之前需用百分表检测轴向间隙。如果间隙不符合要求，就必须在重装时调整。

6）齿轮端隙、同步器间隙和轴承位置在重装时通常需要调整。这种调整通常采用厚薄不同的各种垫片、卡环和止推垫圈，根据间隙选取合适的调整件进行间隙调整。

#### 3. 装配要点

1）装配前，必须对零件进行认真的清洗，除去污物、毛刺和铁屑等。尤其要注意各润滑油孔的畅通。

2）装配各部轴承及键槽时，应涂质量优良的润滑油进行预润滑。总成修理时，应更换所有的滚针轴承。

3）对零件的工作表面不得用硬金属直接锤击，避免齿轮出现运转噪声。

4）注意，同步器锁环或锥环的装配位置。装配过程中，如有旧件时应原位装复，以保证两元件的接触面积。因此，在变速器解体时，应对同步器各元件做好装配记号，以免装错。

5）组装中间轴和第二轴时，应注意各挡齿轮、同步器花键毂、推力垫圈的方向及位置，以保证齿轮的正确啮合位置。

6）安装第一轴、第二轴及中间轴的轴承时，只许用压套垂直压在内圈上，禁止施加冲击载荷，轴承内圈圆角较大的一侧必须朝向齿轮。

7）装入油封前，需在油封的刃口涂少量润滑脂，油封要垂直压入，并注意安装方向。

8）变速器装配后，要检查各齿轮的轴向间隙和各齿轮副的啮合间隙及啮合印痕。

9）装配密封衬垫时，应在密封衬垫的两侧涂以密封胶，确保密封效果。

10）安装变速器盖时，各齿轮和拨叉均应处于空挡位置。必要时，可分别检查各个常用挡的齿轮副是否处于全齿长接合位置。按规定的力矩拧紧全部螺栓。

## 二　手动变速器乱挡故障的诊断与排除

### 1. 故障现象

在离合器技术状况正常的情况下，变速器同时挂上两个挡或挂需要挡位时，结果挂入别的挡位。

### 2. 故障原因

1）互锁装置失效：如拨叉轴、互锁销或互锁钢球磨损过甚等。

2）变速杆下端弧形工作面磨损过大或拨叉轴上拨块的凹槽磨损过大。

3）变速杆球头定位销折断或球孔、球头磨损而过于松旷。

### 3. 故障排除

1）挂需要挡位时，结果挂入了别的挡位，摇动变速杆，检查其摆转角度，若超出正常范围，则故障由变速杆下端球头定位销与定位槽配合松旷或球头、球孔磨损过大引起。

2）如摆转角度正常而仍挂不上挡或摘不下挡，则故障由变速杆下端从凹槽中脱出引起。

3）如同时挂入两个挡，则故障由互锁装置失效引起。

## 三　手动变速器跳挡故障的诊断与排除

### 1. 故障现象

汽车在加速、减速、爬坡或剧烈振动时，变速杆自动跳回空挡位置。

### 2. 故障原因

1）各轴轴向或径向间隙过大。

2）齿轮沿齿长方向磨损成锥形。

3）二轴上的常啮合齿轮轴向或径向间隙过大。

4）自锁装置的钢球未进入凹槽内或挂挡后齿轮未达到全齿长啮合。

5）自锁装置的钢球或凹槽磨损严重，自锁弹簧疲劳过软或折断。

6）一、二轴轴承过于松旷，使一、二轴和曲轴三者轴线不同轴或变速器壳与离合器壳接合平面相对于曲轴轴线产生垂直变动。

### 3. 故障排除

采用连续加、减速的方法逐挡进行路试确定跳挡挡位，将变速杆挂入跳挡挡位，发动机熄火，小心拆下变速器盖，观察跳挡齿轮的啮合情况。

1）未达到全长啮合，则故障由此引起。

2）达到全长啮合，应继续检查。

3）检查啮合部位磨损情况，若已磨损成锥形，则故障可能由此引起。

4）检查二轴上该挡齿轮和各轴的轴向和径向间隙，若间隙过大，则故障可能由此引起。

5）检查自锁装置，若自锁装置的止动阻力很小，甚至手感钢球未插入凹槽，则故障为自锁效能不良，否则，故障为离合器壳与变速器壳接合平面对曲轴轴线产生的垂直变动等引起。

## 四　手动变速器异响故障的诊断与排除

### 1. 故障现象

变速器异响是指变速器工作时发出不正常的响声。

### 2. 故障原因

1）齿轮异响：齿轮磨损过甚变薄，间隙过大，运转中有冲击；齿面啮合不良，如修理时没有成对更换齿轮，新、旧齿轮搭配不当，齿轮不能正确啮合；齿面有金属疲劳剥落或个别齿损坏折断；齿轮与轴上的花键配合松旷，或齿轮的轴向间隙过大；轴弯曲或轴承松旷引起齿轮啮合间隙改变。

2）轴承响：轴承磨损严重；轴承内（外）座圈与轴颈（孔）配合松动；轴承滚子碎裂或有烧蚀麻点。

3）其他原因发响：如变速器内缺油，齿轮油过稀、过稠或质量变坏；变速器内掉入异物；某些紧固螺栓松动；里程表软轴或里程表齿轮发响等。

### 3. 故障排除

1）若变速器发出金属干摩擦声，即为缺油或油的质量不好。应加油或检查油的质量，必要时更换。

2）行驶时换入某挡若响声明显，即为该挡齿轮轮齿磨损；若发生周期性的响声，则为个别齿损坏。

3）空挡时响，而踏下离合器踏板后响声消失，一般为一轴前、后轴承或常啮合齿轮响；如换入任何挡都响，多为二轴后轴承响。

4）变速器工作时发生突然撞击声，多为轮齿断裂，应及时拆下变速器盖检查，以防机件损坏。

5）行驶时，变速器只有在换入某挡时齿轮发响，在上述情况完好的前提下，应检查啮合齿轮是否搭配不当，必要时应重新装配一对新齿轮。此外，也可能是同步器齿轮磨损或损坏，应视情况修复或更换。

6）换挡时齿轮相互撞击而发响，则可能是离合器不能分离或离合器踏板行程不正确、同步器损坏、怠速过大、变速杆调整不当或导向衬套紧等。遇到这种情况，先检查离合器能否分离，再分别调整怠速或变速杆位置，检查导向衬套与分离轴承配合的松紧度。

## 五　手动变速器挂挡困难故障的诊断与排除

### 1. 故障现象

离合器技术状况良好，但挂挡时不能顺利挂入挡位，常发出齿轮撞击声。

### 2. 故障原因

1）同步器故障。
2）离合器分离不彻底。
3）自锁或互锁钢球损坏。
4）一轴花键损伤或一轴弯曲。
5）齿轮油不足或过量、齿轮油不符合规格。
6）拨叉轴弯曲、锁紧弹簧过硬、钢球损伤等。

### 3. 故障排除

1）检查拨叉轴是否移动正常。
2）检查同步器是否散架、锥环内锥面螺旋槽是否磨损、滑块是否磨损、弹簧是否过软等。
3）如果同步器正常，检查一轴是否弯曲、花键是否磨损严重。

## 六　变速器漏油故障的诊断与排除

### 1. 故障现象

变速器周围出现齿轮油，变速器的油量减少，则可判断为齿轮油泄漏。

### 2. 故障原因

1）齿轮油选用不当，产生过多泡沫，或齿轮油油量太多。
2）侧盖太松，密封垫损坏，油封损坏。
3）放油塞和变速器壳体及盖的固定螺栓松动。
4）变速器壳体破裂或延伸壳油封磨损而引起的漏油。
5）里程表齿轮限位器松脱破损。

### 3. 故障排除

1）更换齿轮油或调节齿轮油油量。
2）更换密封垫、油封等部件。
3）若固定螺栓松动，应按规定力矩拧紧。
4）更换变速器壳体。
5）更换里程表齿轮限位器。

## 学习情境三　汽车自动变速器检修

### 知识目标

1.掌握自动变速器的分类、组成及各挡位功能。

2.掌握液力变矩器的结构与工作原理。

3.掌握齿轮变速机构的结构特点与工作原理。

4.了解辛普森式行星齿轮变速器各挡位的动力传递路线。

5.了解拉维那式行星齿轮变速器的结构特点与各挡执行器工作规律。

6.了解自动变速器的液压控制系统与电子控制系统。

7.了解无级变速器、双离合变速器。

### 能力目标

1.能够完成自动变速器的拆装任务。

2.能够完成自动变速器油的检查与更换任务。

3.能够完成汽车不能行驶故障的诊断与排除。

4.能够完成自动变速器打滑、换挡冲击过大、升挡过迟等故障的诊断与排除。

### 素养目标

1.一丝不苟、精益求精的工匠精神。

2.规范操作的职业素养。

### ➡ 案例引入

　　一辆皇冠轿车行驶进汽修站，据客户描述"驾驶中挡位自动切换时发生升挡迟缓现象，驾驶感觉中可以明显听到发动机的转速声音偏高"。作为维修人员，应掌握汽车自动变速器系统组成、功能，并正确判断故障类型、排除故障，将检修合格的车辆交还车主。

### ➡ 知识学习

自动变速器分类

#### 一　自动变速器

**1.分类**

　　**（1）按控制方式分类**　自动变速器按控制方式不同，可分为液力控制自动变速器和电子控制自动变速器两种。

　　**（2）按变矩器的类型分类**　轿车自动变速器基本上都是采用结构简单的单级三元件综合式液力变矩器。这种变矩器又分为有锁止离合器和无锁止离合器两种。

　　**（3）按变速方式分类**　汽车自动变速器按变速方式的不同，可分为有级变速器和无级变速器两种。有级变速器是具有几个定值的传动比（一般有3~5个前进挡和1个倒挡）的变速器。无级变速器是能使传动比在一定范围内连续变化的变速器。

　　**（4）按自动变速器前进挡位数的不同分类**　自动变速器按前进挡位数的不同，可分为2个前进挡、3个前进挡、4个前进挡三种。早期的自动变速器通常为2个前进挡或3个前进挡。

这两种自动变速器都没有超速挡，其最高挡为直接挡。新型轿车装用的自动变速器基本上都是4个前进挡，设有超速挡。

**（5）按齿轮变速器的类型分类**  自动变速器按齿轮变速器的类型不同，可分为普通齿轮式（定轴轮系）和行星齿轮式（动轴轮系）两种。普通齿轮式自动变速器体积较大，最大传动比较小，只有少数几种车型使用（如本田雅阁）。行星齿轮式自动变速器结构紧凑，能获得较大的传动比，为多数轿车采用。

### 2. 优缺点

**（1）优点**

1）操纵轻便，有良好的自动适应性。

2）提高了行车安全性和通过性。

3）提高了发动机和传动系统的使用寿命。

**（2）缺点**

1）结构复杂，精密度高的零件多，制造困难，成本高，相应的维修技术要求较高。

2）传动效率较低，对液力变矩器而言，其最高效率一般只有82%~86%，汽车的燃油经济性有所降低。

### 3. 结构组成

自动变速器一般由液力变矩器、齿轮变速器、液压执行机构、液压控制系统、电子控制装置、油液滤清及散热系统等组成。

### 4. 各挡位及其功能

自动变速器变速杆一般设有P—停车挡，N—空挡，D—前进挡，S/L—前进低挡、R—倒挡和OD超速挡。

**（1）P—停车挡**  自动变速器挂入停车挡位时变速杆向前推。当变速杆处于P位时，自动变速器的停车锁定机构将变速器的输出轴卡住，使驱动轮不能转动，可防止车辆移动，这时换挡执行机构使自动变速器处在空挡状态。当变速杆置入其他挡位时，停车锁定机构解除锁定。

**（2）N—空挡**  变速杆处于N位置时，换挡执行机构的动作和停车挡相同，自动变速器处于空挡状态。这时，发动机的动力经输入轴传入自动变速器，只能使各齿轮空转，输出轴没有动力输出。

**（3）D—前进挡**  变速杆在D位置时，可以实现四个不同传动比的挡位，即1挡、2挡、3挡和超速挡。其中1挡传动比最大；2挡次之；3挡为直接挡，传动比为1；超速挡传动比小于1。汽车在行驶时，变速杆在前进挡位置时，自动变速器的控制系统根据车速、节气门开度等因素，按照预先设定的换挡规律，自动进行换挡。

**（4）S/L—前进低挡**  自动变速器变速杆处于S或L位置时，控制系统将限制前进挡的变化范围。变速杆在S位时，自动变速器只能在1挡、2挡、3挡之间自动变换；当变速杆在L位时，自动变速器只能在1挡或只能在1挡、2挡之间变换。有些车型标有OD、3、2、1挡位，OD为超速挡。当变速杆在OD位置时，自动变速器可在1挡至4挡之间自动变换；变速杆在3位置时，自动变速器可在1挡至3挡之间自动变换；变速杆在2位置时，自动变速器可在1挡与2挡位自动变换；变速杆在1位置时，自动变速器只能在1挡。

**（5）R—倒挡**  变速杆在R位置时，自动变速器处在倒挡，可以使车辆倒退。

## 二 液力变矩器

液力变矩器是靠液力传递动力和转矩的装置，相当于手动变速器里的离合器。

### 1. 液力耦合器

先介绍液力耦合器，它是液力变矩器的基础。液力变矩器能够传递转矩的原理和耦合器类似，如图 1-3-1 中对置的风扇一样，左边为主动风扇，右边为从动风扇，只要给左边的风扇以动力（通电）转动，右边的风扇也随之转动，两风扇之间并无机械连接，动力的传递是通过流体——空气传递的。液力变矩器的工作与此极为类似，不同之处只是将传动流体从空气换为了液体。

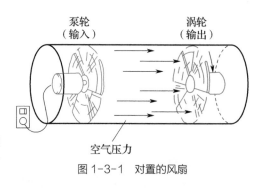

图 1-3-1　对置的风扇

### 2. 液力变矩器结构

液力变矩器通常由泵轮、涡轮、导轮三部分构成，如图 1-3-2 所示，其中，泵轮用螺栓连接于发动机曲轴端的凹缘上，为主动件，涡轮为输出部分，与变速系统的输入轴相连。液力变矩器能够改变转矩大小的关键在于装了一套导轮机构，导轮通常分为单导轮或双导轮（第一、第二导轮），装于单向离合器上（或固定），使导轮只能向一个方向转动。在自动变矩器油循环流动过程中，导轮给了涡轮一个反作用力矩，使涡轮输出的转矩不同于泵轮输入的转矩。

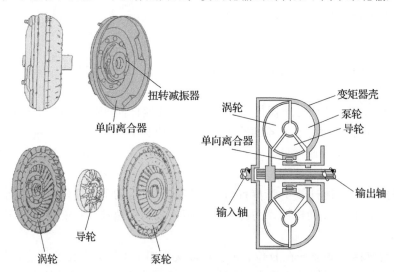

图 1-3-2　液力变矩器结构示意图

（1）**泵轮**　泵轮是变矩器的主动元件，它的叶片直接固定在变矩器壳上。因此，泵轮是变矩器的输入装置，它总是以发动机转速转动。

（2）**涡轮**　涡轮是变矩器的输出元件，并与变速器的输入轴相连。涡轮被来自泵轮的液流驱动，并且总是以它特有的速度转动。涡轮表面的叶片与泵轮的叶片相对。泵轮和涡轮都有内叶片，但是其叶片的方位相反。

（3）**导轮**　导轮是变矩器的反作用力元件。导轮的直径大约是泵轮或涡轮直径的一半，并且位于泵轮与涡轮之间。导轮与泵轮或涡轮之间没有机械连接，而是安装在涡轮的出口与泵轮的入口之间。所有从涡轮返回到泵轮的液流都要经过导轮。导轮使涡轮引导的液流改变方向返回到泵轮。改变了方向的液流与发动机的转动方向一致，可使泵轮的转动更有效。

### 3. 液力变矩器工作原理

和液力耦合器一样，液力变矩器在正常工作时，贮于环形腔内的油液，除有绕变矩器轴线的圆周运动外，还有在循环圆中的循环流动，故可将转矩从泵轮传至涡轮。与液力耦合器不同的是，液力变矩器不仅能传递转矩，而且能在泵轮转矩不变的情况下，随着涡轮转速的不同，可自动地改变涡轮所输出的转矩值，即"变矩"。

液力变矩器之所以能起变矩作用，就是因为在结构上比耦合器多了一个导轮机构。在液体循环流动的过程中，固定不动的导轮给涡轮一反作用力矩，使涡轮输出的转矩不同于泵轮输入的转矩。

### 4. 液力变矩器的性能参数

（1）**变矩比 $K$**　变矩比 $K$ 为涡轮轴上的转矩 $T_W$ 与泵轮轴上的转矩 $T_B$ 之比，即 $K=T_W/T_B$。

将涡轮转速 $n_W=0$ 时的变矩比称为起动变矩比，以 $K_0$ 来表示。$K_0$ 越大，说明汽车的加速性能越好。在附着力允许的条件下，$K_0$ 越大，则汽车在起步工况下的牵引力也越大。

（2）**传动比 $i$**　涡轮轴转速 $n_W$ 与泵轮轴转速 $n_B$ 之比称为传动比，即 $i=n_W/n_B$。

（3）**传动效率 $\eta$**　涡轮轴上输出功率 $P_W$ 与泵轮轴上输入功率 $P_B$ 之比称为传动效率，即 $\eta=P_W/P_B$。

（4）**液力变矩器的失速转速**　失速转速是当涡轮处于静止时发动机所能达到的最高转速。有些失速发生在汽车前进起步或倒车起步时，以及使汽车停车时。当今，大多数液力变矩器的失速转速在 1200~2800r/min 之间。

## 三　齿轮变速机构

### 1. 单排行星齿轮机构

1）单排行星齿轮机构如图 1-3-3 所示，位于行星齿轮机构中心的是太阳轮，在太阳轮周围的是行星轮，这些行星轮由行星架定位支承，而且每个行星轮在各自独立的轴上转动。

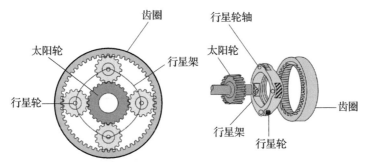

图 1-3-3　单排行星齿轮机构

2）行星轮与太阳轮及齿圈都是常啮合的，齿圈位于行星齿轮机构的外层，行星轮与太阳轮是外齿轮啮合，行星轮与齿圈是外齿轮与内齿轮啮合。

3）行星轮的个数取决于变速器的设计负荷，负荷大时，可以用多个行星轮来承担。

### 2. 行星齿轮系统传动规律

#### （1）齿轮传动的基本原理

1）小齿轮驱动大齿轮时，输出的转矩增大，转速降低。

2）大齿轮驱动小齿轮时，输出的转矩减小，转速升高。

3）两个外齿轮啮合时，转动方向相反。

4）外齿轮与一个内齿轮啮合时，转动方向相同。

**（2）行星齿轮机构的挡位**　行星齿轮机构可以提供降速挡、升速挡、直接挡、倒挡和空挡。如图1-3-4所示，$n_1$为太阳轮转速，$n_2$为齿圈转速，$n_3$为行星架转速，箭头表示各部分的运行方向，$Z_1$、$Z_2$、$Z_3$分别为太阳轮齿数、齿圈齿数和行星轮齿数。令齿圈齿数与太阳轮齿数之比为$\alpha$，即$\alpha=Z_2/Z_1$。通过力与力的平衡可得到特性方程式为$n_1+\alpha n_2-(1+\alpha)n_3=0$。

各个挡位具体情况如表1-3-1所示。

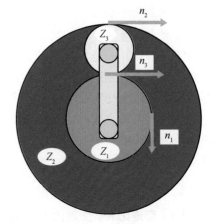

图1-3-4　单排单级行星齿轮机构运动简图

表1-3-1　各挡位传动比

| 序号 | 主动件 | 从动件 | 固定件 | 传动比 | 备注 |
|---|---|---|---|---|---|
| 1 | 太阳轮 | 行星架 | 齿圈 | $1+\alpha$ | 降挡 |
| 2 | 行星架 | 太阳轮 | 齿圈 | $1/(1+\alpha)$ | 升挡 |
| 3 | 齿圈 | 行星架 | 太阳轮 | $(1+\alpha)/\alpha$ | 降挡 |
| 4 | 行星架 | 齿圈 | 太阳轮 | $\alpha/(1+\alpha)$ | 升挡 |
| 5 | 太阳轮 | 齿圈 | 行星架 | $-\alpha$ | 倒挡 |
| 6 | 齿圈 | 太阳轮 | 行星架 | $-1/\alpha$ | 倒挡 |
| 7 | 任意两个连成一体 | | | 1 | 直接挡 |
| 8 | 既无元件制动，又无任二元件连成一体 | | | 自由传动 | 空挡 |

## 四　辛普森式行星齿轮变速器

辛普森（Simpson）式行星齿轮机构的特点是前后两个行星齿轮排共用一个太阳轮，后排的齿圈和前排的行星架相连。图1-3-5为A341E型自动变速器传动原理图，后面部分的机构就是辛普森式行星齿轮机构，表1-3-2所示为其各挡执行元件的工作规律。

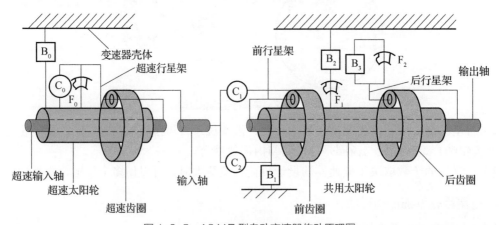

图1-3-5　A341E型自动变速器传动原理图

$C_0$—超速离合器　$C_1$—前进挡离合器　$C_2$—直接挡离合器　$B_0$—超速制动器　$B_1$—二挡制动器
$B_2$—二挡滑行制动器　$F_0$—超速单向离合器　$F_1$—二挡单向离合器　$F_2$——挡单向离合器

表 1-3-2　各挡执行元件的工作规律

| 变速杆位置 | 挡位 | 换挡执行元件 | | | | | | | | | |
|---|---|---|---|---|---|---|---|---|---|---|---|
| | | $C_0$ | $C_1$ | $C_2$ | $B_0$ | $B_1$ | $B_2$ | $B_3$ | $F_0$ | $F_1$ | $F_2$ |
| P | 停车挡 | • | | | | | | | | | |
| R | 倒挡 | • | | • | | | | • | • | | |
| N | 空挡 | • | | | | | | | | | |
| D | 1挡 | • | • | | | | | | • | | • |
| | 2挡 | • | • | | | | • | | • | | |
| | 3挡 | • | • | | | | • | | • | | |
| | 超速挡 | | • | • | • | | | | | | |
| S | 1挡 | • | • | | | | | | • | | • |
| | 2挡 | • | • | | | | • | | • | | |
| L | 1挡 | • | • | | | | | • | • | | |

注：•表示该执行器工作。

为使计算方便，我们设定输入转速为 1000r/min，齿圈齿数为 80，太阳轮的齿数都为 40（即 $\alpha=2$）。

### 1. P 位

与辛普森齿轮机构相关的各执行元件都不工作，机构处于空挡。同时，机械锁止机构锁住输出轴。

### 2. R 位

执行元件 $C_0$、$C_2$、$B_3$、$F_0$ 工作。$C_0$、$F_0$ 工作，前面超速挡机构行星架和太阳轮一起转动，是直接挡。动力直接传递到 $C_2$ 再到辛普森机构的共用太阳轮，此时，我们假定汽车由于行驶阻力未行走，因 $C_2$ 驱动了太阳轮顺时针转动，$B_3$ 固定了后排行星架，所以，后排齿圈就逆时针转动，实现倒挡。

传动路线为：输入超速输入轴—超速行星架 –（$C_0$、$F_0$）–（超速太阳轮、超速齿圈）–输入轴 –$C_2$– 共用太阳轮 –$B_3$– 后齿圈 – 输出轴输出。

如图 1-3-6 所示，此时，$n_7=n_9=n_{12}=1000r/min$。在后排行星齿轮排中列方程：

$$\frac{n_7-n_4}{n_5-n_4}=-\alpha$$

因 $n_4=0$，$\alpha=2$，代入可求得 $n_5=-500r/min$，即输出轴转速为 500r/min。负号表示输出轴与输入转速反向转动。

### 3. D1 挡位

D1 挡时 $C_0$、$C_1$、$F_0$、$F_2$ 工作。$C_0$、$F_0$ 工作，前面超速挡机构行星架和太阳轮一起转动，是直接挡。动力直接传递到 $C_1$ 再到辛普森机构的前排齿圈，前齿圈输入，假定汽车不走，即前行星架没转，太阳轮就会反转，对后排行星齿轮排，太阳轮反转，使后行星架有逆时针转动的趋势，因 $F_2$ 工作，行星架逆时针转动不了，所以后齿圈转动，实现 D1 挡。

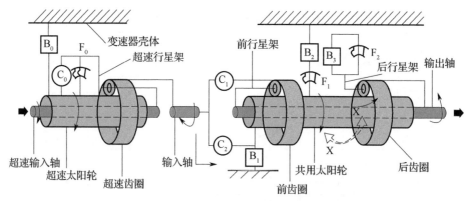

图 1-3-6　A341E 型自动变速器倒挡传动原理图

$C_0$—超速离合器　$C_1$—前进挡离合器　$C_2$—直接挡离合器　$B_0$—超速制动器　$B_1$—二挡制动器
$B_2$—二挡滑行制动器　$F_0$—超速单向离合器　$F_1$—二挡单向离合器　$F_2$—一挡单向离合器

传动路线：输入超速输入轴-超速行星架-（$C_0$、$F_0$）-（超速太阳轮、超速齿圈）-输入轴-$C_1$-前齿圈-共用太阳轮-$F_2$-后齿圈-输出轴输出，如图1-3-7所示。

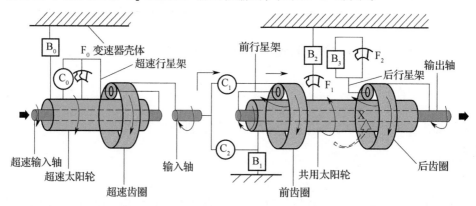

图 1-3-7　A341E 型自动变速器 D1 挡传动原理图

$C_0$—超速离合器　$C_1$—前进挡离合器　$C_2$—直接挡离合器　$B_0$—超速制动器　$B_1$—二挡制动器
$B_2$—二挡滑行制动器　$F_0$—超速单向离合器　$F_1$—二挡单向离合器　$F_2$—一挡单向离合器

对前排和后排行星齿轮分别列方程，得下列方程组：

$$\begin{cases} \dfrac{n_7-n_3}{n_8-n_3} = -\alpha \\[2mm] \dfrac{n_7-n_4}{n_6-n_4} = -\alpha \end{cases}$$

其中，$n_3=n_5=n_6$，$n_4=0$，$n_8=1000\text{r/min}$，$\alpha=2$，代入得

$$\begin{cases} \dfrac{n_7-n_5}{1000-n_5} = -2 \\[2mm] \dfrac{n_7-0}{n_5-0} = -2 \end{cases}$$

可求得 $n_5=400\text{r/min}$，即输出轴转速为 400r/min。

### 4. D2 挡

D2 挡时 $C_0$、$C_1$、$B_2$、$F_0$、$F_1$ 工作。$C_0$、$F_0$ 工作，前面超速挡机构行星架和太阳轮一起转动，是直接挡。动力直接传递到 $C_1$ 再到辛普森机构的前排齿圈。前齿圈顺时针转动，使得共用太阳

轮有逆时针转动的趋势，此时，$B_2$、$F_1$工作阻止太阳轮逆时针转动，这样太阳轮相当于固定，所以动力只能使行星轮在不动的太阳轮上顺时针转动，行星架即输出轴也顺时针转动，实现D2挡。

传动路线：输入超速输入轴–超速行星架–（$C_0$、$F_0$）–（超速太阳轮、超速齿圈）–输入轴–$C_1$–前齿圈–（$B_2$、$F_1$）–前行星架–输出轴输出，如图1-3-8所示。

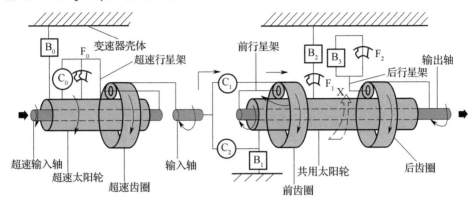

图 1-3-8　A341E 型自动变速器 D2 挡传动原理图

$C_0$—超速离合器　$C_1$—前进挡离合器　$C_2$—直接挡离合器　$B_0$—超速制动器　$B_1$—二挡制动器
$B_2$—二挡滑行制动器　$F_0$—超速单向离合器　$F_1$—二挡单向离合器　$F_2$—一挡单向离合器

对前行星齿轮排，列公式：

$$\frac{n_7-n_3}{n_8-n_3}=-\alpha$$

其中，$n_3=n_5=n_6$，$n_7=0$，$n_8=1000\text{r/min}$，$\alpha=2$，代入可求得 $n_3\approx 667\text{r/min}$，即输出轴转速为 667r/min。

### 5. D3 挡

D3挡时 $C_0$、$C_1$、$C_2$、$B_2$、$F_0$ 工作，为直接挡。$C_0$、$F_0$ 工作，前面超速挡机构行星架和太阳轮一起转动，是直接挡传动；$C_1$、$C_2$ 工作，辛普森机构也是直接挡传动。$B_2$ 工作是为了防止 $C_2$ 失效后，$C_1$ 工作使太阳轮逆时针转，结果成为 D1 挡传动。$C_2$ 失效，$B_2$ 工作，$F_1$ 阻止太阳轮逆时针转动，成为 D2 挡。

### 6. D4 挡

D4挡即超速挡时，$C_1$、$C_2$、$B_0$、$B_2$ 工作。即辛普森行星齿轮机构是在 $C_1$、$C_2$ 工作下直接挡传动，而前面的超速挡机构为超速挡工况。

传动路线：输入超速输入轴 – 超速行星架 –$B_0$– 超速齿圈 – 输入轴 –（$C_1$、$C_2$）–$B_2$– 输出轴输出。如图 1-3-9 所示，对超速挡行星齿轮机构，列出公式如下。

$$\frac{n_{11}-n_2}{n_{10}-n_2}=-\alpha$$

其中，$n_2=n_{12}=1000\text{r/min}$，$n_{11}=0$，$\alpha=2$，代入可求得，$n_{10}=1500\text{r/min}$，即 $n_5=n_9=n_{10}=1500\text{r/min}$。

### 7. S1 挡

S1挡与D1挡相同，在此挡位，变速器不能过多地升挡，汽车能滑行，发动机不能制动。S2挡时为增加发动机制动的要求，执行元件多了 $B_1$，因为在 2 挡时，$B_2$、$F_1$ 只能保证共用太阳轮不逆时针转动，汽车下坡滑行时，太阳轮有可能顺时针转动。当发动机转速未改变时，汽车滑行越来越快，共用太阳轮顺时针转动也越来越快，会对汽车行驶安全造成不利的影响。

$B_1$ 工作后，固定太阳轮，滑行时，动力由输出轴反传递到发动机，实现发动机制动。

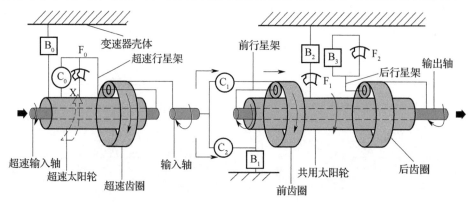

图 1-3-9　A341E 型自动变速器 D4 挡传动原理图

$C_0$—超速离合器　$C_1$—前进挡离合器　$C_2$—直接挡离合器　$B_0$—超速制动器　$B_1$—二挡制动器
$B_2$—二挡滑行制动器　$F_0$—超速单向离合器　$F_1$—二挡单向离合器　$F_2$——挡单向离合器

### 8. L1 挡

L1 挡时，除了 $C_0$、$C_1$、$F_0$ 工作，另外多了 $B_3$，此挡位下，变速器只能在 D1 挡工作。$B_3$ 工作是为了实现发动机制动。滑行时，动力由输出轴反传到后齿圈，因后排行星架在 $B_3$ 作用下静止不动，所以共用太阳轮逆时针转动。前排行星架是随输出轴顺时针转动的，太阳轮是逆时针转动的，所以前排小行星轮带动前齿圈顺时针转动，将动力经 $C_1$ 传递到发动机，实现发动机的制动。

## 五　拉维那式行星齿轮变速器

### 1. 结构特点

1）只有一个行星齿轮排，有一前一后两个太阳轮。

2）有一长一短两个行星轮，两个行星轮共用一个行星架。

3）只有一个齿圈，齿圈与长行星齿轮啮合，长行星齿轮与短行星齿轮啮合，短行星齿轮与小太阳轮啮合，如图 1-3-10 所示。

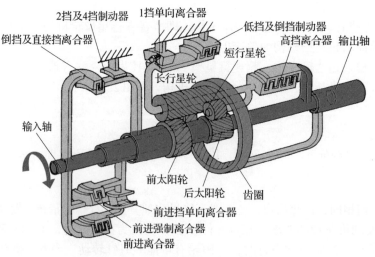

图 1-3-10　大众拉维那式四速变速器

## 2.各挡执行器工作规律

各挡执行器工作规律，如表 1-3-3 所示。

表 1-3-3　大众拉维那式四速变速器各挡执行器工作规律

| 变速杆位置 | 挡位 | 换挡执行元件 | | | | | | | |
|---|---|---|---|---|---|---|---|---|---|
| | | $C_1$ | $C_2$ | $C_3$ | $C_4$ | $B_1$ | $B_2$ | $F_1$ | $F_2$ |
| P | 停车挡 | | | | | | | | |
| R | 倒挡 | | • | | | | • | | |
| N | 空挡 | | | | | | | | |
| D | 1 挡 | • | | | | | | • | • |
| | 2 挡 | • | | | | • | | | • |
| | 3 挡 | • | | | • | | | | • |
| | 超速挡 | | | | • | • | | | |

注：•表示该执行器工作。

## 六　自动变速器的液压控制系统

### 1.组成

自动变速器的液压系统可分为自动变速器油、供油系统、执行机构、控制机构、冷却润滑系统和锁止系统等部分。

**（1）供油系统**　供油系统提供具有一定压力的自动变速器油。供油系统主要有三个作用：向控制机构和执行机构供应压力油以完成换挡；为液力变矩器提供传动介质；向行星齿轮系统提供润滑用油。

**（2）液压系统的执行机构**　液压系统的执行机构就是行星齿轮系统的执行机构。由于绝大多数执行机构采用液压操纵方式，因此它也是液压系统的组成部分。

### 2.分类

根据控制机构工作原理的不同，自动变速器的液压系统可分为液压式和电控液压式两种。

## 七　自动变速器的电控系统

### 1.优点

1）使整车的燃油经济性和动力性提高，降低了对环境的不良影响。

2）换挡精确、减少了换挡时的振动与冲击，工作响应迅速，提高了系统的可靠性。

3）简化了复杂的液压回路，减少了液压控制阀，降低了液压系统结构的复杂性，从而降低了制造和维修的费用。

### 2.组成

电子控制系统主要由以计算机为核心的电子控制单元、进行信息转换的传感器、实现控制意图的执行器三部分组成，如图 1-3-11、图 1-3-12 所示。

**（1）电子控制单元**　电子控制系统的核心是电子控制单元，它的主要作用是对采集的各种传感信号进行分析，与计算机内储存的数据进行比较，得出相应的指令后送至执行器，控制液压、机械换挡系统和变矩器锁止离合器的工作。同时，控制单元还要对整个电子控制系统进行实时监测，一旦出现影响正常工作的故障，即发出警告，甚至停止发动机和自动变速器系统的工作，并将发生故障的电子控制元件的信息转换为故障码记入存储器，以便于维修时维修人员借助仪器调用故障码。

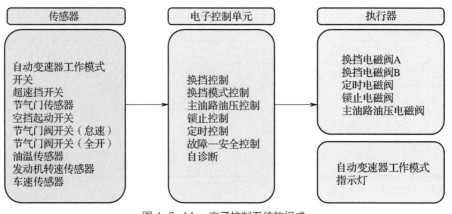

图 1-3-11　电子控制系统的组成

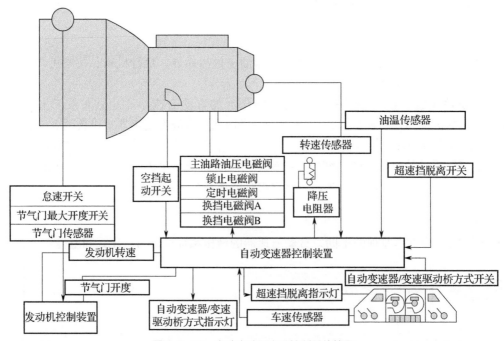

图 1-3-12　自动变速器电子控制系统简图

（2）传感器　传感器的作用是感受汽车、发动机在不同工况下的各种相关信息，并将得到的信息转换为计算机能够接受的电信号，为计算机工作提供可靠、真实的信息。这些信息包括"节气门开度、汽车行驶速度、发动机冷却水温、发动机转速、变速器油温"等。

　　自动变速器电子控制系统传感器主要有：磁电式速度传感器、磁阻元件车速传感器、节气门位置传感器、压力传感器、温度传感器等。

（3）执行器　执行器的作用是将电控单元形成的指令转变为实现控制目标的物理运动，控制液压油路的流动方向或压力的变化，使机械执行元件动作，实现自动换挡。自动变速器电子控制系统执行器主要有"电磁式执行器（开关型电磁阀、脉宽调制电磁阀）、步进电动机"等。

## 八 无级变速器

### 1. 组成

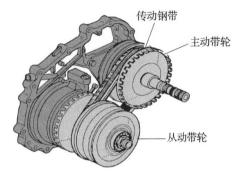

无级变速器（Continuous Variable Transmission, CVT），就是在一定范围内能无级的调节传动比，理论上相当于有无数个挡位的变速器。它的基本结构是由主动带轮、从动带轮和传动钢带组成，如图 1-3-13 所示。主动带轮和从动带轮都是由两个金属锥盘组成的，其中一个金属锥盘和传动轴固定在一起（带有轮速传感器齿圈），另一个金属锥盘通过花键和传动轴配合，可以沿传动轴做轴向移动，两金属锥盘配合后中间呈 V 形，将传动钢带夹紧在 V 形槽中。

图 1-3-13　CVT 的基本结构

### 2. 工作过程

CVT 工作时，通过电磁阀调节主动带轮和从动带轮的轮缸液压，来实现可动锥形盘的轴向移动，具体工作过程如下。

1) 增加主动带轮轮缸的液压（高压油液），减小从动带轮轮缸的液压（低压油液），主动带轮的可动锥形盘被压向固定锥形盘，V 形槽宽度变窄，传动带被挤压到锥形盘的边缘，同时金属传动带内部应力增加，挤压从动带轮的可动锥形盘远离固定锥形盘，V 形槽加宽，传动带靠拢锥形盘中央如图 1-3-14a 所示。此时主动带轮 V 形槽宽度 $B_1$ 较小，金属传动带在锥形盘边缘，传动半径 $R_1$ 较大，从动带轮 V 形槽宽度 $B_2$ 较大，金属传动带在锥形盘中央，传动半径 $R_2$ 较小，属于高传动比传动，如图 1-3-15a 所示。

2) 增加从动带轮轮缸的液压（高压油液），减小主动带轮轮缸的液压（低压油液），从动带轮的可动锥形盘被压向固定锥形盘，V 形槽宽度变窄，传动带被挤压到锥形盘的边缘，同时金属传动带内部应力增加，挤压主动带轮的可动锥形盘远离固定锥形盘，V 形槽加宽，传动带靠拢锥形盘中央，如图 1-3-14b 所示。此时主动带轮 V 形槽宽度 $B_1$ 较大，金属传动带在锥形盘中央，传动半径 $R_1$ 较小，从动带轮 V 形槽宽度 $B_2$ 较小，金属传动带在锥形盘中央，传动半径 $R_2$ 较大，属于低传动比传动，如图 1-3-15b 所示。

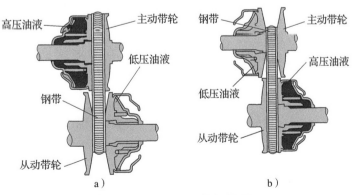

图 1-3-14　CVT 无级变速原理
a) 高传动比　b) 低传动比

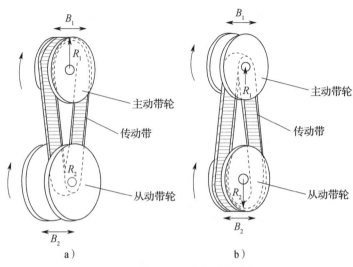

图 1-3-15　CVT 传动比调节过程

a）高传动比　b）低传动比

### 3.动力传递路线

CVT 系统挡位动力传递路线，如表 1-3-4 所示。

表 1-3-4　CVT 系统挡位动力传递路线

| 挡位 | 传动路线 |
| --- | --- |
| P/N 挡 | 没有动力传递到主动带轮、从动带轮和中间主动齿轮，驻车齿轮被锁定，车辆不能移动 |
| D、S、L 挡 | 飞轮→输入轴→太阳轮→前进挡离合器→齿圈（同向旋转）→主动带轮→传动带→从动带轮→中间齿轮→主减速器 |
| R 挡 | 飞轮→输入轴→太阳轮→行星齿轮（逆向旋转）→齿圈（逆向旋转）→主动带轮→传动带→从动带轮→中间齿轮→主减速器 |

## 九　双离合变速器

### 1.产生背景

双离合变速器是近年来发展最快的自动变速器，它是在手动变速器的基础上研发出来的，其最大的特点便是采用了双离合器。双离合变速器有着不低于液力自动变速器的传动效率，其齿轮传动机构的工作原理与手动变速器基本一样，但是可以通过电子控制系统实现自动换挡。

目前，部分欧洲车企（如大众、奥迪等）和国内大多数自主品牌车企（如长城汽车，上汽集团、吉利汽车等）都已经大量采用双离合变速器。

### 2.构造

双离合变速器主要由双离合器、齿轮传动机构、电子控制系统等部分组成。

### 3.分类

（1）湿式离合器　用自动变速器油冷却的离合器，其离合片置于自动变速器油中。由于自动变速器油具有润滑和吸收热量的双重作用，所以湿式离合器在应对低速工况和频繁起步时可以表现得更稳定，是双离合变速器中普遍采用的一种。

（2）**干式离合器** 用空气冷却的离合器，其离合片直接置于空气中，通过齿轮啮合直接进行传动，其优点是传动效率高，缺点是容易发热、使用寿命较短。

### 4. 优缺点

**（1）优点**

1）换挡速度快。由于它没有液力变矩器，而是使用两套离合器交替工作，使得换挡速度极快。

2）燃油经济性好。由于它换挡直接、动力损失小，因此能够显著降低燃油消耗。

3）舒适性好。由于换挡速度快，所以换挡感觉平顺，提升了换挡舒适性。

**（2）缺点**

1）成本高。双离合变速器制造工艺要求高，因此成本较高。

2）不能传递过大的转矩。传递大转矩时，干式离合器会产生过多的热量，而湿式离合器摩擦力不够。

## ➡ 技能操作

### 一 自动变速器的拆装

#### 1. 拆卸

1）清洁变速器外部，拆除所有安装在自动变速器壳体上的零部件，如加油管、空挡起动开关等。

2）从自动变速器前方取下液力变矩器，松开紧固螺栓，拆下自动变速器前端的液力变矩器壳，拆除输出轴凸缘和自动变速器后端壳，从输出轴上拆下车速传感器的感应转子。

3）拆下油底壳，取下油底壳连接螺栓，用维修专用工具的刃部插入变速器与油底壳之间，切开密封胶，注意不要损坏油底壳凸缘。

4）检查油底壳中的颗粒。拆下磁铁，观察其收集的金属颗粒，若是钢铁（磁性）材料，则说明轴承、齿轮和离合器钢片存在磨损，若是黄铜（非磁性）材料，则说明是衬套磨损。

5）拆下连接在阀板上的所有线束插头，拆下4个电磁阀，拆下与节气门阀连接的节气门拉索，用螺丝刀把液压油管小心地撬起取下，松开进油滤网与阀板之间的固定螺栓，从阀板上拆下进油滤清器。

6）拆下阀板与自动变速器壳体之间的连接螺栓，取下阀板总成，取出自动变速器壳体油道中的止回阀、弹簧和蓄压器活塞，拆下手控阀拉杆和停车闭锁爪，必要时也可拆下手控阀操作轴。

7）拆下油泵固定螺栓，用专用工具拉出油泵总成。

8）从自动变速器前方取出超速行星架和超速（直接）离合器组件及超速齿圈。

9）拆下超速制动器，用起子拆下超速制动卡环，取出超速制动器钢片和摩擦片，拆下超速制动器鼓的卡环，松开壳体上的固定螺栓，用拉具拉出超速制动器鼓。

10）拆下2挡强制制动带活塞，从外壳上拆下2挡强制制动带液压缸缸盖卡环，用手指按住液压缸缸盖，从液压缸进油孔吹入压缩空气，将液压缸缸盖和活塞吹出。

11）取出中间轴，拆下高、倒挡离合器和前进挡离合器组件，拆下2挡强制制动带销轴，取出制动带，拆除前行星排，取出前齿圈，将自动变速器立起，用木块垫住输出轴，拆下前行星架上的卡环，拆除前行星架和行星齿轮组件，取出前后太阳轮组件和低挡单向离合器，拆下2挡制动带，拆下卡环，取出2挡制动器的所有摩擦片、钢片及活塞衬套。

12）拆卸输出轴、后行星排和低、倒挡制动器组件。拆下卡环，取出输出轴、后行星排、前进挡单向离合器，以及低、倒挡制动器和 2 挡制动器鼓组件。在分解自动变速器时，应将所有组件和零部件按分解顺序依次排放，以便于检修和组装。要特别注意各个止推垫片、推力轴承的位置，不可错乱。

### 2. 装配

1）将推力轴承和装配好的输出轴、后行星排和低、倒挡制动器组件装入变速器壳，装入 2 挡制动器鼓，注意将制动器鼓上的进油孔朝向自动变速器下方。

2）用塞尺测量低、倒挡制动器的自由间隙，使其符合标准自由间隙。如不符合标准应取出低、倒挡制动器，更换不同厚度的挡圈，予以调整。

3）装入 2 挡制动器活塞衬套、止推垫片和低挡单向离合器，将 2 挡制动器的钢片和摩擦片装入变速器壳体，装入卡环。用塞尺测量 2 挡制动器自由间隙，使之符合标准。如不符合标准，应更换不同厚度的挡圈，予以调整。

4）装入前后太阳轮组件、前行星架和行星齿轮组件及推力轴承，将自动变速器立起，用木块垫住输出轴，安装前行星架上的卡环及止推垫片，安装 2 挡强制制动带及制动带销轴。

5）将已装配好的高、倒挡离合器组件，前进挡离合器组件及前齿圈组装在一起，注意安装好各组件之间的推力轴承及止推垫片。

6）让自动变速器前部朝下，将组装在一起的高、倒挡离合器组件，前进离合器组件及前齿圈装入变速器，让高、倒挡离合器鼓上的卡槽插入前后太阳轮驱动鼓上的卡槽内。

7）用塞尺测量高、倒挡离合器鼓与前后太阳驱动鼓卡槽之间的轴向间隙，其值应为 9.8~11.8mm。如不符合，说明安装不当，应拆除检查并重新安装。安装 2 挡强制制动带活塞及液压缸缸盖。

8）在 2 挡强制制动带活塞推杆上做一记号，将压缩空气吹入 2 挡强制制动带液压缸进油孔，使活塞推杆伸出，然后用塞尺测量推杆的移动量，该值即为 2 挡制动带自由间隙。如不符合标准，应更换不同长度的活塞推杆，予以调整。

9）安装推力轴承、止推垫片和超速制动器鼓。注意：使超速制动器鼓上的进油孔和固定螺栓孔朝向阀板一侧。拧紧制动鼓固定螺栓，装上卡环；测量自动变速器输出轴的轴向间隙，其值应为 1.23~2.49mm。如不符合，说明安装不当，应拆下检查后重新安装；安装超速制动器钢片和摩擦片，装上卡环。

10）将压缩空气吹入超速制动器油孔，检查超速制动器工作情况，并测量超速制动器自由间隙，如不符合标准，应更换不同厚度的挡圈，予以调整，装入超速齿圈和推力轴承、止推垫片，装入超速行星架、超速离合器组件及推力轴承，安装油泵，拧紧油泵固定螺栓，其拧紧力矩为 21N·m。

11）用手转动自动变速器输入轴，应使它在顺时针和逆时针方向都能自由转动。如有异常，应拆检后重新安装，再次将压缩空气吹入各个离合器、制动器的进油孔，检查其工作情况。在吹入压缩空气时，应能听到离合器或制动器活塞移动的声音。如有异常，应重新拆检并找出故障。

## 二 自动变速器油的检查与更换

### 1. 自动变速器油的检查

检查液面高度时，可采用油尺检查法或溢流孔检查法。可用油尺检查法的自动变速器壳体上都配有油尺，可通过其上的刻度标记进行检查。正常的自动变速器油应是半透明的红色或黄色，有类似新机油的气味。

### 2. 自动变速器油的更换

1）举升汽车，拆下发动机下护板，将合适的接油容器放在自动变速器下方。

2）拆下放油螺栓，将油液放出，拆下油底壳，并将其清洗干净。

3）装好油底壳，使用新衬垫安装放油螺栓。

4）移走接油容器后将汽车放下，取出自动变速器油标尺并擦拭干净。

5）将自动变速器加注漏斗固定在自动变速器油标尺管上，加注规定容量、规定牌号的自动变速器油。

6）起动发动机，检查液面高度。新加注的油液温度较低，液面高度应在下限位附近。

7）运行发动机和自动变速器至正常工作温度，再次检查液面高度，应在上限位附近。

8）若液面高度过高，应把油放掉一些。

## 三 汽车不能行驶故障的诊断与排除

### 1. 故障现象

1）无论变速杆位于倒挡、前进挡或前进低挡，汽车都不能行驶。

2）冷车起动后汽车能行驶一小段路程，但热车状态下汽车不能行驶。

### 2. 故障原因

1）油泵损坏或进油滤网堵塞。

2）自动变速器油底壳渗漏，自动变速器油全部漏光。

3）变速杆和手动阀摇臂之间的连杆或拉索松脱，手动阀保持在空挡或停车挡位置。

### 3. 故障排除

1）检查自动变速器内有无自动变速器油。

2）检查自动变速器变速杆与手动阀摇臂之间的连杆或拉索有无松脱。

3）拆下主油路测压孔上的螺塞，起动发动机，将变速杆拨至前进挡或倒挡位置，检查测压孔内有无自动变速器油流出。

4）若主油路测压孔内没有自动变速器油流出，应打开油底壳，检查手动阀摇臂轴与摇臂间有无松脱，手动阀阀芯有无折断或脱钩。若手动阀工作正常，则说明油泵损坏。对此，应拆卸分解自动变速器，更换油泵。

5）若主油路测压孔内只有少量自动变速器油流出，油压很低或基本上没有油压，应打开油底壳，检查油泵进油滤网有无堵塞。

6）若冷车起动时主油路有一定的油压，但热车后油压即明显下降，说明油泵磨损过甚。对此，应更换油泵。

## 四 自动变速器打滑故障的诊断与排除

### 1. 故障现象

1）起步时踩下加速踏板，发动机转速很快升高但车速升高缓慢。

2）行驶中踩下加速踏板加速时，发动机转速升高但车速没有很快提高。

### 2. 故障原因

1）自动变速器油油面太低。

2）减振器活塞密封圈损坏，导致漏油。

3）离合器或制动器活塞密封圈损坏，导致漏油，摩擦片、制动带磨损过甚或烧焦。

4）油泵磨损过甚或主油路泄漏，造成油路油压过低。

### 3. 故障排除

1）对于出现打滑现象的自动变速器，应先检查其自动变速器油的油面高度和品质。若油面过低或过高，应先调整至正常后再做检查。若油面调整正常后自动变速器不再打滑，可不必拆修自动变速器。

2）检查自动变速器油的品质。若自动变速器油呈棕黑色或有烧焦味，说明离合器或制动器的摩擦片或制动带有烧焦，应拆修自动变速器。

3）做路试，将变速杆拨入不同的位置，让汽车行驶。若自动变速器升至某一挡位时发动机转速突然升高，但车速没有相应地提高，即说明该挡位有打滑。

4）若主油路油压正常，则只要更换磨损或烧焦的摩擦元件即可。若主油路油压不正常，则在拆修自动变速器的过程中，应根据主油路油压，相应地对油泵或阀体进行检修，并更换自动变速器的所有密封圈和密封环。

## 五　自动变速器换挡冲击过大故障的诊断与排除

### 1. 故障现象

1）在起步时，由停车挡或空挡挂入倒挡或前进挡时，汽车振动较严重。

2）行驶中，在自动变速器升挡的瞬间汽车有较明显的闯动。

### 2. 故障原因

1）减振器活塞卡住，不能起减振作用。

2）真空式节气门阀的真空软管破裂或松脱。

3）节气门拉索或节气门位置传感器调整不当，使主油路油压过高。

4）单向阀钢球漏装，换挡执行元件（离合器或制动器）接合过快。

### 3. 故障排除

1）检查发动机怠速，怠速一般为 750r/min 左右。

2）检查节气门拉索或节气门位置传感器的调整情况。

3）检查真空式节气门阀的真空软管，如有破裂，应更换，如有松脱，应重新连接。

4）做道路试验，如果有升挡过迟的现象，则说明换挡冲击大的故障是升挡过迟所致。如果在升挡之前发动机转速异常升高，导致在升挡的瞬间有较大的换挡冲击，则说明离合器或制动器打滑，应分解自动变速器，予以修理。

5）如果怠速时的主油路油压过高，则说明主油路调压阀或节气门阀有故障，可能是调压弹簧的预紧力过大或阀芯卡滞所致；如果怠速时主油路油压正常，但起步进挡时有较大的冲击，则说明前进离合器或倒挡及高挡离合器的进油单向阀阀球损坏或漏装。

## 六　自动变速器升挡过迟故障的诊断与排除

### 1. 故障现象

1）在汽车行驶中，升挡车速明显高于标准值，升挡前发动机转速偏高。

2）必须采用松加速踏板提前升挡的操作方法，才能使自动变速器升入高挡或超速挡。

### 2. 故障原因

1）真空式节气门阀推杆调整不当，调速器卡滞或弹簧预紧力过大。

2）节气门位置传感器损坏或节气门拉索调整不当。

3）调速器壳体螺栓松动或输出轴上的调速器进出油孔处的密封环磨损。

### 3. 故障排除

1）测量节气门位置传感器的电阻。

2）检查节气门拉索或节气门位置传感器的调整情况。

3）若调速器油压正常，则升挡过迟的故障原因为换挡阀工作不良。

4）对于电子控制自动变速器，应先进行故障自诊断。如有故障码，则按所显示的故障码查找故障原因。

5）对于采用真空式节气门阀的自动变速器，应拔下真空式节气门阀上的真空软管，检查在发动机运转中真空软管内有无吸力。如果没有吸力，说明真空软管破裂、松脱或堵塞。

6）测量怠速时的主油路油压，并与标准值进行比较。若油压太高，应通过节气门拉索或节气门位置传感器予以调整。采用真空式节气门阀的自动变速器，应采用减少节气门阀推杆长度的方法，予以调整。若调整无效，应拆检主油路调压阀或节气门阀。

7）用举升机将汽车升起，让驱动轮悬空，然后起动发动机，挂上前进挡，让自动变速器运转，同时测量调速器油压。调速器油压应能随车速的升高而增大。将不同转速下测得的调速器油压与标准值进行比较，若油压值低于标准值，说明调速器有故障或调速器油路有泄漏。

# 学习情境四　万向传动装置拆装与检修

### 知识目标

1. 掌握万向传动装置的功用、组成、分类及应用场景。

2. 掌握十字轴刚性万向节的组成与工作特性。

3. 掌握准等速万向节、等速万向节的分类与组成。

4. 了解挠性万向节与中间支承。

5. 掌握传动轴的功能、组成、分类与布置形式。

### 能力目标

1. 能够完成万向传动装置的装配与维护任务。

2. 能够完成传动轴的拆卸任务。

3. 能够完成万向传动装置的检修任务。

4. 能够完成万向传动装置各类故障的诊断与排除任务。

**素养目标**

1. 一丝不苟、精益求精的工匠精神。
2. 规范操作的职业素养。

## ➡ 案例引入

　　一辆广汽传祺汽车驶入汽车 4S 店，根据车主反馈，这辆汽车在行驶一段时间后，汽车总是出现响声，并且车速越快响声越大，车身发抖，驾驶室振动，手握转向盘有麻的感觉。经检查发现，十字轴和万向节叉之间严重松旷，作为维修人员，应掌握万向传动装置拆装与检修技能，将检修合格的车辆交还车主。

## ➡ 知识学习

### 一　万向传动装置

万向传动装置

#### 1. 功用

　　万向传动装置能在汽车上任何一对轴间夹角和相对位置经常发生变化的转轴之间传递动力。

#### 2. 组成

　　万向传动装置一般由万向节和传动轴组成，对于传动距离较远的分段式传动轴，为提高传动轴的刚度可增设中间支承，如图 1-4-1 所示。

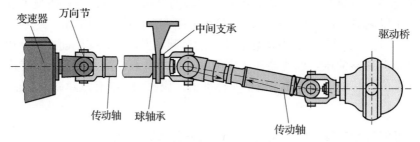

图 1-4-1　变速器与驱动桥之间的万向传动装置

#### 3. 分类

万向传动装置主要是通过万向节实现变角度传动的。

**（1）从速度特性角度**　万向传动装置可分为普通万向节、准等角速万向节和等角速万向节。

**（2）从刚度大小角度**　万向传动装置可分为刚性万向节和柔性万向节。

#### 4. 应用场景

　　**（1）应用于转向驱动桥和断开式驱动桥**　对于转向驱动桥，前轮既是转向轮又是驱动轮，因此，它需同时满足转向和驱动的功能，所以需要分段式半轴，汽车转向时两段半轴轴线相交且夹角是不断变化的，故必须用万向传动装置。在断开式驱动桥中，主减速器壳固定在车架上，桥壳是上下摆动的，也是分段式半轴，同样需要万向传动装置。

　　**（2）应用于转向操纵机构**　部分汽车的转向操纵机构受整体布局的约束，转向盘轴线与转向器输入轴线难以重合，所以在转向操纵机构中需使用万向传动装置。

　　**（3）应用于汽车的转向杆及某些动力输出装置**　万向传动装置不仅应用于汽车的传动系，还应用于部分汽车的转向杆，这样设计有利于转向机构的总体布置。它在一些动力输出装置中也有所应用。

**（4）应用于变速器（或分动器）与驱动桥之间**　一般前置后驱汽车变速器（或越野车分动器）的输出轴线，与驱动桥的输入轴线难以布置重合，并且汽车在负荷变化及在不平路面行驶时引起的跳动，也会使驱动桥输入轴与变速器输出轴之间的夹角和距离发生变化，故变速器输出轴与驱动桥输入轴之间必须用万向传动装置连接，如图 1-4-2 所示。

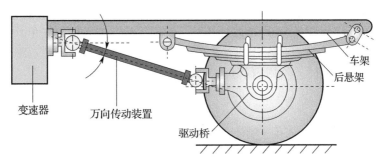

图 1-4-2　变速器与驱动桥之间的万向传动装置

**（5）应用于变速器与分动器之间**　虽然变速器、离合器、分动器等都固定在车架上，并且其轴线也可以布置重合，但为避免制造、装配误差和车架变形等因素引起的轴线同轴度误差对传输动力的影响，其间也常装有万向传动装置。

### 5. 十字轴式刚性万向节

在十字轴式刚性万向节中，相邻两轴的最大允许交角为 15°～20°。十字轴式刚性万向节在汽车上的应用最广，因为它具有结构简单、传动可靠等优点。

**（1）组成**　普通十字轴式万向节的结构如图 1-4-3 所示，其主要组成包括万向节叉、十字轴及轴承等。

两个万向节叉分别和主、从动轴相连，十字轴的四个轴颈分别装入叉形上的孔中。

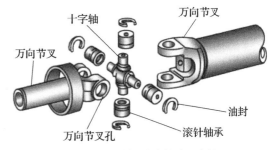

图 1-4-3　普通十字轴式万向节

这样的结构使得从动轴跟随主动轴旋转，同时又可环绕十字轴中心朝任意方向摆动。在十字轴轴颈与万向节叉孔之间装有由滚针和套筒组成的滚针轴承。

**（2）十字轴式万向节的不等速性与等速排列**　十字轴式万向节运动过程中具有不等角速性，也就是十字轴式万向节的主动叉处于等角速转动状态时，而从动叉进行不等角速转动，并且两转轴间所成夹角越大，其不等速性就越大。它的运动特性可以借助该万向节工作过程中两个经典位置进行解析，位置一为主动叉处于垂直位置，十字轴所在平面和主动叉轴保持垂直，位置二为主动叉处于水平位置，十字轴所在平面和从动叉保持垂直，如图 1-4-4 所示。

设主动叉轴以角速度 $\omega_1$ 旋转，从动叉轴与主动叉轴的夹角为 $\alpha$，从动叉轴的角速度为 $\omega_2$，且十字轴的旋转半径 $OA=OB=r$。

当十字万向节位于如图 1-4-4a 所示位置时，因为主、从动叉轴在十字轴上 $A$ 点的瞬时线速度 $v_A$ 相等，为

$$v_A=\omega_1 r=\omega_2 r\cos\alpha$$

所以 $\omega_2=\omega_1/\cos\alpha$，此时：$\omega_2 \geqslant \omega_1$。

当主动叉轴转动 90° 至如图 1-4-4b 所示位置时，主、从动叉轴在十字轴上 B 点的瞬时线速度 $v_B$ 相等，为

$$v_B=\omega_1 r\cos\alpha=\omega_2 r$$

所以 $\omega_2=\omega_1\cos\alpha$，此时：$\omega_2<\omega_1$。

由以上一系列分析得出，在主动叉轴处于等角速度旋转状态时，从动叉轴是以不等角速进行旋转的，从图 1-4-4a 旋转到图 1-4-4b 位置，从动叉轴的角速度由最大值 $\omega_1/\cos\alpha$ 下降到 $\omega_1\cos\alpha$。主动叉轴继续旋转 90°，从动叉轴的角速度再次从最小值上升为最大值。由此可见从动叉轴角速度变化周期是 180°，并且从动叉轴不等速特性随轴间夹角 $\alpha$ 的增大而增强。然而，主、从动轴的平均转速是一样的，也就是主动轴旋转一圈，从动轴跟随旋转一圈。所谓不等速性是指从动轴在转动一周内其角速度的不均匀。

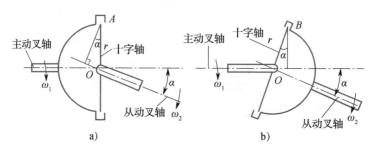

图 1-4-4　十字轴式刚性万向节传动的角速度分析

单个十字轴万向节的不等速性会使得从动轴及与其连接的传动组件发生扭转振动，因此出现额外的交变载荷及振动噪声，容易缩短相关组件的使用寿命。为避免这一缺陷，在汽车上均采用两个十字轴万向节，且中间以传动轴相连，利用第二个万向节的不等速效应来抵消第一个万向节的不等速效应，从而实现输入轴与输出轴等角速传动，但要达到这一目的，还必须满足以下两个条件。

条件 1：第一个万向节的从动叉和第二个万向节的主动叉应在同一平面内，即传动轴两端的万向节叉在同一平面内；

条件 2：输入轴、输出轴与传动轴的夹角相等，即 $\alpha_1=\alpha_2$，如图 1-4-5 所示。

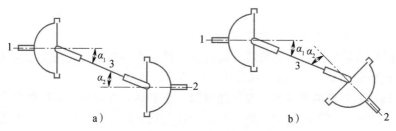

图 1-4-5　双万向节的等速排列方式
a）平行排列　b）等腰三角形排列

满足以上两个前提的等速传动有两种排列方式。平行排列，如图 1-4-5a 所示；等腰三角形排列，如图 1-4-5b 所示。

上述"条件 1"可通过正确的装配工艺，来保证与传动轴两端相连接的万向节叉在同一平面内。但"条件 2"只有采用驱动轮独立悬架时，才有可能通过整车的总体布置来实现。若驱动轮采用非独立悬架时，由于弹性悬架的振动，主减速器输入轴与变速器输出轴的相对位置不断变化，不可能在任何情况下都保证 $\alpha_1=\alpha_2$，此时万向传动装置只能做到使传动的不等

速尽可能小。但对每个万向节而言，只要存在交角，万向节在工作内部各零件之间就存在相对运动，那么就存在摩擦损失。

所谓等速传动是针对传动轴两端的输入轴和输出轴而言。对传动轴来说，只要传动轴两端的输入轴和输出轴的夹角不为零，它就是不等角速转动，与传动轴的排列方式无关。

### 6. 准等速万向节

**（1）定义** 准等速万向节是根据两个十字轴万向节实现等速传动的原理设计而成的，但只能近似实现等角速传动。

**（2）分类** 常见的有双联式和三销轴式万向节。

**（3）双联式万向节** 双联式万向节在发动机前置、后轮驱动的汽车上应用比较广泛。它实际上是一套传动轴减缩至最小的双万向节传动装置。如图1-4-6所示，双联叉相当于同一平面内的两个万向节叉和传动轴。这两个万向节以相同角速度转动，一个万向节的加速和减速可以通过另一个万向节加、减速度相等、方向相反的运动而抵消，避免了使用单个万向节而导致的波动。有的双联式机构采用球销等分度机构，等分万向节之间的传动轴夹角。目前，汽车上采用的双联式万向节结构都已简化，将内半轴或外半轴轴承组件定位在壳体上，保证汽车直线行驶时万向节中心点位于主销轴线与半轴轴线的交点。

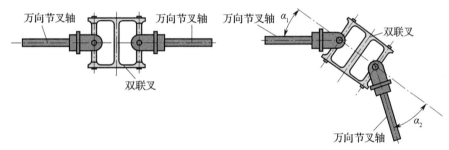

图 1-4-6 双联式万向节的原理图

**（4）三销轴式万向节** 三销轴式万向节主要由主动偏心轴叉、从动偏心轴叉、两个三销轴、六个滑动轴承和密封件等组成，如图1-4-7所示。三销轴式万向节的一大优势是相邻两轴允许有最大的交角，最大可达45°。采用此万向节的转向驱动桥可使汽车获得较小的转弯半径，提高了汽车的机动性。

### 7. 等速万向节

等速万向节是将轴间有夹角或相互位置有变化的两轴连接起来，并使两轴以相同的角速度传递动力的装置，它可以克服普通十字轴式万向节存在的不等速性问题。

**（1）球叉式万向节** 如图1-4-8所示，球叉式万向节主要由主动叉、从动叉、四个传动钢球、定心钢球、定位销、锁止销等组成。主、从动叉分别与内、

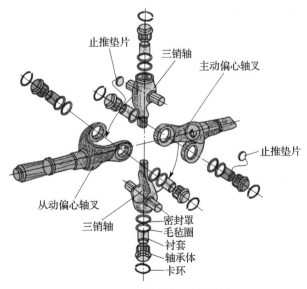

图 1-4-7 三销轴式万向节结构

外半轴制成一体，叉内各有四条曲面凹槽，装合后形成两条相交的环槽，作为钢球的滚道，定心钢球装在两叉中心凹槽内，用以固定中心。

球叉式万向节结构简单，一般应用于转向驱动桥中，其允许轴间最大交角为32°~38°，但由于工作时只有两个传动钢球传力，而另两个钢球则在反转时传力，因此钢球与滚道间的接触压力大，磨损快，影响其使用寿命，所以通常用于中、小型越野汽车的转向驱动桥上。

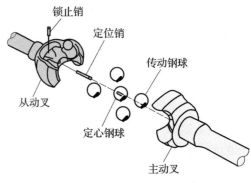

图1-4-8　球叉式万向节结构

（2）球笼式万向节　球笼式万向节按其内、外滚道结构不同又分为RF型球笼万向节、VL型球笼万向节及球笼式双补偿万向节等。

以RF型球笼万向节为例，它主要由内球座、球笼、外球座及钢球等组成。内球座通过花键与中段半轴相连，用卡环、隔套和碟型垫圈轴向限位。内球座的外表面有六条曲面凹槽，形成内滚道。外球座与带外花键的外半轴制成一体，内表面制有相应的六条曲面凹槽，形成外滚道。六个钢球分别装于六条凹槽中，并用球笼使之保持在一个平面内，如图1-4-9所示。

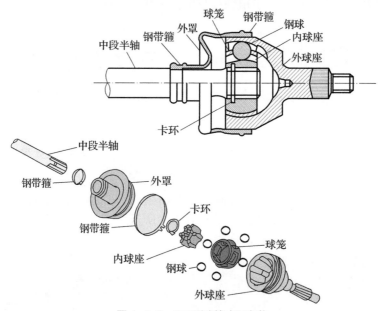

图1-4-9　RF型球笼式万向节

（3）三叉式等速万向节　如图1-4-10所示为三叉式等速万向节（也称三角式万向节），它主要由三销总成和万向节套组成。三销总成的花键孔与传动轴内花键配合，三个销轴上均装有轴承，以减小磨损。万向节套的凸缘用螺栓连接，为防止润滑脂外漏，万向节由防护罩封护，并用卡箍紧固。

### 8.挠性万向节

挠性万向节是由橡胶件将主被动轴叉交错连接而成，如图1-4-11所示，依靠橡胶件的弹性变形，能够实现转动轴线的小角度（3°~5°）偏转和微小轴向位移，吸收传动系中的冲击载荷和衰减扭转振动，具有结构简单、无须润滑等优点。

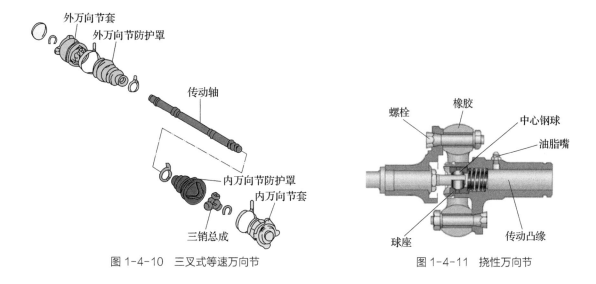

图 1-4-10　三叉式等速万向节　　　　　　　　图 1-4-11　挠性万向节

## 二 传动轴与中间支承

### 1. 传动轴

（1）**功能**　在万向传动装置中，传动轴主要起到传力作用。连接变速器（或分动器）和驱动桥是传动轴的重要功能，传动轴在转向驱动桥和断开式驱动桥中起到连接差速器和驱动桥的作用。

（2）**组成**　传动轴上设有滑动花键连接，由伸缩套和滑动花键轴组成。在汽车行驶过程中，变速器与驱动桥的相对位置时刻变化，通过该结构可以避免运动干涉，从而传动轴的长度能根据传动距离的变化而变化，如图 1-4-12 所示。

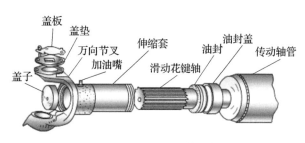

图 1-4-12　汽车传动轴结构

当传动距离较远时，为了避免因传动轴过长而使自振频率降低，高速时产生共振，将传动轴分为两段。前段是中间传动轴，其后端部称为中间支承。后段是主传动轴，都是通过薄钢板卷焊制造。

（3）**分类**　传动轴有两种，实心轴和空心轴，但多为空心轴，从而减轻传动轴的质量，节省材料，提高轴的临界转速、强度及刚度，一般用厚度为 1.5~3.0mm 且厚薄均匀的钢板卷焊形成，超重型货车是直接应用无缝钢管，而实心轴通常应用于转向驱动桥、断开式驱动桥及微型汽车的传动轴。

（4）**传动轴的布置形式及万向节的装配特点**　因驱动桥与车架之间是弹性连接，故普通万向传动装置不可能在任何情况下都保证等速传动，一般只是汽车满载在水平路面行驶时，近似等速。

1）越野汽车的传动轴：越野汽车的传动轴布置包括从变速器到分动器，再从分动器到各驱动桥。后桥传动轴在中驱动桥上装有中间支承，在满载情况下变速器输出轴与分动器的各输出轴、中间支承的轴线、中驱动桥和后桥传动轴的输入轴接近平行。每一传动轴两端的万向节叉应装在同一平面内，满足平行排列或等腰排列的等速条件。

2）普通汽车的传动轴：

①单节式传动轴。在普通汽车上最简易的传动轴是单独一节，它的两端通过普通万向节分别和变速器与驱动桥相连。在装配时，传动轴两端的万向节叉所在平面相互重合，从而确保满载状态下达到等速传动效果。

②双节式传动轴。如图1-4-13所示，传动轴分为两段，即万向传动装置由三个万向节连接中间传动轴和主传动轴。它的装配方法有两种：

一部分汽车变速器输入轴与中间传动轴不是布置在一条直线上，当汽车满载时，两节传动轴大约在一条直线上，并且中间万向节没有改变角速度，同时前端万向节从动叉与后端万向节主动叉所在平面重合，即达到等速传动的前提，如图1-4-13a所示。

另一部分汽车变速器输入轴与中间传动轴大约在一条直线上，仅需主传动轴达到等速传动前提即可，如图1-4-13b所示。

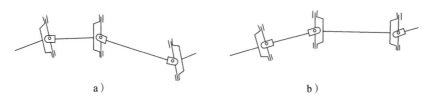

a）　　　　　　　　　　　　　　b）

图1-4-13　双节式传动轴万向节装配形式

## 2. 中间支承

在传动轴分段时，需要增设中间支承，一般是固定在车架横梁上。中间支承除对传动轴起支承作用外，还应能补偿传动轴轴向和角度方向的安装误差，以及汽车行驶过程中由于发动机窜动或车架变形等引起的位移。

### ➡ 技能操作

**一　万向传动装置的装配与维护**

#### 1. 万向传动装置的装配

1）清洁零件：待装配零件应完全清洗干净，特别是十字轴的油道、轴颈和滚针轴承，用干净的煤油清洗最佳，并用压缩空气进行干燥。装配时，需在轴颈和轴承上均匀涂抹适量的润滑脂；装配过程中应避免磕碰，并确保传动轴管两端点焊的平衡片没有脱落。

2）核对零件的装配标记：应认真校对十字轴和万向节叉、十字轴和短传动轴及滑动叉和花键轴管等的装配标记，按原标记装配。在安装滑动叉时，特别要保证传动轴两端万向节叉的轴承孔轴线位于同一平面上，其位置误差应符合原厂规定。

3）十字轴的安装：十字轴上的润滑脂嘴要朝向传动轴以便注油，两偏置油嘴应间隔180°，以保持传动轴的平衡。部分式承孔的U形固定螺栓的力矩严格执行原厂规定。

4）安装传动轴伸缩节：应使传动轴两端万向节位于同一平面内，误差允许限度为±1°。

5）机械安装：应尽可能保持传动轴两端分别和变速器输出轴、主减速器输入轴所成夹角相等，该夹角通常不可比原厂规定的角度大3°~5°。

6）中间支承的安装：将中间支承轴承对正压入中间传动轴的花键突缘内。在压入时，为确保轴承内圈挡边完好，不能用锤子敲打轴承。在拧紧中间支承前后轴盖上三个紧固螺栓时，需先支起后轮，在转动驱动轮时逐渐紧固，从而确保对正中心。

7）加注润滑脂：用黄油枪加注汽车通用的锂基2号润滑脂或二硫化钼锂基脂。注油时，既要充分又不过量，以从油封刃口处或中间支承的气孔能看到有少量新润滑脂被挤出为宜。

### 2. 万向传动装置的维护

1）一级维护（润滑和紧固）：对万向节的传动轴滑动叉、十字轴、中间支承轴承等加注润滑脂（通常为锂基2号润滑脂）；对传动轴各部螺栓和螺母的紧固情况进行检查，尤其是万向节叉突缘连接螺栓和中间支承支架的固定螺栓等，应按规定力矩拧紧。

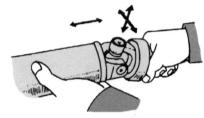

2）二级维护（十字轴轴承的间隙检查）：十字轴轴承的配合应用手无法感觉出有轴向移动量。针对传动轴中间支承轴承，应检查其是否松旷及运转中有无异响，当其径向松旷程度超过规定，或拆检轴承产生黏着磨损时，应更换中间支承轴承。如图1-4-14所示。

图1-4-14　十字轴轴承配合间隙的检查

### 3. 传动轴的拆卸

1）将车辆停放在水平路面上，并楔住汽车的前后轮，以防在拆卸传动轴过程中汽车移动而造成事故。

2）在每个万向节叉的突缘上做好标记，从而保证作业后的装配复原，不然极易导致万向传动装置失去平衡，从而产生强烈振动和运转噪声。

3）从传动轴后端与驱动桥连接处开始，先拧松取下其与后桥突缘连接的螺栓。

4）然后拧下其与中间传动轴突缘连接的螺栓，拆下传动轴总成。

5）松开中间支承支架与车架的连接螺栓。

6）松下前端突缘盘，拆下中间传动轴。

7）维护后的传动轴按记号进行装配复原。如图1-4-15所示。

图1-4-15　传动轴拆卸前的标记

## 二 万向传动装置的检修

### 1. 传动轴的检修

1）检查传动轴轴管是否有裂纹及严重的凹瘪，若有应更换传动轴。

2）检查传动轴弯曲程度，如图1-4-16所示，用V形架支起传动轴，保证传动轴放置水平，然后旋转传动轴，使用百分表在轴的中间部位测量其弯曲程度。径向全跳动公差应满足表1-4-1的规定，否则应校正或更换传动轴（轿车传动轴径向全跳动公差应比表1-4-1中的数据相应减小0.2mm）。

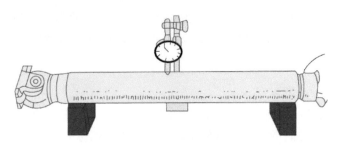

图 1-4-16 传动轴弯曲程度检查

表 1-4-1 传动轴轴管的径向全跳动公差 （单位：mm）

| 轴长 | ≤ 600 | 600~1000 | >1000 |
|---|---|---|---|
| 径向全跳动公差 | 0.6 | 0.8 | 1.0 |

3）检查传动轴花键与滑动叉花键、突缘叉与所配合花键的间隙。轿车应不大于 0.15mm，其他类型的汽车应不大于 0.30mm，装配后应能滑动自如。若超过限值，应更换传动轴或滑动叉。

4）检查中间传动轴支承轴颈的径向圆跳动公差是否超过 0.10mm，若超过则应更换或镀铬修复。

### 2. 万向节叉、十字轴及轴承检修

1）检查十字轴颈表面是否存在疲劳剥落，若有则磨损沟槽或滚针压痕深度不得在 0.10mm 以上，否则应换新。

2）检查万向节叉和十字轴是否有裂纹，若有应更换。

3）检查滚针轴承油封是否失效、滚针是否断裂、轴承内圈是否疲劳剥落，若有应更换。

4）检查十字轴与轴承的最小配合间隙是否满足原厂规定，最大配合间隙应符合表 1-4-2 的规定，若不满足应调整或更换轴承。

表 1-4-2 十字轴轴承的配合间隙 （单位：mm）

| 十字轴轴颈直径 | ≤ 18 | 18~23 | >23 |
|---|---|---|---|
| 最大配合间隙 | 符合原厂规定 | 0.10 | 0.14 |

### 3. 球叉式等速万向节检修

钢球滚道不得有凹凸不平等情况，钢球不得有磨损或烧蚀等现象。

### 4. 球笼式等速万向节检修

1）万向节壳体、球笼、星形套若有裂纹或缺口，一般需更换。

2）球座磨损较轻，但配合感觉有松动时，需更换更大的钢球。

3）个别钢球磨损过甚，应全部更换。

### 5. 中间支承检修

1）检查中间支承轴承的旋转是否灵活，油封和橡胶衬垫是否损坏，否则应更换。

2）拆下中间支承前，可以在中间支承周围摇动传动轴，检查中间支承轴承的松旷程度，分解后可进一步检查轴承的轴向和径向间隙应符合原厂规定。

### 6. 传动轴管焊接组合件检修

传动轴管焊接组合件经过修理后，原有的动平衡会消失，所以应对其（包括滑动套）进行动平衡试验。传动轴两端任一端的动不平衡量，轿车应不超过 10g·cm，其他车型应不超过表 1-4-3 中的规定。传动轴管焊接组合件的平衡可在轴管的两端加焊平衡片，每端最多不超过 3 片。

表 1-4-3　传动轴管焊接件的允许动不平衡量

| 传动轴轴管外径 /mm | ≤ 58 | 58~90 | >90 |
|---|---|---|---|
| 允许动不平衡量（g·cm） | 30 | 50 | 100 |

## 三　万向传动装置各类故障的诊断与排除

在工作过程中万向传动装置会出现各种耗损，尤其是对于传动轴管长度大、工作条件特别恶劣、润滑条件很差、行驶在较差道路上的汽车，冲击载荷的峰值通常为正常值的两倍及以上，从而导致万向传动装置的弯曲、扭转和磨损超限，而出现振动异响等故障，使万向传动装置失去原有的动平衡特性、速度特性，以及万向传动装置技术状况变差，传动效率降低，最终折损汽车的动力性和经济性。

万向传动装置常见故障的诊断和排除如表 1-4-4 所示。

表 1-4-4　万向传动装置常见故障诊断和排除

| 故障类型 | 故障现象 | 故障原因 | 排除方法 |
|---|---|---|---|
| 十字轴式万向节松旷及磨损 | 在汽车起步和瞬时改变车速时，传动轴发出"吭"的响声；而在汽车平缓行驶时发出"咣啷、咣啷"的响声 | 万向节凸缘盘连接螺栓松动 | 用榔头轻轻敲击各万向节凸缘盘连接处，检查它的松紧度，太松旷则故障由连接螺栓松动引起 |
| | | 万向节轴承、十字轴磨损严重 | |
| | | 万向节、伸缩叉磨损松旷 | 用双手分别握住万向节、伸缩叉的主、从动部分转动，检查游动角度。万向节游动角度太大，则异响由此引起；伸缩叉游动角度太大，则异响由此引起 |
| | | 万向节主、从动部分游动角度过大 | |
| 中间支承松旷及磨损 | 汽车行驶中出现一种连续的"呜呜"声，车速越高响声越大 | 滚动轴承磨损严重或缺油烧蚀 | 给中间支承轴承添加润滑脂，响声不复现，则故障由缺油引起，否则继续检查 |
| | | 中间支承安装方法不正确，造成额外载荷而产生异常磨损 | |
| | | 橡胶圆环破损 | 松开夹紧橡胶圆环的所有螺钉，待传动轴转动数圈后再拧紧，若响声不复现，则故障由安装方法不当引起，否则故障可能是由橡胶圆环破损、滚动轴承技术状况不佳、车架变形等引起 |
| | | 车架变形，造成前后连接部分的轴线在水平面内的投影不同线而产生异常磨损 | |
| 传动轴不平衡与异响 | 在万向节和伸缩叉技术状况良好时，汽车行驶中发出周期性的响声，甚至伴随有车身振动，握转向盘的手感觉麻木 | 传动轴上的平衡块脱落，传动轴弯曲或传动轴管凹陷 | 检查传动轴管是否凹陷，有凹陷，则故障由此引起；无凹陷，则继续检查 |
| | | 传动轴管与万向节叉焊接不正或传动轴未进行过动平衡试验和校准 | 检查传动轴管上的平衡片是否脱落，如脱落，则故障由此引起；否则继续检查 |

（续）

| 故障类型 | 故障现象 | 故障原因 | 排除方法 |
|---|---|---|---|
| 传动轴不平衡与异响 | 在万向节和伸缩叉技术状况良好时，汽车行驶中发出周期性的响声，甚至伴随有车身振动，握转向盘的手感觉麻木 | 传动轴花键轴和凸缘花键槽磨损过大 | 检查伸缩叉安装是否正确，不正确，则故障由此引起；否则继续检查 |
| | | 万向节十字轴及滚针轴承磨损或断裂 | 拆下传动轴进行动平衡试验，动不平衡，则应校准以消除故障。弯曲应校直 |
| | | 中间支承吊架固定螺栓松动或万向节凸缘盘连接螺栓松动，使传动轴偏斜 | 检查中间支承吊架固定螺栓和万向节凸缘盘连接螺栓是否松动，若有松动，则异响由此引起，应紧固 |

# 学习情境五　驱动桥拆装与检修

## 知识目标

1. 驱动桥的组成、分类与功用。

2. 主减速器分类、组成与功用。

3. 差速器分类、组成与功用。

4. 驱动桥壳分类、组成。

## 能力目标

1. 能够完成驱动桥的拆卸任务。

2. 能够完成驱动桥的维护与检修任务。

3. 能够完成驱动桥各类故障的诊断与排除任务。

## 素养目标

1. 矛盾的对立与统一。

2. 一丝不苟、精益求精的工匠精神。

3. 规范操作的职业素养。

## ➡ 案例引入

　　一辆东风标致汽车驶进汽车维修店，据车主讲述，汽车行驶过程中驱动桥发出异常响声。经维修人员检查发现，造成驱动桥异响的根本原因是驱动桥的传动部件磨损松旷。作为维修人员，应掌握驱动桥拆装与检修技能，将检修合格的车辆交还车主。

## ➡ 知识学习

### 一　驱动桥

#### 1. 组成

　　驱动桥主要包括差速器、主减速器、驱动桥壳和半轴等，如图 1-5-1 所示。

驱动桥与半轴

## 2. 分类

驱动桥可分为非断开式驱动桥和断开式驱动桥。

## 3. 功用

驱动桥的主要功用是将万向传动装置（或变速器）传来的动力经降速增矩、改变动力传递方向后分配到左、右驱动轮，使汽车行驶，并允许左、右驱动轮以不同的转速旋转。

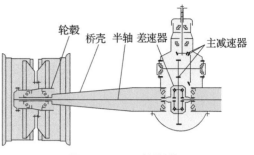

图 1-5-1　驱动桥结构

## 4. 非断开式驱动桥

非断开式驱动桥的桥壳是一个刚性的整体，在横向平面内驱动轮和两根半轴不产生相对运动，两端通过悬架和车架相连，左右半轴始终处于一条直线上，当车辆一侧通过地面的凸出物或凹坑而升高或下降时，整个车桥和车身会随着路面的凹凸变化而产生倾斜，车身波动较大，其配合非独立悬架使用，大多应用于汽车的后桥。

## 5. 断开式驱动桥

断开式驱动桥的左右半轴内端经过万向节和主减速器连接，其外端也是经过万向节和驱动轮连接，主减速器支承在车身或车架上，驱动桥壳是分段式的，各段通过铰链相连，差速器和车轮之间的半轴各段是通过万向节进行连接，驱动桥两端分别用悬架和车架连接。驱动轮和桥壳相互独立，分别相对于车架上下跳动，而车身不随车轮跳动，如图 1-5-2 所示。断开式驱动桥有利于汽车行驶的平顺性和通过性的提高，可配合使用独立悬架，但是其结构较为复杂，生产成本高。

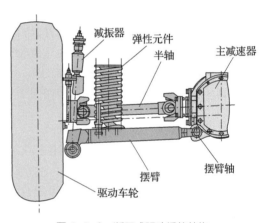

图 1-5-2　断开式驱动桥的结构

## 6. 驱动桥各组成部件功能

1）主减速器的功能：降速增矩和改变传动方向。

2）差速器的功能：保证左、右驱动轮可以以不同转速旋转。

3）半轴的功能：将转矩由差速器传送到驱动轮。

4）驱动桥壳的功能：支撑汽车的部分质量，承受驱动轮上的多种力和力矩，并保护主减速器、差速器以及半轴。

## 二 主减速器

主减速器由一对或几对减速齿轮副组成，将万向传动装置传来的发动机转矩传递给差速器，降速增矩，同时利用锥齿轮传动改变转矩方向。从不同角度对其分类，如图 1-5-3 所示。在功率确定的情况下，增大转速必定会降低转矩，反过来，减小转速就会增大转矩，转速与转矩之间存在对立与统一的关系。实际上，自然界中的很多事物都存在对立与统一的关系，正如"矛盾的对立与统一"。

### 1. 单级主减速器

单级式主减速器仅有一对锥齿轮进行传动，主、从动锥齿轮常使用准双曲面齿轮，如图1-5-4所示。单级式主减速器具有结构简单、重量轻、体积小、传动效率高等优点，其动力能满足中型以下货车和轿车的要求。

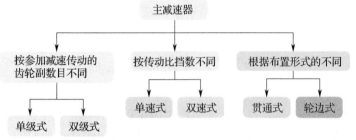

图 1-5-3　主减速器的不同分类方式

图 1-5-4　单级式主减速器

### 2. 双级主减速器

为满足发动机特性和汽车运行要求，需要具有较大传动比的主减速器时，仅有一对锥齿轮的单级主减速器无法实际使用，因为齿轮尺寸较大无法保证充足的最小离地间隙，此时需要两对齿轮完成降速，即双级主减速器。

大多数情况下，双级主减速器的第一级用准双曲面齿轮或弧齿锥齿轮进行传动，第二级用圆柱齿轮传动，如图1-5-5所示。

主减速器

### 3. 单速和双速主减速器

传动比固定的主减速器为单速主减速器，装有两个挡位传动比的主减速器为双速主减速器。

双速主减速器与普通变速器相配合，可得到双倍于变速器的挡位。双速主减速器的高低挡减速比是根据汽车的使用条件、发动机功率及变速器各挡速比的大小来选定的。大的主减速比用于汽车满载行驶或在困难道路上行驶，以克服较大的行驶阻力并减少变速器中间挡位的变换次数；小的主减速比则用于汽车空载、半载行驶或在良好路面上行驶，以改善汽车的燃料经济性和提高平均车速。

普通轿车和轻型载货汽车采用单速主减速器，多用途载货汽车和半挂汽车为了提高动力性和经济性，采用双速主减速器。

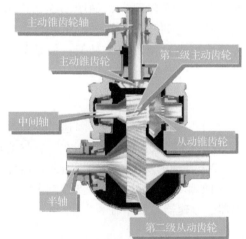

图 1-5-5　双级主减速器的结构

### 4. 贯通式主减速器

有些多轴驱动的越野汽车，为了简化结构，增大离地间隙，分动器到同一方向的两驱动桥之间只有一套万向传动装置。这样，传动轴须从离分动器较近的驱动桥中穿过，再通向离分动器较远的驱动桥。这种被传动轴穿过的驱动桥称为贯通式驱动桥，相应的主减速器称为贯通式主减速器。如图1-5-6所示。

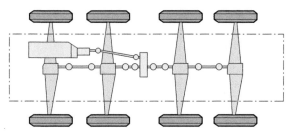

图 1-5-6 贯通式主减速器

### 5.轮边减速器

有些重型汽车，为了增加最小离地间隙，同时获得大的传动比，以提高通过能力和动力为主，将双级主减速器的第二级齿轮减速机构放在两侧车轮近旁，称为轮边减速器。

## 三 差速器

### 1.分类

差速器

差速器按其用途可分为轮间差速器和轴间差速器。轮间差速器装在同一驱动桥两侧驱动轮之间，而轴间差速器装在多轴驱动汽车的各驱动桥之间。差速器按其工作特性又可分为对称式锥齿轮差速器和防滑差速器，其中对称式锥齿轮差速器结构简单、工作平稳，应用比较广泛。

### 2.对称式锥齿轮差速器

（1）结构组成 对称式锥齿轮差速器主要由四个行星齿轮、行星齿轮轴（十字轴）、两个半轴齿轮和差速器壳体等组成，如图 1-5-7 所示。

对于普通轿车传递的转矩较小，通常采用两个行星轮，相应的十字轴为一字轴，差速器壳做成两边开孔的整体式，如图 1-5-8 所示。

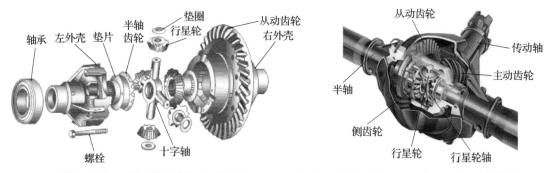

图 1-5-7 对称式锥齿轮差速器的结构　　图 1-5-8 两个行星齿轮的对称式锥齿轮差速器结构

（2）工作原理

1）差速器的动力传递路线：主减速器将传动轴输送的动力通过主动锥齿轮、从动锥齿轮、差速器壳体、行星轮轴、行星轮、半轴齿轮和半轴传递给驱动轮。

2）行星锥齿轮差速器的运动原理图：差速器壳与行星轮轴连成一体，并由主减速器从动齿轮带动一起转动，为差速器的主动件，设其转速为 $n_0$。半轴齿轮为从动件，设其转速分别为 $n_1$ 和 $n_2$。A、B 两点分别为行星轮与半轴齿轮的啮合点，C 点为行星轮的中心。A、B、C 点到差速器旋转轴线的距离相等。如图 1-5-9a 所示为俯视顶部行星轮示意图。

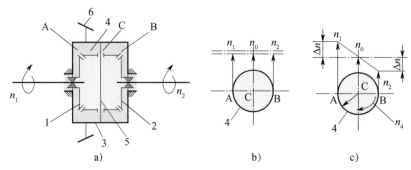

图 1-5-9　差速器运动原理示意图

1、2—半轴齿轮　3—差速器壳　4—行星齿轮　5—行星齿轮轴　6—主减速器从动齿轮

3）车辆在水平路面直线行驶：两侧驱动轮没有滑转和滑移趋势，即两侧车轮转速相等时，两侧车轮施加于半轴齿轮的反作用力相等，由于两半轴齿轮的直径相等，均为 $r$，故通过两啮合点 A、B 施加于行星轮的力也相等。行星轮相当于一个等臂的杠杆保持平衡，即行星轮不自转，而只随行星轮轴及差速器壳体一起公转，所以两半轴无转速差，$n_1=n_2=n_0$，差速器不起作用，如图 1-5-9b 所示。

4）车辆转弯或两侧驱动轮条件不同：此时通过半轴及半轴齿轮反作用于行星轮两啮合点的力将不相等，从而破坏了行星轮的平衡，使得行星轮除了随差速器壳一起公转外，还要绕行星轮轴自转。设其自转速度为 $n_4$，方向如图 1-5-9c 所示，则半轴齿轮 1 的转速加快，而半轴齿轮 2 的转速减慢。因 AC=CB，所以半轴齿轮 1 转速的增加值等于半轴齿轮 2 转速的减小值。设半轴齿轮转速的增减值为 $\Delta n$，则两半轴的转速分别为 $n_1=n_0+\Delta n$ 和 $n_2=n_0-\Delta n$。

5）差速器的差速作用：汽车在转弯或其他情况下行驶，两侧车轮有滑转和滑移驱使行星轮发生自转，借行星轮的自转，使两侧车轮以不同的转速在地面上滚动，始终保证 $n_1+n_2=2n_0$。当任何一侧半轴齿轮的转速为零时，另一侧半轴齿轮的转速为差速器壳转速的两倍。当差速器壳转速为零时，若一侧半轴齿轮受其他外来力矩而转动，则另一侧半轴齿轮以相同的速度反转。

### 3. 防滑差速器

防滑差速器是在一侧驱动轮打滑空转时，将大部分或全部转矩输送给不打滑的驱动轮，充分利用未打滑的车轮和地面间的附着力，从而形成充足的牵引力，驱动汽车行驶。常用的防滑差速器有强制锁止式和自锁式两种。

（1）强制锁止式差速器　强制锁止式差速器是在对称式锥齿轮差速器上设置了差速锁，工作时让差速锁介入，使差速器失去差速作用，等同于两根半轴结合为一体。差速锁主要由离合器及其操纵装置（外接合器、锁圈、内接合器）组成。

（2）自锁式差速器　自锁式差速器的工作特性是在两驱动轮转速不一致时，向转速较低的驱动轮自动分配更多的转矩，从而提升汽车的通过性。自锁式差速器包括摩擦片式差速器、托森差速器等。

1）摩擦片式差速器：摩擦片式差速器的工作特性是在对称式锥齿轮差速器中增设摩擦片以增加内摩擦力矩，如图 1-5-10 所示。

在汽车的一侧车轮在路面上滑动或汽车转弯时，因为转速差和轴向力共同作用，主、从动摩擦片之间出现摩擦力矩，摩擦力矩的方向与转速较快的半轴旋转方向相反，与转速较慢的半轴旋转方向相同，使转速较慢的半轴传递的转矩增加，较快的半轴传递的转矩减少。

2）托森差速器：托森差速器主要由蜗杆（两个）、蜗轮轴、蜗轮、直齿圆柱齿轮和差速器壳体等组成。图 1-5-11 所示为轴间托森差速器。

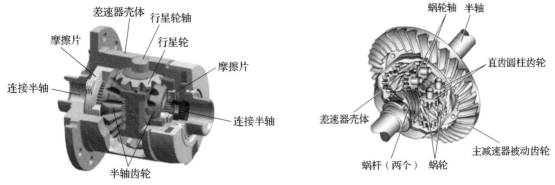

图 1-5-10　摩擦片式差速器结构　　　　图 1-5-11　轴间托森差速器的结构

当汽车转弯或在路况较差的道路上行驶时，前、后驱动桥产生转速差值。这个时候蜗轮不仅进行公转，还绕自身轴线进行自转，常啮合的直齿圆柱齿轮进行相对转动，从而增大转速低的驱动桥转矩，减小转速高的驱动桥转矩。托森差速器在四轮驱动汽车上的应用越来越多。

## 四　半轴

### 1. 组成

半轴的内端一般通过花键和半轴齿轮相连，外端和轮毂相连，如图 1-5-12 所示。

图 1-5-12　半轴的结构

### 2. 分类

半轴根据支承形式的不同，可分为全浮式支承和半浮式支承。

### 3. 全浮式半轴支承

图 1-5-13 所示为全浮式半轴支承的结构示意图，它显示了汽车半轴外端与轮毂及桥壳的连接情况。半轴外端锻有凸缘，用螺栓紧固在轮毂上，轮毂用两个圆锥滚子轴承支承在半轴套管上。半轴套管与空心梁压配成一体，组成驱动桥壳。这种半轴支承形式，半轴与桥壳没有直接联系。半轴的内端用花键与差速器的半轴齿轮连接，半轴齿轮的毂部支承在差速器壳两侧轴颈的孔内，而差速器壳又以两侧轴颈直接支承在桥壳上。

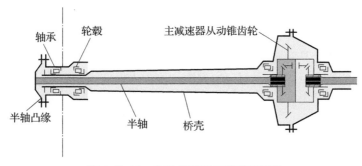

图 1-5-13　全浮式半轴支承结构示意图

### 4.半浮式半轴支承

半浮式半轴的轴承在半轴与桥壳之间安装，车轮直接和半轴连接，车轮和桥壳之间没有直接联系，而支承于悬伸出的半轴外端，所以，地面作用于车轮的所有反力都须通过半轴外端的悬伸部分传达至桥壳，导致半轴外端不仅要传递转矩，还要承受车轮载荷和转弯时的横向载荷，半轴内端借由花键和半轴齿轮相连。

## 五　驱动桥壳

### 1.整体式桥壳

如图 1-5-14 所示为解放牌汽车的整体式驱动桥壳，它由空心梁、半轴套管、主减速器壳及后盖等组成。空心梁用球墨铸铁铸成，中部有一环形大通孔，前端用以安装主减速器及差速器总成，后端用来检视主减速器及差速器的工作情况。后盖用螺钉装于后端面，后盖上装有检查油面用的螺塞。空心梁上凸缘盘用来固定制动底板，两端压入钢制半轴套管，并用止动螺钉限定位置。半轴套管外端轴颈用来安装轮毂轴承。为了对轴承进行限位及调整轴承预紧度，最外端还制有螺纹。

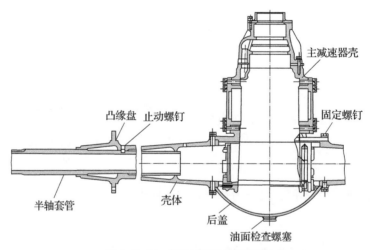

图 1-5-14　整体式驱动桥壳结构

这种铸造的整体式桥壳具有较大的强度和刚度，且便于主减速器的拆装和调整。它的缺点是质量大，铸造质量不易保证，主要用于中型以上货车。

如图 1-5-15 所示为北京 BJ1040 型汽车钢板冲压焊接的整体式驱动桥壳。它主要由冲压成形的上下两个主件、四块三角形镶块、前后加强环、后盖及两端半轴套管组焊而成。这种冲压焊接的整体式桥壳具有质量小、工艺简单、材料利用率高、成本低等优点，广泛应用于中型及中型以下的汽车上。

### 2.分段式桥壳

分段式桥壳分为左右两段，用螺栓使二者相连，如图 1-5-16 所示。分段式桥壳各段之

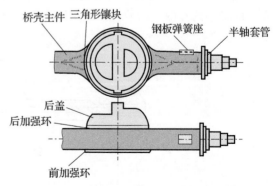

图 1-5-15　北京 BJ1040 型汽车钢板冲压焊接的整体式驱动桥壳结构

间均可以相对活动。

　　分段式桥壳的特性和整体式桥壳相反，制造难度不高，加工简单，但维修时需要将驱动桥整体从车上拆卸下来，故现已很少采用。

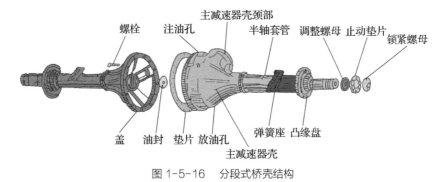

图 1-5-16　分段式桥壳结构

## ➡ 技能操作

### 一　驱动桥的拆卸与维护

#### 1. 驱动器的拆卸

1）抬升并适当支承车辆，拆卸左右前车轮和轮胎总成，适当支承前桥总成。

2）拆卸半轴轴承盖与前桥连接螺栓，并松开制动油管螺母，使用工具拉出半轴总成。

3）拆卸壳体固定螺栓，做好配对标记，使得在分解后重装时零件能按原位装配，用木棒从壳体中撬起并拿下主减速器总成。

4）松开从动锥齿轮固定螺栓，拆下从动锥齿轮。

5）拆卸差速器轴承，用专业工具冲出行星轮轴止动销。

6）取出行星轮轴、行星轮、半轴齿轮、半轴齿轮调整垫片等。

#### 2. 驱动桥的维护

**（1）一级维护**

1）检查后桥壳是否有裂纹及异常渗漏，如有渗漏，应查明原因，予以排除。

2）检查各部螺栓、螺母的连接是否可靠。

3）检查后桥壳体内的齿轮油油量是否合适，其油面应不低于检视孔下沿 15mm 处。

4）后桥壳的通气塞应保持畅通。

5）用推动轮毂来检查轴承的紧度时，应无明显手感的旷量。

6）检视轮胎和半轴上的外露螺栓、螺母，不得有松动。

**（2）二级维护**

1）半轴应无弯曲、裂纹，键槽无过度磨损。如有可视的键槽磨损时，应左右半轴换位。

2）拆下轮毂，检查半轴套管是否有配合松旷和裂纹，各螺纹损伤不得超过 2 个螺纹。

3）检视后桥壳是否有裂纹。

4）放油后，拆下后桥壳盖，清除油污并检视齿轮、轴承及各部螺栓紧固情况，必要时可以更换齿轮和轴承。

5）检视主减速器的油封有无漏油，突缘螺母是否松动，检查主减速器连接螺栓的紧固。

6）检查轮毂轴承的紧固情况，必要时按技术条件的要求拧紧。

## 二 驱动桥的检修

### 1. 主减速器壳检修

1）壳体应无裂损，各部位螺纹的损伤不得多于 2 个螺纹，否则应换新。

2）差速器左、右轴承孔同轴度公差为 0.10mm。

3）主动圆柱齿轮轴承（或侧盖）孔轴线及差速器轴承孔轴线对减速器壳前端面的平行度公差：当轴线长度在 200mm 以上，其值为 0.12mm；当轴线长度小于或等于 200mm，其值为 0.10mm。

### 2. 主减速器啮合印痕和啮合间隙的调整

调整方法如表 1-5-1 所示。

表 1-5-1    啮合印痕和啮合间隙的调整

| 从动锥齿轮啮合印痕（红色部分） | 调整方法 | 图示（蓝色 – 从动齿轮，黑色 – 主动齿轮） |
| --- | --- | --- |
|  | 当啮合印痕偏大端时，把从动齿轮朝主动齿轮移近，如果齿隙偏小，则把主动齿轮移开 |  |
|  | 当啮合印痕偏小端时，让从动齿轮远离主动齿轮，如果齿隙偏大，则移近主动齿轮 |  |
|  | 当啮合印痕偏齿顶时，把主动齿轮向从动齿轮移近，如果齿隙偏小，则把从动齿轮移开 |  |
|  | 当啮合印痕偏齿根时，让主动齿轮远离从动齿轮，如果齿隙偏大，则移近从动齿轮 |  |

### 3. 主减速器锥齿轮副检修

1）齿轮工作表面不得有明显斑点、剥落、缺损和阶梯形磨损，否则齿轮必须成对更换。

2）主动圆锥齿轮，其轮齿锥面的径向圆跳动公差为 0.05mm，前后轴承与轴颈、轴承孔的配合应符合原厂规定，从动锥齿轮的铆钉连接应牢固可靠，用螺栓连接的，连接螺栓的紧固应符合原厂规定。

### 4. 差速器检修

1）差速器壳产生裂纹，应更换。

2）差速器壳与行星轮、半轴齿轮垫片的接触面应光滑、无沟槽，如有小的沟槽，可用砂纸打磨，并更换半轴齿轮垫片。

3）行星轮、半轴齿轮不得有裂纹，工作表面不得有明显斑点、脱落和缺损。

4）差速器壳体与轴承、差速器壳与行星轮轴的配合应符合原厂规定。

差速器拆卸

### 5. 滚动轴承检修

1）轴承的钢球和滚道上不得有伤痕、剥落、严重黑斑或烧损变色等缺陷，否则应更换。

2）轴承架不得有缺口、裂纹、铆钉松动或钢球脱出等现象，否则应更换。

### 6. 轮毂检修

1）轮毂应无裂纹，否则更换。轮毂各部位螺纹的损伤不得多于 2 个螺纹。

2）轮毂与半轴突缘及制动鼓的结合端面对轴承孔公共轴线的轴向圆跳动公差均为 0.15mm，超值可车削修复。

3）轮毂轴承孔与轴承的配合应符合原厂规定。轴承孔磨损逾限可用刷镀或喷焊修理。

差速器安装

### 7. 桥壳检修

1）桥壳和半轴套管不应有裂纹出现，半轴套管还需进行探伤操作。各部分螺纹损伤不能超过 2 牙。

2）钢板弹簧座定位孔的磨损不可超过 1.5mm。

3）整体式桥壳将半轴套管的两个内端轴颈的共同轴线作为参照，两个外轴颈的径向圆跳动误差超过 0.30mm 时需进行调整，调整后的径向圆跳动误差不得超过 0.08mm。

4）分段式桥壳将桥壳的结合圆柱面、结合平面和另一端内锥面作为参照，轮毂内外轴颈的径向圆跳动误差大于 0.25mm 时必须进行调整，调整后的径向圆跳动误差不能超过 0.08mm。

5）桥壳承孔和半轴套管的配合及伸出长度应符合原厂规定，若半轴套管承孔磨损严重，需把座孔镗至修理尺寸，并更换对应修理尺寸的半轴套管。

6）滚动轴承与桥壳的配合应符合原厂规定。

### 8. 半轴的检修

1）半轴花键应无明显的扭转变形。

2）半轴应进行隐伤检查，不得有任何形式的裂纹存在。

3）半轴花键的侧隙增大量较原厂规定不得大于 0.15mm。

4）以半轴轴线为基准，半轴中段未加工圆柱体径向圆跳动误差不得大于 1.3mm，花键外圆柱面的径向圆跳动误差不得大于 0.25mm，半轴突缘内侧轴向圆跳动误差不得大于 0.15mm，径向圆跳动超限，应进行冷压校正，轴向圆跳动超限，可车削端面进行修正。

## 三 驱动桥各类故障的诊断与排除

具体如表 1-5-2 所示。

表 1-5-2　驱动桥的故障诊断和排除

| 故障类型 | 故障现象 | 故障原因 | 排除方法 |
| --- | --- | --- | --- |
| 异响 | 驱动桥在运行时发出不正常的响声，可分为驱动时发出异响、滑行时发出异响及转弯行驶时发出异响等 | 1）齿轮油油量过少或品质变差，尤其是油中有较大金属颗粒 | 按规定高度加注齿轮油或更换齿轮油 |
|  |  | 2）各类轴承损伤、严重磨损松旷或齿轮齿面磨损、点蚀，轮齿变形或折断 | • 按规定调整轴承预紧度<br>• 更换轴承或齿轮 |

（续）

| 故障类型 | 故障现象 | 故障原因 | 排除方法 |
|---|---|---|---|
| 异响 | 驱动桥在运行时发出不正常的响声，可分为驱动时发出异响、滑行时发出异响及转弯行驶时发出异响等 | 3）主减速器锥齿轮严重磨损、啮合面调整不当、啮合间隙不符合标准（太大或太小）、啮合间隙不均或未成对更换 | 酌情修复，调整或更换主减速器锥齿轮 |
| | | 4）差速器壳与十字轴和行星轮轴孔与十字轴配合松旷 | 对损伤严重的行星轮、行星轮轴予以更换 |
| | | 5）半轴齿轮与行星轮啮合间隙不符合标准（过大或过小），或半轴齿轮与半轴花键配合松旷 | 对弯曲的半轴进行校正或更换 |
| 过热 | 汽车行驶一段距离后，用手触摸驱动桥壳中部或减速器壳体，有烫手现象 | 1）齿轮油变质、油量不足或牌号不符合要求 | 加注或更换齿轮油 |
| | | 2）轴承预紧度过大或齿轮啮合间隙过小 | 调整预紧度或齿轮啮合间隙 |
| | | 3）止推垫片与齿轮背隙过小 | 调整背隙 |
| | | 4）油封过紧或各运动副、轴承润滑不良而产生干（或半干）摩擦 | 更换合适的油封，换上规定型号的润滑油脂 |
| 漏油 | 从驱动桥加油口、放油口螺塞处或油封、各接合面处可见到明显漏油痕迹 | 1）加油口、放油口螺塞松动或损坏，通气孔堵塞 | 对松动的螺塞按规定力矩拧紧，对堵塞的通气孔进行疏通 |
| | | 2）油封磨损、硬化，油封装反，油封与轴颈磨成沟槽 | 对磨损、损坏的油封予以更换，对装反的油封重新安装 |
| | | 3）接合平面变形、加工粗糙、密封衬垫太薄、硬化或损坏，紧固螺钉松动或损坏 | 规定力矩拧紧紧固螺钉或更换，更换密封衬垫 |
| | | 4）桥壳有铸造缺陷或裂纹 | 视情况进行修理或更换桥壳 |

# 学习场二
# 汽车行驶系统结构拆装与故障诊断、检修

## 学习情境一 车架与车桥检修

### 知识目标

1. 掌握汽车车架的结构组成、功用、分类。
2. 掌握汽车车桥的结构组成、功用、分类。

### 能力目标

1. 能够完成车架的检修任务。
2. 能够完成驱动桥的维护与检修任务。

### 素养目标

1. 树立安全意识。
2. 养成规范操作的职业素养。
3. 防微杜渐，禁于未然。

### ➡ 案例引入

　　一辆福田奥铃轻型货车驶进汽车维修站，据外观检查发现，该车的车架已经变形，后经初步检查发现，该车车架的一些铆钉松动，甚至脱落，汽车的前轴磨损较为严重。作为维修人员，应掌握汽车车架与车桥的结构组成、功能、分类，并能规范操作、安全操作，完成汽车车架与车桥的检修任务。

### ➡ 知识学习

#### 一 车架

　　车架是跨接在各个车桥之间的一种桥梁式结构，是保障汽车所有零部件能够安装的基础架构。

车架

##### 1. 车架功用

1）能够安装汽车的发动机、变速器、车身等部件，并使它们保持正确的相对位置。
2）能够承受来自车体和地面的各种力的作用。

## 2. 对车架的要求

1）应结构简单，并满足汽车结构布局的需求。

2）应具有足够的强度和刚度，并尽可能减轻质量。

3）应有利于降低汽车质心，并具有足够大的转向角，以提高汽车行驶的稳定性。

## 3. 车架的分类

**（1）边梁式车架**　边梁式车架由左右两边的两根纵梁和若干道横梁组成，用铆接和焊接的方法将纵梁与横梁连接成坚固的刚性构架，如图 2-1-1 所示。

纵梁通常用低合金钢板冲压而成。横梁用来连接纵梁，保证车架的抗扭刚度和承载能力，而且还用来支承汽车上的主要部件。

**（2）中梁式车架**　中梁式车架如图 2-1-2 所示，它只有一根位于中央且贯穿汽车全长的纵梁，亦称为脊骨式车架。中梁的前端做成伸出支架，用以固定发动机，而主减速器壳通常固定在中梁的尾端，形成断开式后驱动桥。中梁上的悬伸托架用以支承汽车车身和安装其他机件。

纵梁

横梁

图 2-1-1　边梁式车架

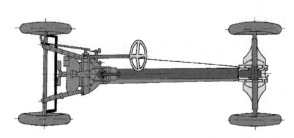

图 2-1-2　中梁式车架

1）优点：

①有良好的抗扭转刚度和较大的前轮转向角，并且汽车车轮有较大的运动空间，便于安装独立悬架。

②整车质量较小、质心较低，所以能保障汽车行驶稳定性良好。

③车架的强度和刚度较大，脊梁还能起到防尘罩的作用。

2）缺点：

①制造工艺复杂，精度要求高。

②总成安装困难，维护修理十分不便。

目前中梁式车架在汽车上的应用较少。

**（3）综合式车架**　综合式车架如图 2-1-3 所示，其特点是前段边梁安装发动机，中后段中梁用伸出的支架可以固定车身。该种车架结构复杂，加工、制造、维修都较为困难，主要用于赛车和特种车辆，总体上应用较少。

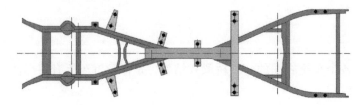

图 2-1-3　综合式车架

**（4）无梁式车架**　无梁式车架也称为平台式车架，如图 2-1-4 所示，其特点是汽车所有部件都固定在车身上，所有的力也由车身来承受，以车身兼代车架，故这种车身也称为承载式车身。该种车架广泛应用于各类轿车和客车。

目前汽车车身与车架等部件的冲压工序采用了很多新技术与新工艺，如液力拉深技术、内高压成形技术、电磁成形技术等。其中液力拉深技术利用液体介质进行成形，成形件的精度高、应力分布均匀、表面质量好；内高压成形的构件质量小，且产品设计灵活，工艺过程简捷，具备绿色制造的特点；电磁成形技术包含一种新的工艺方法，即非机械接

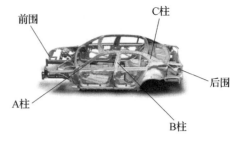

图 2-1-4　无梁式车架（承载式车身）

触性加工，工件变形源于工件内部带电粒子受磁场力作用，这种新工艺具备加工精度高、效率高等特点。

## 二　车桥

### 1. 车桥位置

车桥位于悬架与车轮之间，其两端安装车轮，通过悬架与车架（或车身）相连。

车桥

### 2. 车桥功用

车桥的功用是传递车架（或车身）与车轮之间各种载荷的作用。

### 3. 车桥的分类

**（1）按悬架结构**　车桥可分为整体式和断开式两种，如图 2-1-5 所示，其中整体式车桥的中部是刚性实心或空心梁，与非独立悬架配用；断开式车桥为活动关节式结构，与独立悬架配用。

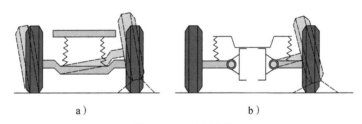

a）　　　　　　　　　　　　b）

图 2-1-5　车桥分类
a）整体式　b）断开式

**（2）按车桥上车轮的作用**　车桥可分为转向桥、驱动桥、转向驱动桥、支持桥四种。

1）转向桥：转向桥通常位于汽车前部，能使装在其两端的车轮偏转一定的角度，以实现汽车转向，主要由前轴、转向器和稳定杆等组成，如图 2-1-6 所示。

2）驱动桥：驱动桥一般是由主减速器、差速器、半轴、桥壳等组成，如图 2-1-7 所示，其功用是将由万向传动装置传来的发动机转矩传给驱动车轮，并经降速增矩、改变动力传动方向，使汽车行驶，而且允许左右驱动车轮以不同的转速旋转。

3）转向驱动桥：越野汽车、前轮驱动汽车和全轮驱动（4WD）汽车的前桥，既有转向桥作用，也有驱动桥作用，被称为转向驱动桥，其结构如图 2-1-8 所示，由半轴、稳定杆、三角臂等组成。

4）支持桥：支持桥也被称为支撑桥，如图 2-1-9 所示，它是仅起到支持汽车作用的车桥，现代轿车的后桥多为支持桥。

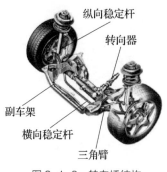

图 2-1-6　转向桥结构

图 2-1-7　驱动桥结构

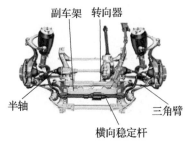

图 2-1-8　转向驱动桥结构

图 2-1-9　支持桥结构

## ➡ 技能操作

### 一　车架的检修

#### 1. 车架的失效形式

车架在使用过程中会出现变形（包括弯曲变形、扭转变形）、裂纹、锈蚀、螺栓和铆钉松动等失效形式。

#### 2. 车架的检修方法

1）外观检查。检查车架是否有严重的变形、裂纹、锈蚀、螺栓或铆钉松动等现象。

2）变形检修。通过拉线、钢直尺等来测量、检查。一般要检查车架上平面和侧平面的直线度误差。车架纵梁直线度允许误差为 1000mm 长度上不大于 3mm。

3）裂纹的检修。根据裂纹的长短及所在部位的不同，采取不同的修复方法。微小的裂纹可以采用焊修的方法。裂纹较长但未扩展至整个断面，且受力不大的部位，应先进行焊修，再用三角形腹板进行加强。

➤ **注意**：不能错误地认为，微小的裂纹不需要修理或者不着急修理，"千里之堤，毁于蚁穴"，同学们要具备"防微杜渐，禁于未然"的安全意识。

#### 3. 车架的校正

1）个别部位的校正。如果车架总成良好，仅个别部位发生不大的弯曲变形时，可用专门的工具直接在车上进行校正。

2）严重变形的校正。如果车架发生严重变形或铆钉松动较多时，应解体进行校正。一般采用冷压法或局部加热法进行校正。

## 二 驱动桥的维护与检修

汽车行驶时，驱动桥的受力情况十分复杂，时间一长，车桥必然会出现老化现象，因此需要定期检修与维护车桥。

### 1. 驱动桥的维护

#### （1）一级维护

1）检查后桥壳是否有裂纹及不正常的渗漏。

2）检查各螺栓、螺母的连接是否可靠。

3）检查后桥壳体内的齿轮油油量是否合适；油面应不低于检视孔下沿 15mm。

4）检查后桥壳的通气塞是否畅通。

5）检查轴承的松紧度。可通过推动轮毂的方式来检查，推动时应感觉不到明显的位移量。

#### （2）二级维护

1）检查半轴，半轴应无弯曲、裂纹，键槽无过度磨损。

2）拆下轮毂，检查半轴套管是否存在配合松旷现象，是否有裂纹；各螺纹的损伤不得超过 2 齿或 2 牙。

3）检视后桥壳是否有裂纹。

4）检查齿轮、轴承及各部螺栓紧固情况。检查方法：先放油，再拆下后桥壳盖，最后清除油污，必要时应更换齿轮和轴承。

5）检视主减速器的油封是否漏油、凸缘螺母是否松动、连接螺栓是否紧固。

6）检查轮毂轴承是否紧固。

### 2. 驱动桥的检修

#### （1）齿轮的检修

1）齿轮不得有疲劳性剥落，轮齿损坏不得超过齿长的 1/5 和齿高的 1/3。

2）行星轮和半轴齿轮工作面的损坏，沿齿高不得超过 1/4，沿齿长不得超过 1/5。

3）齿面上若有轻微擦伤或毛刺，可修磨后再使用。

4）从动齿轮的轴向圆跳动量应不超过 0.2mm。

#### （2）半轴的检验与修理

1）检验半轴的弯曲度。检验方法：将半轴夹在车床上用千分表抵在半轴中间处测量。标准 1：摆差不能超过 2mm，否则，应进行冷压校正或更换。标准 2：半轴凸缘平面应与半轴的中心线垂直，当在凸缘的边缘处测量时，千分表指针摆差不得超过 0.2mm，否则，应光磨修正或更换。

2）检查半轴是否有裂纹或是否断裂。

3）检查半轴油封颈是否有沟槽，若有，可涂镀修复或更换。

4）检查半轴的键齿磨损情况，如磨损严重，应更换半轴。

#### （3）差速器壳、轴和轴孔的检验与修理

1）检查轴承与轴颈的配合。主动齿轮轴颈与滚针轴承内轴颈一般为过盈配合，与外轴颈一般为间隙配合。

2）检查行星轮轴与壳体、行星轮内孔的配合。行星轮轴与行星轮为间隙配合，磨损严重时，可涂镀修复；行星轮轴颈与壳孔的配合，如有间隙感觉，可将轴颈涂镀。

3）检查差速器壳内壁与行星轮垫片之间是否有磨损、擦伤、明显的沟槽，若有，应对壳

体进行堆焊、然后用圆弧刀进行光削。

**（4）驱动桥壳的检修**

1）检修整体式驱动桥的桥壳，使用"长度比桥壳长 50mm，直径比桥壳内径小 2mm 的钢管或木棒"插入壳内，如能自由转动，即为符合要求。

2）检修桥壳的断裂。检查方法：可用目视或敲击的方法进行检查，亦可用磁力探伤仪检查。

# 学习情境二　汽车轮胎检修与四轮定位

### 知识目标

1.掌握车轮总成的组成，车轮的组成、功用、分类。

2.掌握轮胎的功能、结构、分类。

3.了解四轮定位的四个参数。

### 能力目标

1.能够完成汽车车轮的拆装任务。

2.能够检修轮胎故障。

3.能够对汽车进行四轮定位。

### 素养目标

1.规范操作的职业素养。

2.精益求精的工匠精神。

## ➡ 案例引入

一辆大众朗逸轿车驶进汽车维修站，据车主反映，该车在行驶过程中，方向不易控制，出现行驶跑偏现象。经初步检查发现，该车的轮胎磨损严重，并且车桥上的部分零件被更换过，却未做过四轮定位。作为维修人员，应掌握汽车轮胎的基本知识，能够完成汽车车轮拆装、轮胎磨损异常检修和四轮定位等任务，将检修合格的车辆交还车主。

## ➡ 知识学习

### 一　车轮总成

汽车车轮总成如图 2-2-1 所示，由车轮和轮胎组成。

### 二　车轮

#### 1.位置

介于轮胎和车桥之间。

#### 2.功用

1）安装轮胎。

2）承受轮胎与车桥之间各种载荷的作用。

车轮与车胎

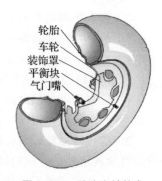
图 2-2-1　汽车车轮总成

### 3. 组成

车轮一般是由轮毂、轮辋和轮辐组成的，如图 2-2-2 所示。其中，轮毂通过圆锥滚子轴承装在车桥或转向节轴颈上，用于连接车轮与车桥；轮辋用于安装和固定轮胎；轮辐用于将轮毂和轮辋连接起来，并通过螺栓与轮毂连接起来。

### 4. 分类

按轮辐结构的不同，车轮可分为辐板式车轮和辐条式车轮。

**（1）辐板式车轮**　目前，普通轿车和轻、中型货车普遍采用辐板式车轮，这种车轮如图 2-2-2 所示，由挡圈、轮辋、辐板和气门嘴伸出口组成，其中用以连接轮毂和轮辋的钢质圆盘称为辐板。

货车的辐板与轮辋通过焊接或铆接的方式固定成为一个整体，辐板通过螺栓安装在轮毂上，辐板上的孔可以减小质量，有利于制动鼓的散热，同时可作为安装时的把手处。轿车的辐板所用板料较薄，常冲压成起伏多变的形状，以提高其刚度。

**（2）辐条式车轮**　辐条式车轮的轮辐是钢丝辐条或者是和轮毂铸成一体的铸造辐条，如图 2-2-3 所示，其中钢丝辐条车轮由于价格昂贵、维修安装不便，仅用于赛车和一些高级轿车上。

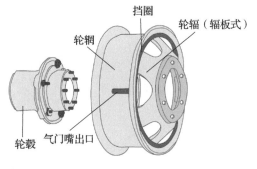

图 2-2-2　辐板式车轮结构

图 2-2-3　辐条式车轮结构

### 5. 轮辋

轮辋的种类有深槽轮辋、平底轮辋、对开式轮辋、半深槽轮辋、深槽宽轮辋、平底宽轮辋、全斜底轮辋等。

**（1）深槽轮辋**　该轮辋主要用于轿车及轻型越野车。它有带肩的凸缘，用以安放外胎的胎圈。为便于外胎的拆装，断面的中部制成深凹槽。

**（2）平底轮辋**　该轮辋常用于货车，其挡圈是整体式的，安装轮胎时，先将轮胎套在轮辋上，然后套挡圈。

**（3）对开式轮辋**　这种轮辋由内外两部分组成，其内外轮辋的宽度可以相等，也可以不相等，二者用螺栓连成一体。

**（4）半深槽轮辋**　这种轮辋一般用于轻型货车上。

## 三　轮胎

### 1. 功能

1）支撑车辆的全部质量。
2）将车辆的驱动力和制动力传至路面，从而控制其起动、加速、减速、停车和转向。
3）减弱由于路面不平所造成的振动。

### 2. 分类

按胎体结构不同可分为充气轮胎和实心轮胎。按组成结构不同可分为有内胎轮胎和无内胎轮胎两种。按胎体中帘线排列方向不同可分为普通斜交轮胎和子午线轮胎。

### 3. 结构

**（1）有内胎轮胎** 有内胎轮胎由外胎、内胎和垫带组成，使用时安装在汽车车轮的轮辋上，如图 2-2-4 所示。

外胎是轮胎的框架，它必须具有足够的刚性，以阻止高压空气外泄，又必须具有足够的弹性，以吸收载荷的变化和冲击。内胎是装入外胎内部的一个环形橡胶管，外表面很光滑，上面装有气门嘴，以便充气。垫带是环形橡胶带，它垫在内胎和轮辋之间，保护内胎不被轮辋和胎圈磨损。

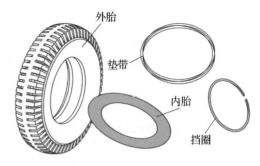

图 2-2-4　充气轮胎结构

**（2）无内胎轮胎** 无内胎轮胎没有内胎和垫带，充入轮胎的气体直接压入无内胎的轮胎中，要求轮胎与轮辋之间有良好的密封性。它的优点众多，具体如下。

1）轮胎穿孔时压力不会急剧下降，仍然能继续安全行驶。

2）不存在因内外胎摩擦而导致的磨损，结构简单，质量较小。

3）可以直接通过轮辋散热，故轮胎工作温度低，使用寿命长。

无内胎轮胎近年来应用范围越来越广，家用轿车几乎都使用无内胎轮胎。

### 4. 轮胎规格的表示方法

轮胎的规格可用外胎直径 $D$、轮辋直径 $d$、断面宽度 $B$ 和断面高度 $H$ 的名义尺寸代号表示。充气轮胎尺寸的标记如图 2-2-5 所示。轮胎断面高度 $H$ 与宽度 $B$ 之比称为轮胎的高宽比（以百分比表示），也称为轮胎的扁平率。

轮胎的高度和宽度比（扁平率）越小，说明轮胎的断面越宽，故高宽比小的轮胎称为宽断面轮胎，这种轮胎接地面积大、接地比压小、磨损小、滚动阻力小、抗侧向稳定性强，并且降低了整车质心，提高了汽车的行驶稳定性，在高速轿车上得到了广泛应用。

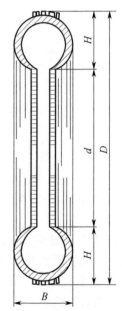

图 2-2-5　轮胎规格表示方法图解

**（1）斜交轮胎规格** 我国采用国际标准，斜交轮胎的规格用 $B-d$ 表示，载货汽车斜交轮胎和轿车斜交轮胎的尺寸 $B$ 和 $d$ 均以 in 为单位，$B$ 是轮胎名义断面宽度代号，$d$ 是轮辋名义直径代号，如代号"9.00-20"表示宽度为 9.00in（1in=25.4mm）、轮辋直径为 20in 的斜交轮胎。

**（2）子午线轮胎规格** 国产子午线轮胎规格用 $BRd$ 表示，其中 R 代表子午线轮胎，如今国产轿车子午线轮胎的断面宽度 $B$ 已全部改用米制单位 mm，载货汽车轮胎的断面宽度 $B$ 有英制单位 in 和米制单位 mm 两种，而轮辋直径 $d$ 的单位仍为 in，如代号"195/60R1485H"表示轮胎宽度是 195mm、扁平率是 60%、轮辋直径是 14in、荷重等级是 85（最大载荷质量为 515kg）、速度等级是 H（最高车速为 210km/h）。

## 四　四轮定位

为了保证汽车直线行驶的稳定性和操纵的轻便性，减少轮胎和其他机件的磨损，转向轮、转向节和前轴三者与车架的安装，必须保持一定的相对位置关系，这种安装位置关系称为转向车轮定位，也称前轮定位，主要包括主销后倾、主销内倾、前轮外倾及前轮前束四个参数。

### 1. 主销后倾

（1）**定义**　主销安装在前轴上，其上端略向后倾斜，这种现象称为主销后倾。在垂直于汽车支承平面的纵向平面内，主销轴线与汽车支承平面垂线之间的夹角 $\gamma$ 叫主销后倾角，如图 2-2-6 所示，其大小一般为 0.5°~3°。

（2）**功用**　形成回正力矩，保证汽车直线行驶的稳定性，并使汽车转向后回正操纵轻便。

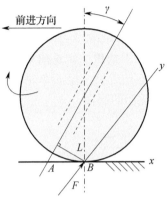

图 2-2-6　主销后倾及主销后倾角
$L$—$B$ 点到主销轴线延长线的距离
$A$—主销轴线延长线与地面交点
$B$—车轮与路面接触点
$F$—侧向反作用力

### 2. 主销内倾

（1）**定义**　主销安装在前轴上，其上端略向内侧倾斜，这种现象称为主销内倾。在垂直于汽车支承平面的横向平面内，主销轴线与汽车支承平面垂线之间的夹角 $\beta$ 称为主销内倾角，如图 2-2-7 所示，其大小一般为 6°~9°。

（2）**功用**　使车轮自动回正，使转向操纵轻便。

### 3. 前轮外倾

（1）**定义**　转向轮安装在车桥上，其旋转平面上方略向外倾斜，这种现象称为前轮外倾，如图 2-2-8 所示。前轮旋转平面与纵向垂直平面之间的夹角 $\alpha$ 称为前轮外倾角，其大小一般为 0.5°~2°。

（2）**功用**　提高车轮工作的安全性和转向操纵的轻便性。

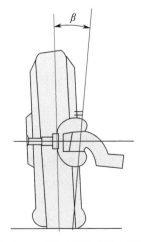

图 2-2-7　主销内倾及主销内倾角

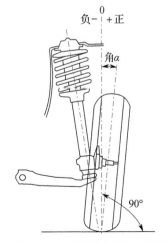

图 2-2-8　前轮外倾及前轮外倾角

#### 4. 前轮前束

（1）定义　车轮安装在车桥上，两前车轮的中心平面不平行，其前端略向内侧收束，这种现象称为前轮前束。两前轮后端距离 $A$ 大于前端距离 $B$，其差值 $A-B$ 称为前轮前束值，如图 2-2-9 所示。

（2）功用　前轮前束的功用是消除因车轮外倾所造成的不良后果，保证车轮不向外滚动，防止车轮侧滑和减轻轮胎的磨损。

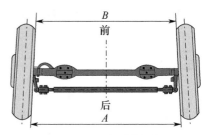

图 2-2-9　前轮前束示意图

### ➡ 技能操作

#### 一　车轮拆装

##### 1. 车轮总成的拆卸

1）停稳车辆，用三角木抵住各车轮。

2）取下车轮上的装饰罩，弄清汽车左右侧车轮与轮毂连接螺栓的螺旋方向，使用车轮螺母拆装机或用套筒扳手初步拧松各连接螺母。

3）用千斤顶顶在指定的位置，使被拆车轮稍离地面，也可将车辆停在举升架上，升起车辆，使车轮稍离开地面。

4）拧下车轮与轮毂连接的全部螺母，取下垫圈，并摆放整齐。

5）一边向外拉一边左右晃动车轮，从车轴上取下车轮总成。

##### 2. 车轮总成的安装

1）顶起车桥，套上车轮，将螺母初步拧在螺栓上。

2）放下车轮并在车轮前后用三角木抵住，用扭力扳手或车轮螺母拆装机，按对角线顺序分 2~3 次拧紧车轮螺母，最后一次要按规定力矩拧紧。

3）安装后轮双轮胎时，要先拧紧内侧车轮的内螺母，再装外侧轮胎，在安装过程中，应用千斤顶分两次顶起车桥，分别安装内、外两个车轮。

#### 二　轮胎故障检修

##### 1. 轮胎检查

轮胎的检查主要是检查轮胎的磨损程度和轮胎气压，轮胎磨损程度的检查包括胎面花纹深度的检查和轮胎异常磨损的检查，具体如下。

1）检查轮胎胎面和胎壁是否有裂纹或其他损伤。

2）检查轮胎胎面和胎壁是否嵌入金属微粒、石子或者其他异物。

3）检查胎面的花纹深度。轿车轮胎胎冠花纹深度不小于 1.6mm，载货汽车侧转向轮胎胎冠上的花纹深度不小于 3.2mm，其余轮胎胎冠花纹深度不小于 1.6mm。

4）检查轮胎的整个外围是否有不均匀磨损和阶段磨损。

5）检查轮胎的气压，可使用气压表检查。轿车前轮胎胎压应为 180kPa，后轮胎胎压应为 220kPa。

### 2. 轮胎异常磨损检修

**（1）胎肩或胎面中间磨损** 如图 2-2-10 所示，轮胎的胎肩和胎面出现了磨损。故障原因：主要是由于未能正确保持充气压力所致。排除步骤：一是检查是否超载；二是检查充气压力，如果充气过量或充气不足，应调整充气压力；三是调换轮胎位置。

充气不足　胎肩磨损　　充气过量　胎面中间磨损

图 2-2-10　胎肩或胎面中间磨损

**（2）内侧或外侧磨损** 如图 2-2-11 所示，轮胎的内侧或外侧出现了磨损。故障原因：一是在过高的车速下转弯会造成转弯磨损；二是悬架部件变形或间隙过大，会影响前轮定位，造成不正常的轮胎磨损。排除步骤：一是询问驾驶人是否经常高速转弯，如果是则要避免；二是检查悬架部件，如松动则将其紧固，如变形和磨损，应修理或更换；三是检查车轮外倾角，如不正常，应校正；四是调换轮胎位置。

**（3）前端和后端磨损** 图 2-2-12 所示为轮胎的前端和后端磨损，它是一种局部磨损。故障原因：对于非驱动轮的轮胎，它只受制动力影响，不受驱动力影响，往往会有前后端形式的磨损。排除步骤：一是检查充气压力，如果充气不足，就将其充至规定值；二是检查车轮轴承，如果磨损或松动，应更换或调整；三是检查外倾角和前束，如果不正确，应加以调整；四是检查轴颈或悬架部件，如果损坏，应修理或更换；五是调换轮胎位置。

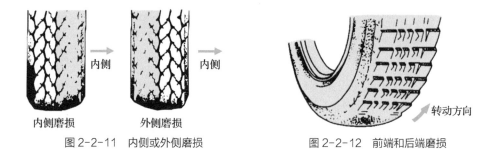

内侧磨损　　　　外侧磨损

图 2-2-11　内侧或外侧磨损

转动方向

图 2-2-12　前端和后端磨损

## 三 四轮定位检测

### 1. 静态检测方法及定位仪类型

车轮定位值的静态检测法，是根据车轮旋转平面与各定位角间存在的直接或间接的几何关系，用专用的检测设备测量其是否符合规定。使用的检测设备有气泡水准式、光学式、激光式、电子式和微机式等车轮定位仪。

### 2. 气泡水准定位仪

气泡水准定位仪按适用车型范围分为两种，一种适用于大、中、小型汽车，另一种仅适用于小型汽车。前者一般由水准仪、支架、转盘（转角仪）等组成，后者一般由水准仪和转盘组成。图 2-2-13 所示为一种水准仪的结构示意图。

### 3. 车轮定位的检查

检查前轮定位前，车辆应先满足以下条件。

1）汽车停放在水平场地或专用检测台上，轮胎气压符合规定。

2）车轮平衡，悬架活动自如，转向系统调整正确。

3）悬架弹簧无过大的间隙和损坏。

### 4. 检查和调整前轮外倾角

将车轮对准正前方，利用装在轮辋或轮盘上的固定支架，如图 2-2-14 所示，将水准仪安装在与车轮平面垂直的平面内，如图 2-2-15 所示。此时水准仪的倾角读数即为车轮外倾角。当测量值与标准值不符时，应予以调整。

调整前轮外倾角时车轮应着地，通过球头销在下摇臂长孔中的位移来调整，其步骤如下。

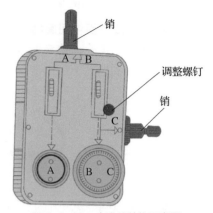

图 2-2-13　水准仪结构示意图
A—倾角刻度及相应插销
B、C—倾角刻度表及相应插销

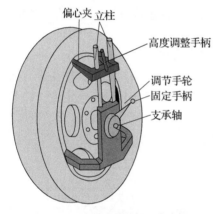

图 2-2-14　车轮定位仪器固定支架

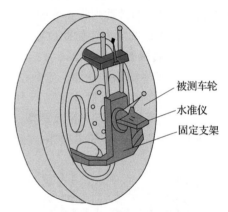

图 2-2-15　测量车轮外倾角

1）松开下摇臂球头销的固定螺母，把外倾调整杆插入图 2-2-16 中箭头所示孔中。

2）调整左侧时，从后面插入调整杆，调整右侧时，从前面插入调整杆。

3）横向移动球头销，直至达到外倾角值。

4）紧固螺母并再次检查外倾角值，需要时重新进行调整，必要时调整前束。

### 5. 检查和调整前束

检查前束，需将车轮停放在水平的硬实地面上，顶起前轮，使车轮能平稳回转，在轮胎周向花纹对称中心画线，

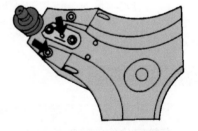

图 2-2-16　插入外倾调整杆

然后拆下千斤顶，使车轮恢复稳定状态，并使车轮处于直行位置。使用前束尺测量时，前束尺的指针高度与轮胎中心高度相同，如图 2-2-17 所示。在车轮的前侧，使前束尺的左右指针与轮胎中心的画线对准，测出宽度。然后将前束尺移到车轮后侧，以同样方法测出宽度。两次测量结果之差，即为车轮前束。

前束调整，其步骤如下。

1）将转向器置于中间位置，拧出转向中间轴盖上的螺栓。

2）将带有挂钩"B"的专用工具安置在左转向横拉杆的紧固螺母上，如图 2-2-18 所示。

3）用提供的螺钉将作衬垫的间隔件固定到标有"C"记号的转向器孔中；不得使用一般螺钉，因为一般螺钉太短，会碰坏转向盘的螺纹。

4）总前束值分为两半，分别在左、右转向横拉杆上调整，固定转向横拉杆。

5）必要时调整转向盘，拆下专用工具 3075。

6）重新拧紧转向中间轴盖上的螺栓，拧紧力矩为 20N·m。

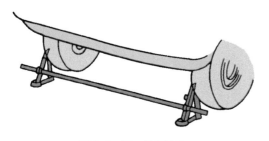

图 2-2-17　检查前束

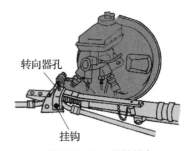

转向器孔

挂钩

图 2-2-18　调整前束

## 学习情境三　汽车悬架系统拆装与检修

### 知识目标

1. 掌握悬架的功用、分类、组成。
2. 掌握弹性元件的分类、结构组成。
3. 掌握减振器的功能、结构组成、工作过程。
4. 掌握非独立悬架、独立悬架的分类、组成、适用范围。
5. 了解电控悬架、空气悬架、电磁悬架。

### 能力目标

1. 能够完成减振器的拆装与检查任务。
2. 能够完成悬架系统其他部件的拆装与检查任务。
3. 能够完成非独立悬架系统、独立悬架系统常见故障的诊断与排除任务。

### 素养目标

1. 以人为本的职业素养。
2. 培养学生的创新精神与意识。
3. 爱国精神，民族责任感。

### ➡ 案例引入

一辆本田雅阁轿车驶入汽车维修站，据车主李先生反映，该轿车已经有三年多车龄，最近一段时间，车在行驶过程中存在行驶摆振和行驶不平稳等问题。经检查后发现，该轿车悬架的下摆臂已经严重变形。作为维修人员，应向李先生说明该汽车目前存在严重的安全隐患，必须立刻更换新的悬架配件，同时应掌握汽车悬架系统的基础理论知识、悬架系统的拆装与检修方法，具备排除悬架系统故障的能力，将检修合格的车辆交还车主。

## ➡ 知识学习

### 一 悬架系统

#### 1. 功用

1）连接车架（或车身）和车轮，把路面作用到汽车车轮的各种力与力矩传递给车架（或车身）。

2）缓和冲击、衰减振动，使乘员乘坐舒适，提高汽车行驶的平顺性。

3）保证汽车具有良好的操纵稳定性。

汽车悬架系统

#### 2. 分类

汽车悬架可分为非独立悬架和独立悬架两种类型。

非独立悬架结构特点：两侧车轮安装在一根整体式车桥上，车轮和车桥一起通过弹性悬架悬挂在车架（或车身）下面，一侧车轮发生位置变化后会导致另一侧车轮的位置也发生变化。

独立悬架结构特点：两侧车轮分别独立地与车架（或车身）弹性相连，与其配用的车桥为断开式车桥，两侧车轮的运动是相互独立、互不影响的。

#### 3. 组成

汽车悬架一般由弹性元件、减振器、导向机构等组成，轿车一般还有横向稳定器。

#### 4. 弹性元件

弹性元件使车架（或车身）与车桥（或车轮）之间做弹性连接，可以缓和由于不平路面带来的冲击，并承受和传递垂直载荷，具体可分为钢板弹簧、螺旋弹簧、扭杆弹簧和气体弹簧。

**（1）钢板弹簧**　钢板弹簧由若干片长度不等的合金弹簧钢片叠加而成，构成一根近似等强度的弹性梁。最长的一片称为主片，其两端卷成卷耳，内装衬套，以便用弹簧销与固定在车架上的支架或吊耳做铰链连接。各弹簧片用中心螺栓连接，并保证各片的相对位置。中心螺栓距两端卷耳中心的距离可以是相等的，称为对称式钢板弹簧，如图 2-3-1a 所示；也可以是不相等的，称为非对称式钢板弹簧，如图 2-3-1b 所示。

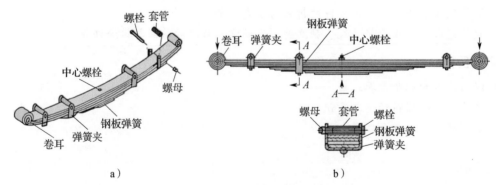

图 2-3-1　钢板弹簧结构示意图
a）对称式　b）非对称式

为了防止汽车在行驶过程中各弹簧片分开，在钢板弹簧上装有若干弹簧夹，以免主片独自承载。弹簧夹通过铆钉与最下片弹簧片相连，弹簧夹两边通过螺栓相连，螺栓上有套管，装配时要求螺母朝向轮胎以免螺栓脱落时刮伤轮胎，甚至飞崩伤人。

钢板弹簧在载荷作用下变形时，各片之间会相对滑动而产生摩擦，这可以衰减车架的振动。但摩擦会加速弹簧片的磨损，所以在装配钢板弹簧时，各片之间要涂抹石墨润滑脂或加装塑料垫片以减摩。

**（2）螺旋弹簧**

应用范围：主要用于独立悬架，少数轿车的后轮，虽然是非独立悬架但也采用螺旋弹簧。

➤ **注意**：螺旋弹簧只能承受垂直载荷，且变形时不产生摩擦力，故悬架中必须装有减振器和导向机构。

螺旋弹簧如图 2-3-2 所示，它由特殊的弹簧钢棒卷制而成，可以制成圆柱形或圆锥形，也可以制成等螺距或不等螺距的。圆柱形等螺距螺旋弹簧的刚度是不变的，圆锥形或不等螺距螺旋弹簧的刚度是可变的。

**（3）扭杆弹簧**　扭杆弹簧的断面通常为圆形，少数为矩形或管形，其两端可制成花键、方形、六角形等形状，以便一端固定在车架上，另一端固定在悬架的摆臂上，如图 2-3-3 所示。摆臂与车轮相连，当车轮跳动时，摆臂绕扭杆轴线摆动，使扭杆产生扭转弹性变形，以保证车轮与车架的弹性联系。

图 2-3-2　螺旋弹簧

➤ **注意**：扭杆弹簧在制造时便留有一定的预应力，且左、右扭杆弹簧预应力的方向是不同的，故左、右扭杆弹簧不能互换或装错。一般左、右扭杆在生产时便标有不同的记号。

优点：结构简单，维修方便，且单位质量的能量吸收率高。

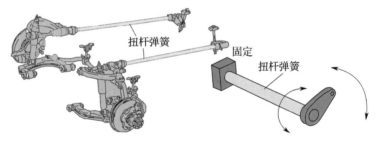

图 2-3-3　扭杆弹簧

**（4）气体弹簧**

1）分类：气体弹簧可分为空气弹簧（图 2-3-4）和油气弹簧（图 2-3-5）两种，空气弹簧又分为囊式和膜式两种。

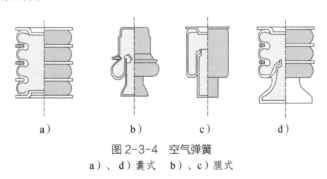

a）　　　　b）　　　　c）　　　　d）

图 2-3-4　空气弹簧

a）、d）囊式　　b）、c）膜式

2）油气弹簧结构：油气弹簧的球形室固定在工作缸上，室的内腔用橡胶油气隔膜隔开，充入高压氮气的一侧为气室，与工作缸相通并充满油液的一侧为油室。工作缸内装有活塞、阻尼阀及其阀座。

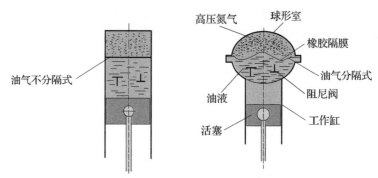

图 2-3-5　油气弹簧

3）工作原理：当载荷增加且车架与车桥相互靠近时，活塞上移，使工作缸内容积减小，油压升高，油液顶开阻尼阀进入球形室，推动隔膜向气室方向移动，使气室容积减少，氮气压力升高，油气弹簧的刚度增大。当载荷减小时，在高压氮气的作用下隔膜向油室方向移动，室内油液经阻尼阀流回工作缸，推动活塞下移，这时气室容积增大，氮气压力下降，弹簧刚度减小。

### 5. 橡胶弹簧

橡胶弹簧是一种利用橡胶本身的弹性来起作用的弹性元件，它可以承受压缩载荷和扭转载荷，如图 2-3-6 所示。当橡胶弹簧在外力作用下变形时，便产生内部摩擦，以吸收振动。橡胶弹簧的优点是可以制成任何形状，使用时无噪声，不需要润滑，但橡胶弹簧不适于支承重载荷，所以橡胶弹簧主要用作辅助弹簧，或用作悬架部件的衬套及其他支承件。

### 6. 减振器

（1）**功用**　迅速衰减由车轮通过悬架弹簧传给车身的冲击和振动，以提高汽车行驶的平顺性。

（2）**安装形式**　减振器在汽车悬架中是与弹性元件并联安装的，如图 2-3-7 所示。

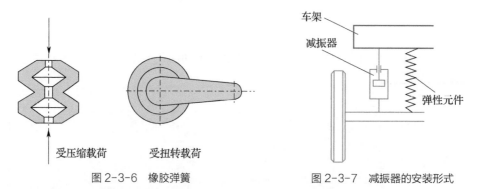

图 2-3-6　橡胶弹簧　　　　　　　　　图 2-3-7　减振器的安装形式

（3）**结构**　双向作用筒式减振器的基本组成如图 2-3-8 所示。

三个同轴缸筒：外面的缸筒是防尘罩，其上部的吊耳与车架相连；中间的缸筒是储油缸筒，内装有一定量的油液，其下端的吊耳与车桥相连；里面的缸筒是工作缸筒，其内装满油液。

四个阀：流通阀和补偿阀是一般的单向阀，其弹簧很弱，当阀上的油压作用力与弹簧弹力同向时，阀处于关闭状态，完全不通油液；而当油压作用力与弹簧弹力反向时，只要很小的油压，阀便能开启；压缩阀和伸张阀是卸载阀，其弹簧刚度较大，预紧力较大，只有当油压增高到一定程度时，阀才能开启；而当油压减低到一定程度时，阀即自行关闭。

**（4）工作过程**　双向作用筒式减振器的工作原理可用压缩和伸张两个行程加以说明。

1）压缩行程：当车桥移近车架（或车身）时，减振器受压缩，活塞下移，使其下方腔室容积减小，油压升高。具有一定压力的油液顶开流通阀进入活塞上方腔室。由于活塞杆占去上腔室的部分容积，使上腔室增加的容积小于下腔室减小的容积，因此还有一部分油液不能进入上腔室而只能压开压缩阀，流回储油缸筒。油液流经上述阀孔时，受到一定的节流阻力，为克服这种阻力而消耗了振动能量，使振动衰减。

2）伸张行程：当车桥相对远离车架（或车身）时，减振器受拉伸，活塞上移，使其上腔室油压升高。上腔室的油液便推开伸张阀流入下腔室。同样由于活塞杆的存在，上腔室减小的容积小于下腔室增加的容积，因而从上腔室流出的油液不足以充满下腔室所增加的容积，使下腔室产生一定的真空度，这时储油缸筒中的油液在真空度作用下推开补偿阀，流进下腔室进行补充。

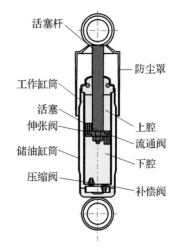

图 2-3-8　双向作用筒式减振器

## 二 非独立悬架

非独立悬架由于结构简单，工作可靠，被广泛应用于货车和客车上，而用在轿车上往往只作为后悬架。按照采用弹性元件的不同，它又可分为钢板弹簧式非独立悬架和螺旋弹簧式非独立悬架。

### 1. 钢板弹簧式非独立悬架

图 2-3-9 所示为一种典型的钢板弹簧式非独立悬架。钢板弹簧中部通过 U 形螺栓（骑马螺栓）固定在前桥上。钢板弹簧的前端卷耳用弹簧销与前支架相连，形成固定式铰链支点，起传力和导向作用；而后端卷耳则用吊耳销与可在车架上摆动的吊耳相连，形成摆动式铰链支点，从而保证了弹簧变形时两卷耳中心线间的距离有改变的可能。

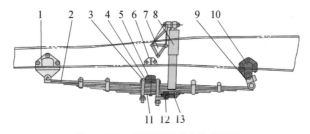

图 2-3-9　钢板弹簧式非独立悬架

1—钢板弹簧前支架　2—前钢板弹簧　3—U 形螺栓（骑马螺栓）　4—盖板　5—缓冲块　6—限位块
7—减振器上支架　8—减振器　9—吊耳　10—吊耳支架　11—中心螺栓　12—减振器下支架　13—减振器连接销

### 2. 螺旋弹簧式非独立悬架

螺旋弹簧式非独立悬架常用于轿车的后悬架。由于使用螺旋弹簧作为弹性元件，仅仅能承受垂直载荷，因此，此类悬架系统需要安装导向装置和减振器。导向装置包括纵向推力杆和横向导杆，纵向推力杆用以传递牵引力、制动力等纵向力及其力矩，横向导杆用以传递悬

架系统的横向力。当后桥与车身之间的距离发
生变化时，横向导杆也可绕其铰接点做上、下
横向摆动。两个减振器的上端铰接在车身支架
上，下端铰接在车桥支架上。

　　图 2-3-10 所示为一种典型的螺旋弹簧式
非独立悬架。两个后轮用一根整体后轴相连，
纵向推力杆的一端和车轴固定，另一端通过带
橡胶衬套的孔和车身相连。橡胶衬套可在各个
方向产生较小的变形来防止运动干涉。横向推
力杆用来传递车轴和车身之间的横向作用力及
其力矩。加强杆用来加强横向推力杆的安装强
度，并使车身受力均匀。

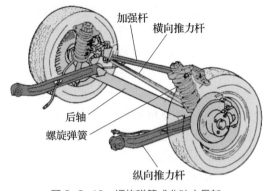

图 2-3-10　螺旋弹簧式非独立悬架

　　非独立悬架已经能够满足汽车行驶的需求，为何还要设计独立悬架？因为非独立悬
架汽车的乘坐舒适性与操纵稳定性都比较差，设计人员为解决这些问题，本着"以人为本，
大胆创新"的理念，开发了独立悬架。创新的精神与意识应是当代青年所必备的。

## 三　独立悬架

　　独立悬架被广泛地应用在现代汽车上，特别是轿车的转向轮普遍采用了独立悬架。
　　优点：一是独立悬架可以降低非悬架重量；二是车轮的方向稳定性良好，提高了乘坐舒
适性和操作稳定性；三是在独立悬架系统中，弹簧只支承车身，由于左、右车轮之间没有车
轴连接，地板和发动机的安装位置可以降低，从而降低汽车的重心。
　　缺点：一是结构复杂，制造成本高，维修不便；二是车轮跳动时，由于车轮外倾角与轮
距变化较大，轮胎磨损较严重。
　　独立悬架的结构类型很多，主要可按车轮运动形式分成以下五类，如图 2-3-11 所示。
　　1）车轮在汽车横向平面内摆动的悬架（横臂式独立悬架，图 2-3-11a）。
　　2）车轮在汽车纵向平面内摆动的悬架（纵臂式独立悬架，图 2-3-11b）。
　　3）车轮沿主销移动的悬架，其中包括：烛式悬架（图 2-3-11c）和麦弗逊式悬架（滑柱
连杆式悬架，图 2-3-11d）。
　　4）车轮在汽车的斜向平面内摆动的悬架（单斜臂式独立悬架，图 2-3-11e）。

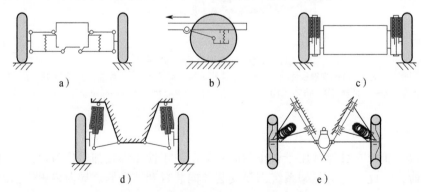

a)　　　　　　　　　　b)　　　　　　　　　　c)

d)　　　　　　　　　　e)

图 2-3-11　几种类型的独立悬架示意图
a）横臂式独立悬架　b）纵臂式独立悬架　c）烛式悬架　d）麦弗逊式悬架　e）单斜臂式独立悬架

### 1. 横臂式独立悬架

横臂式独立悬架分为单横臂式和双横臂式两种。

（1）**单横臂式独立悬架** 单横臂式独立悬架的特点是当悬架变形时，车轮平面将倾斜而改变两侧车轮轮距，使轮胎相对于地面侧向滑移，破坏轮胎和地面的附着。它用于转向轮时，会使主销内倾角和车轮外倾角发生较大的变化，对于转向操纵有一定影响，故目前在前悬架中很少采用。

（2）**双横臂式独立悬架** 双横臂式独立悬架的两个摆臂长度可以相等，也可以不相等，如图 2-3-12 所示。在摆臂等长的独立悬架中（图 2-3-12a），当车轮上下跳动时，车轮平面没有倾斜，但轮距却发生了较大的变化，这将增加车轮侧向滑移。在摆臂不等长的独立悬架中（图 2-3-12b），如将两臂长度选择适当，可以使车轮和主销的角度以及轮距的变化都不太大，由较软的轮胎变形来适应。

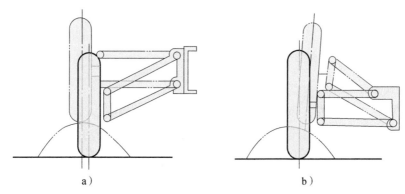

图 2-3-12　双横臂式独立悬架示意图
a）两摆臂等长的悬架　b）两摆臂不等长的悬架

### 2. 纵臂式独立悬架

纵臂式独立悬架也分为单纵臂式和双纵臂式两种。

（1）**单纵臂式独立悬架** 单纵臂式独立悬架主要用于后轮，如图 2-3-13 所示。纵摆臂是一片宽而薄的钢板，一端与半轴套管铰接，另一端带有套筒，套筒通过花键与扭杆弹簧的外端相连，扭杆的内端固定在车架上。

（2）**双纵臂式独立悬架** 如图 2-3-14 所示为用于前轮的双纵臂式独立悬架。转向节和两个纵摆臂做铰链连接，在车架的两根管式横梁的内部，装有由若干层矩形端面的薄弹簧钢片叠成的扭杆弹簧。两根扭杆弹簧的内端用螺栓固定在横梁中部，而外端则插入纵臂轴的矩形孔中。纵臂轴用衬套支承在管式横梁内，轴和纵臂刚性地连接。

这种悬架当车轮上下跳动时，车轮外倾角、轮距和主销后倾角都不发生变化，所以适用于前轮。

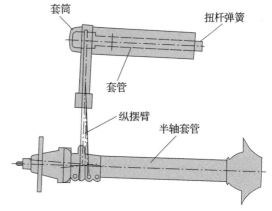

图 2-3-13　单纵臂式独立悬架示意图

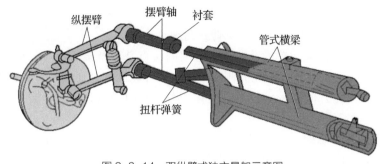

图 2-3-14 双纵臂式独立悬架示意图

### 3. 烛式独立悬架

如图 2-3-15 所示为烛式独立悬架，主销的上下两端刚性地固定在车架上，套在主销上的套管固定在转向节上。套管的中部固定装着螺旋弹簧的下支座。筒式减振器的下端与转向节相连，上端与车架相连。悬架的摩擦部分套着防尘罩。通气管与防尘罩内腔相通，以免罩中空气被密封而影响悬架的弹性。

### 4. 麦弗逊式独立悬架

麦弗逊式独立悬架目前在轿车中应用很广泛，其结构如图 2-3-16 所示。它由减振器、螺旋弹簧、横摆臂、横向稳定杆（图中未画出）等组成。减振器与套在它外面的螺旋弹簧合为一体，构成悬架的弹性支柱，支柱上端与车身挠性连接，支柱的下端与转向节刚性连接。横摆臂的外端通过球头销 B 与转向节的下部连接，内端与车身铰接。

麦弗逊式独立悬架没有传统的主销实体，转向轴线为上下铰接中心的连线 AB（一般与弹性支柱的轴线重合）。当车轮上下跳动时，B 点随横摆臂摆动，因而主销轴线 AB 随之摆动（弹性支柱也摆动）。这说明车轮沿着摆动的主销轴线而运动。

麦弗逊式独立悬架结构较简单，布置紧凑，用于前悬架时能增大两前轮内侧的空间，故多用于发动机前置前轮驱动的轿车上。

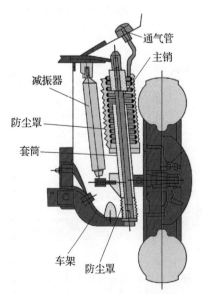

图 2-3-15 烛式独立悬架

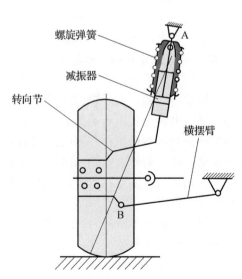

图 2-3-16 麦弗逊式独立悬架结构示意图

### 5. 多连杆式独立悬架

独立悬架中多采用螺旋弹簧，因而对于侧向力、垂直力以及纵向力需增设导向装置，即采用杆件来承受和传递这些力，因而一些轿车上为减轻车重和简化结构采用多连杆式悬架，如图 2-3-17 所示。

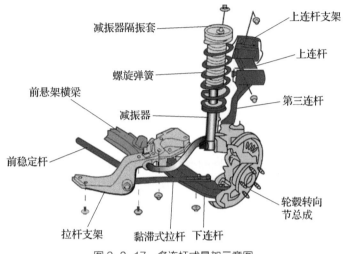

图 2-3-17 多连杆式悬架示意图

上连杆用上连杆支架与车身（或车架）相连，上连杆外端与第三连杆相连。上连杆的两端都装有橡胶隔振套。第三连杆的下端通过重型推力轴承与转向节连接。下连杆与普通的下摆臂相同，其内端通过橡胶隔振套与前横梁相连接，球铰将下连杆的外端与转向节相连。多杆前悬架系统的主销轴线从下球铰延伸到上面的轴承，它与上连杆和第三连杆无关。

## 四 电控悬架

### 1. 分类

电子控制悬架系统主要有半主动悬架和主动悬架两种。半主动悬架是指悬架元件中的弹簧刚度和减振器阻尼力之一可以根据需要进行调节，而主动悬架能根据需要自动调节弹簧刚度和减振器的阻尼力，从而能够同时满足汽车行驶平顺性和操纵稳定性等各方面的要求。主动悬架按照弹簧的类型，又可以分为空气弹簧主动悬架和油气弹簧主动悬架。

### 2. 组成

电子控制空气悬架系统是由传感器、电子控制单元（ECU）和执行器三部分组成的。传感器包括车身高度传感器、转向传感器、车速传感器、节气门位置传感器等，执行器包括高度控制阀、排气阀、悬架控制执行器等。

### 3. 空气悬架与电磁悬架

空气悬架是电控悬架的一种，它的控制元件采用电子控制模块、弹性元件采用空气弹簧。一般装备空气悬架的汽车前轮和后轮附近都会设有离地距离传感器，按离地距离传感器的输出信号，行车电脑会判断出车身高度变化，进而控制空气压缩机和排气阀门，使弹簧自动压缩或伸长，从而降低或升高底盘离地间隙，以增加高速车身稳定性以及复杂路况的通过性。

电磁悬架，它是利用电磁反应进行控制的一种新型独立悬架系统。它可以针对路面情况，在 1ms 时间内做出反应，抑制振动，保持车身稳定。

## ➡ 技能操作

### 一 减振器的装配与检修

#### 1. 减振器的装配

1）将减振器杆上的各零件依次装上，装配前的油封内表面涂上润滑脂，把油封套在减振器杆上时，不要碰伤其刃口，最好先在杆上套一个锥形套，然后再装油封。装油封时应将外表面具有圆角的一端朝向油缸。

2）在工作缸的一端为压力支承座总成，检查隔片的位置是否正确，隔片距支承座的距离为 120mm，然后把工作缸与支承座总成装入贮油缸内。

3）加入适当的油量，可用金属网将油液过滤，注意不要混入金属屑或棉丝。

4）把减振器杆及活塞总成装入工作缸内，使导向座的止口套入工作缸，装好密封环（每次拆装都要更换），拧紧油缸螺母。

#### 2. 减振器性能试验

1）贮油缸螺母拧紧后，减振器应能自由滑动，不允许有发卡现象。

2）减振器往复拉动 2~3 次，看其阻力是否恢复和有无缺油造成的空程；向上拉时，应感到阻力沉重；向下压时，应有较轻阻力；往复过程中，阻力应均匀。

#### 3. 减振器检查

在车辆行驶过程中，如减振器发出异常的响声，则说明该减振器已损坏，必须更换。一般减振器是不进行修理的，如有很小的渗油现象不必调换，如漏油较多可通过拉伸和压缩减振器来检查渗油现象。漏出的减振器油不能再加入减振器内重新使用，漏油的减振器不能再使用。

➤ **注意**：漏出或放出的减振器油应妥善处理，不能随意丢弃，要具备安全、环保的职业素养。

#### 4. 减振器减振力检查

在车前、车后通过晃动车身确定减振器减振力大小，并且检查车身停止晃动的时间长短。

### 二 前悬架的拆装与检查

#### 1. 前悬架的拆装

1）拆下左、右前悬吊加强梁，拆下右下前悬架臂总成。

2）拆前稳定杆，分解动力转向器总成，拆前悬架横梁总成。安装步骤与拆卸步骤相反。

#### 2. 前悬架的检查

在零件全部解体后，应进行清洗、检查，必要时测量。如有下列情况，必须更换新件。

1）挡泥板严重扭曲变形，轮毂花键松动，磨损严重。

2）弹簧挡圈失效，车轮轴承损坏。

3）前悬架支柱件任何一条焊缝出现裂纹或严重变形。

## 三　非独立悬架系统常见故障诊断与排除

### 1. 车身倾斜

1）现象：汽车调整后停放在平坦路面上，车身横向或纵向歪斜，行驶中汽车自动跑偏。

2）原因：钢板弹簧、螺旋弹簧断裂；弹簧弹力下降；弹簧刚度不一致；U形螺栓松动。

3）诊断与排除方法：车身横向歪斜，通常是由于弹簧折断、弹性减弱及钢板销、衬套和吊耳磨损过大等引起的；若车身歪斜，且汽车行驶中跑偏，则多属某侧前钢板弹簧或螺旋弹簧不良，使前桥移位所致。应检查钢板弹簧是否折断，或螺旋弹簧弹力是否下降；如钢板销、衬套和吊耳磨损过大，除上述现象外还可能造成汽车行驶摆振；若车身纵向歪斜，则多属某侧后钢板弹簧或螺旋弹簧不良，使后桥移位所致。可测量两侧轮距是否一致，如不一致则表明车桥发生移位。

### 2. 异响

1）现象：汽车行驶过程中，特别是道路颠簸、突然制动、转弯时从悬架部位发出噪声。

2）原因：减振器漏油，造成油量不足；活塞与缸筒磨损，配合不紧密；连接部位脱落；铰链点磨损、松动；橡胶衬套磨损、老化或损坏；弹簧折断。

3）诊断与排除方法：首先应检查悬架与车架或车桥的连接部位，看是否存在脱落、其胶垫是否损坏或松动。如良好，用手按下保险杠，放松后如汽车有2次或3次跳跃，说明减振器良好，可路试减振器效能。当汽车缓慢行驶并不断制动减速时车身跳跃剧烈，或行驶一段路程后，减振器外壳温度高于其他部位，均说明减振器工作不正常，应予以更换。

## 四　非独立悬架系统的损耗与维护

非独立悬架的损耗主要包括钢板弹簧弹力衰退，断片和减振器失效。除增加汽车零件的冲击载荷，破坏汽车的减振性能之外，还会产生"前轮定位效应"，影响汽车的操纵性能、制动过程中方向的稳定性，加剧轮胎的磨耗。

### 1. 钢板弹簧的损耗与维护

造成钢板弹簧断片的原因除结构上形成的卷耳过渡处等部位应力集中外，与钢板热处理品质也有关系。另外，钢板弹簧定位卡缺少或固定不好，甚至形成半散片，破坏了各片应力的合理分配，造成局部应力集中而使整架钢板弹簧弹力减退，也会由此而引起两侧钢板弹簧弹力差异过大。钢板弹簧中心螺栓或U形固定螺栓紧固力矩不符合原厂规定，会造成逐片断裂。假若U形紧固螺栓过紧，中心螺栓固定力矩不足，应力集中断面就会集中移至U形螺栓压紧线的断面上，由此而疲劳断裂。若U形螺栓固定过松，而中心螺栓固定力矩过大，应力集中又会移至中心螺栓孔横向轴线的断面上。此断面因中心孔使截面本来就小，因此会引起逐片疲劳断裂，最终导致整架钢板弹簧断裂。

相当多的汽车在维修时，通过在钢板弹簧片之间涂抹石墨润滑脂，来减小钢板弹簧工作层片间的摩擦系数，降低片间的摩擦温度。

钢板弹簧日常维护作业是检查U形紧固螺栓。紧固力矩必须符合原厂规定，绝非越紧越好。按时向钢板弹簧销加注润滑脂。若发现断片或钢板弹簧固定卡、隔套、卡子螺栓缺少时，应及时进行小修。二级维护时，应拆检钢板弹簧，并向片间涂抹石墨润滑脂。钢板弹簧禁止加片。

## 2. 减振器的损耗

减振器主要的损耗是缺减振油和减振器失效。

## 五　独立悬架系统常见故障诊断与排除

### 1. 现象

1）异响，尤其在不平路面上转弯时。

2）车身倾斜，汽车在转弯时车身过度倾斜等。

3）前轮定位参数改变，轮胎异常磨损。

4）车辆摆振及行驶不稳。

### 2. 原因

螺旋弹簧弹力不足；稳定杆变形；上、下摆臂变形；各铰接点磨损、松旷。

## 六　独立悬架系统的损耗与维护

独立悬架的结构复杂，其主要损耗是转向节及其支撑、定位杆系的铰销磨损过大，杆系变形、裂纹，悬架弹簧弹力衰退、断裂；减振器失效；橡胶消声垫损坏，润滑不良等，会引起前轮摆动、车轮反向垂直跳动、汽车舒适性变差、转弯时车身倾斜严重、噪声过大等故障。

维护作业一般是加注润滑脂，检视杆系零件与弹簧有无断裂，检视减振消声橡胶零件的磨耗状况或更换，调整各铰接部位及其他配合部位的间隙等。多数情况下与调整前轮定位合并进行。

# 学习场三
# 汽车转向系统结构拆装与故障诊断、检修

## 学习情境一　机械转向系统拆装与故障诊断、检修

### 知识目标

1. 掌握机械转向系统的功用、组成、工作原理。
2. 理解转向系统的参数和转向时车轮的运动规律。
3. 掌握转向器的分类、结构组成、工作过程。
4. 掌握转向操纵机构与传动机构的组成、工作过程。

### 能力目标

1. 能够完成转向操纵机构的维护任务。
2. 能够完成转向器的拆装、检修和调整任务。
3. 能够完成转向传动机构的维护任务。

### 素养目标

1. 保持正确方向的重要性。
2. 一丝不苟，精益求精的工匠精神。
3. 规范操作的职业素养。

## ➡ 案例引入

一辆有着十几年车龄的广汽本田轿车驶进了汽车维修站，据车主反映，转动该车转向盘时十分费力。经维修人员检查后发现，该车使用的是机械转向系统，已出现转向沉重故障。作为维修人员，应掌握机械转向系统的功用、结构组成及工作原理，并且能够排除机械转向系统的各种故障，将维修合格的汽车交还车主。

## ➡ 知识学习

机械转向系统

## 一　机械转向系统认知

### 1. 定义

转向系统指的是由驾驶人操纵，能够实现转向轮偏转和回位的一套机构。

当驾驶人需要改变汽车的行驶方向时，可操纵转向轮绕主销轴线偏转一定角度，直到新的行驶方向符合驾驶人的要求时，再将转向轮恢复到直线行驶位置。

### 2. 功用

1）使汽车根据驾驶人的意愿改变行驶方向。

2）使汽车直线行驶时保持稳定。

### 3. 分类

汽车转向系统按转向动力源的不同可分为机械转向系统和动力转向系统，其中机械转向系统以驾驶人的人力作为转向动力源，动力转向系统除了驾驶人的人力外，还以汽车的动力作为辅助转向能源。

动力转向系统可分为液压式、气压式和电动式。

### 4. 机械转向系统组成

汽车机械转向系统由转向操纵机构、机械转向器（执行机构）和转向传动机构三大部分组成。其中：转向操纵机构包括转向盘、转向轴、万向节、转向传动轴；机械转向器有多种类型，如齿轮齿条式转向器和循环球式转向器；转向传动机构包括转向摇（垂）臂、转向直（纵）拉杆、转向节臂、转向梯形臂、转向横拉杆等，如图 3-1-1 所示。

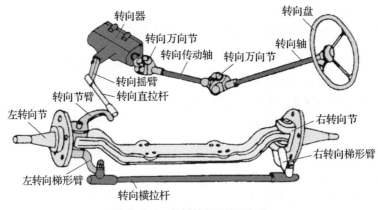

图 3-1-1　机械转向系统示意图

### 5. 机械转向系统工作原理

汽车转向时，驾驶人转动转向盘，通过转向轴、转向节和转向传动轴，将转向力矩输入转向器。转向器中有 1~2 级啮合传动副，具有降速增矩的作用。转向器输出的转矩经转向摇臂，再通过转向直拉杆传给固定在左转向节上的转向节臂，使左转向节及装于其上的左转向轮绕主销偏转。左、右转向梯形臂的一端分别固定在左、右转向节上，另一端则与转向横拉杆作球铰链连接。当左转向节偏转时经左转向梯形臂、转向横拉杆和右转向梯形臂的传递，右转向节及装于其上的右转向轮随之绕主销同向偏转一定的角度。左、右转向梯形臂和转向横拉杆构成转向梯形，其作用是在汽车转向时，使左、右转向轮按一定的规律进行偏转。

### 6. 转向系统的参数

#### （1）转向系统角传动比

1）定义：转向系统角传动比是指转向盘的转角与转向盘同侧的转向轮偏转角的比值，一

般用 $i_w$ 表示。转向系统角传动比是转向器角传动比 $i_1$ 和转向传动机构角传动比 $i_2$ 的乘积。转向器角传动比是转向盘转角和转向摇臂摆角之比。转向传动机构角传动比是转向摇臂摆角与同侧转向轮偏转角之比。

2）对转向的影响：一方面，转向系统角传动比太小会导致转向沉重，而转向系统角传动比越大，增矩作用越大，转向操纵就越轻便，所以希望增大转向系统角传动比；另一方面，由于转向盘转的圈数过多会导致操纵灵敏性变差，故转向系统角传动比又不能过大。对于机械转向系统而言，既要保证转向轻便，又要保证转向灵敏是很难做到的，所以当代车辆大多采用动力转向系统。

**（2）转向盘的自由行程**

1）定义：由于转向系统各传动件之间存在装配间隙，也存在弹性变形，导致转向盘有一定的自由行程。转向盘的自由行程是指转向盘在空转阶段的角行程。在一定范围内转动转向盘时，转向节并不马上同步转动，而是在消除这些间隙并克服机件的弹性变形后，才实现相应的转动，即转向盘有一空转行程。

2）对转向的影响：转向盘自由行程对于缓和路面冲击及避免驾驶人过于紧张是有利的，但过大的自由行程会影响转向灵敏性，所以汽车维护项目中包含"定期检查转向盘自由行程"这一项。一般汽车转向盘的自由行程应不超过 10°~15°，否则需要调整。

### 7.转向时车轮运动规律

汽车在转向行驶时，要求车轮相对于地面做纯滚动，否则如果有滑动的成分，车轮边滚边滑会导致转向行驶阻力增大，动力损耗，油耗增加，也会导致轮胎磨损增加。

汽车转向时，内侧车轮和外侧车轮滚过的距离是不等的。对于一般汽车而言，后桥左右两侧的驱动轮由于差速器的作用，能够以不同的转速滚过不同的距离。但前桥左右两侧的转向轮要滚过不同的距离，保证车轮做纯滚动就要求所有车轮的轴线都交于一点方能实现。

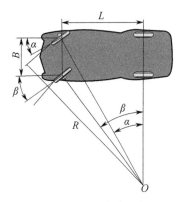

图 3-1-2　汽车转向示意图

如图 3-1-2 所示，交点 O 称为汽车的转向中心，汽车转向时内侧转向轮偏转角 $\beta$ 大于外侧转向轮偏转角 $\alpha$。$\alpha$ 与 $\beta$ 的关系是：

$$\cot\alpha = \cot\beta + \frac{B}{L}$$

式中　$B$——两侧主销中心距；

　　　$L$——汽车轴距。

这一关系是由转向梯形保证的。所有汽车转向梯形的设计实际上都只能保证在一定的车轮偏转角范围内，使两侧车轮偏转角大体上接近以上关系式。从转向中心 O 到外侧转向轮与地面接触点的距离 R 称为汽车转弯半径。转弯半径 R 愈小，则汽车转向所需要场地就愈小，汽车的机动性也愈好。当外侧转向轮偏转角达到最大值 $\alpha_{max}$ 时，转弯半径 R 最小。

## 二　转向操纵机构

### 1.功能

转向操纵机构的功用是产生转动转向器所必需的操纵力，并具有一定的调节和安全性能。转向操纵机构要将驾驶人操纵转向盘的力传给转向器，同时为了驾驶人的舒适驾驶，还要求转向操纵机构可以进行调节，以满足不同驾驶人的需求。

为了防止车辆撞击后对驾驶人的损伤，还要求转向操纵机构具有一定的安全保护装置。

### 2. 组成

汽车转向操纵机构因车型而异，但其基本结构如图 3-1-3 所示，一般由转向盘、转向管柱（轴）、万向节及转向传动轴等组成，它的主要作用是操纵转向器和转向传动机构，使转向轮偏转。

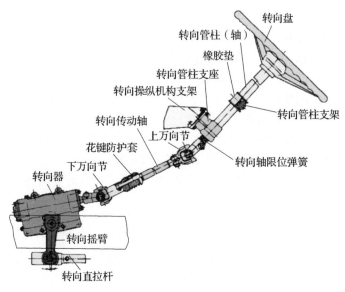

图 3-1-3　汽车转向操纵机构及转向器

### 3. 转向盘

转向盘由轮缘、轮辐和轮毂组成。转向盘轮毂的细牙内花键与转向轴连接，转向盘上都装有喇叭按钮和安全气囊，有些轿车的转向盘上还装有车速控制开关。

### 4. 转向轴、转向管柱及其吸能装置

转向轴是连接转向盘和转向器的传动件，转向管柱固定在车身上，转向轴从转向管柱中穿过，支承在管柱内的轴承和衬套上。轿车除要求装有吸能式转向盘外，还要求转向管柱必须装备能够缓和冲击的吸能装置。

转向轴和转向管柱吸能装置的基本工作原理是：当转向轴受到巨大冲击而产生轴向位移时，通过转向管柱或支架产生塑性变形、转向轴产生错位等方式，吸收冲击能量。

### 三　齿轮齿条式转向器

#### 1. 分类

齿轮齿条式转向器分两端输出式和中间（或单端）输出式两种。

#### 2. 结构组成与工作过程

**（1）两端输出式齿轮齿条转向器**　两端输出式齿轮齿条转向器的基本结构如图 3-1-4 所示。转向器壳体用螺栓固定在车身（车架）上。作为传动副主动件的转向齿轮轴通过轴承

安装在转向器壳体中，其上端通过花键与万向节叉和转向轴相连。与转向齿轮相啮合的转向齿条水平布置，两端通过球头座与转向横拉杆相连。压紧弹簧通过压块将齿条压靠在转向齿轮上，以保证二者无间隙啮合。弹簧的预紧力可用调整螺塞来调整。转动转向盘时，转向齿轮轴转动，与转向齿轮相啮合的转向齿条轴向移动，从而使左、右转向横拉杆带动转向节转动，使转向轮偏转，实现汽车转向。

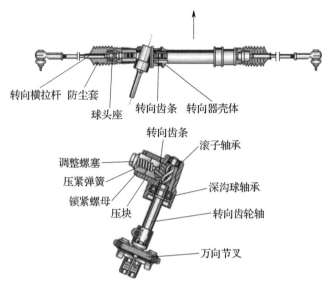

图 3-1-4　两端输出式齿轮齿条转向器

**（2）中间输出式齿轮齿条转向器**　中间输出式齿轮齿条转向器的基本结构如图 3-1-5 所示，其结构及工作原理与两端输出式齿轮齿条转向器基本相同，不同之处在于它在转向齿条的中部用螺栓与左右转向横拉杆相连。在中间输出式齿轮齿条转向器上，齿条的一端通过内外托架与转向横拉杆相连。

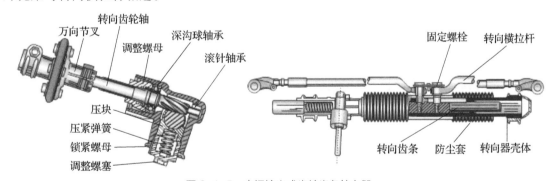

图 3-1-5　中间输出式齿轮齿条转向器

### 3. 优缺点

**（1）优点**
1）结构简单、紧凑。
2）传动效率较高。

**（2）缺点**　该种转向器逆效率高（60%~70%），当汽车在不平路面上行驶时，发生在转向轮与路面之间的冲击力，大部分能传至转向盘，导致转向盘反冲，会使驾驶人精神紧张，并难以准确控制汽车行驶方向。

### 四　循环球式转向器

#### 1.结构

循环球式转向器如图3-1-6所示。它有两级传动副，第一级传动副是转向螺杆、转向螺母；螺母的下平面加工成齿条，与齿扇轴内的齿扇相啮合，构成齿条-齿扇第二级传动副。显然，转向螺母即是第一级传动副的从动件，也是第二级传动副的主动件。

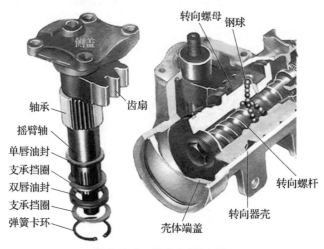

图3-1-6　循环球式转向器

#### 2.工作原理

当与转向盘转向管柱固定到一起的螺杆转动起来后，螺杆推动螺母上下运动，螺母再通过齿轮来驱动转向摇臂往复摇动从而实现转向。

#### 3.优缺点

循环球式转向器传动效率高（正效率最高可达90%~95%），故操纵轻便，转向结束后自动回正能力强，使用寿命长，但因其逆效率也很高，容易将路面冲击传给转向盘而产生"打手"现象。

### 五　蜗杆曲柄指销式转向器

#### 1.结构

蜗杆曲柄指销式转向器主要由转向器壳体、转向蜗杆、转向摇臂轴、指销等组成。转向器壳体固定在车架的转向器支架上。壳体内装有传动副，其主动件是转向蜗杆，从动件是装在摇臂轴曲柄端部的指销。

#### 2.工作过程

具有梯形截面螺纹的转向蜗杆支承在转向器壳体两端的球轴承上，蜗杆与锥形指销相啮合，指销用双列圆锥滚子轴承支于摇臂轴内端的曲柄孔中。当转向蜗杆随转向盘转动时，指销沿蜗杆螺旋槽上下移动，并带动曲柄及摇臂轴转动。

## 六 转向传动机构

### 1. 功用

转向传动机构的功用是将转向器输出的力和运动传给转向桥两侧的转向节，使两侧转向轮偏转以实现汽车转向。

### 2. 与非独立悬架配用的转向传动机构

与非独立悬架配用的转向传动机构如图 3-1-7 所示，它一般由转向摇臂 2、转向直拉杆 3、转向节臂 4、两个梯形臂 5 和转向横拉杆 6 等组成。各杆件之间都采用球形铰链连接，并设有防止松脱、缓冲吸振、自动消除磨损后的间隙等结构措施。

当前桥仅为转向桥时，由左、右梯形臂 5 和转向横拉杆 6 组成的转向梯形一般布置在前桥之后，如图 3-1-7a 所示，称为后置式，这种布置简单方便。当发动机位置较低或前桥为转向驱动桥时，为避免运动干涉，往往将转向梯形布置在前桥之前，如图 3-1-7b 所示，称为前置式。若转向摇臂 2 是在与路面平行的平面内左右摆动，则可将转向直拉杆 3 横向布置，并借球头销直接带动转向横拉杆 6，从而使左、右梯形臂 5 转动，如图 3-1-7c 所示。

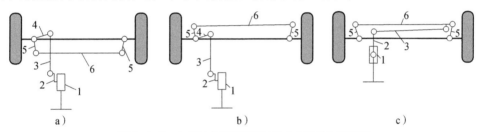

图 3-1-7 与非独立悬架配用的转向传动机构示意图
1—转向器 2—转向摇臂 3—转向直拉杆 4—转向节臂 5—梯形臂 6—转向横拉杆

### 3. 与独立悬架配用的转向传动机构

当转向桥采用独立悬架时，每个转向轮都需要相对于车架（或车身）做独立运动，因而转向桥必须是断开式的。与此相应，转向传动机构中的转向梯形也必须是断开式的。图 3-1-8 所示为几种与独立悬架配用的转向传动机构。其中图 3-1-8a、b 所示为采用循环球式转向器的转向机构示意图；图 3-1-8c、d 所示为采用齿轮齿条式转向器的转向机构示意图。

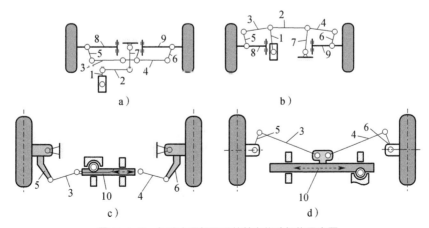

图 3-1-8 与独立悬架配用的转向传动机构示意图
1—转向摇臂 2—转向直拉杆 3—左转向横拉杆 4—右转向横拉杆 5—左梯形臂
6—右梯形臂 7—摇杆 8—悬架左摆臂 9—悬架右摇臂 10—齿轮齿条式转向器

## 七　机械转向系统综合故障诊断

机械转向系在使用过程中由于维护调整不当、磨损、碰撞变形等原因，会使得转向器过紧及转向传动机构和转向操纵机构松旷、变形、发卡等，从而造成单边转向不足、转向沉重、行驶跑偏、低速摆头和高速摆头等故障，具体如表 3-1-1 所示。

表 3-1-1　机械转向系统综合故障诊断

| 故障类型 | 故障现象 | 故障原因 | 排故方法 |
|---|---|---|---|
| 转向沉重 | 汽车在行驶中，转动转向盘感到沉重费力，转弯后又不能及时回正方向 | 1. 转向器<br>（1）转向器缺乏润滑油<br>（2）转向轴弯曲或转向轴管凹陷碰擦，有时会发出"吱吱"的摩擦声<br>（3）转向摇臂与衬套配合间隙过小或无间隙<br>（4）转向器输入轴上下轴承调整过紧，或轴承损坏受阻<br>（5）转向器啮合间隙调整过小<br>2. 转向传动机构<br>（1）各处球销缺乏润滑油<br>（2）转向直拉杆和横拉杆上球销调整过紧，压紧弹簧过硬或折断<br>（3）转向直拉杆或横拉杆弯曲变形<br>（4）转向节主销与衬套配合间隙过小，或衬套转动使油道堵塞，润滑油无法进入，使衬套与转向节主销烧蚀<br>（5）转向节推力轴承调整过紧或缺少润滑油或损坏<br>（6）转向节臂变形<br>3. 前桥（转向桥）和车轮<br>（1）前轴变形、扭转，引起前轮定位失准<br>（2）轮胎气压不足<br>（3）前轮轮毂轴承调整过紧<br>（4）转向桥或驱动桥超载 | 顶起前桥，转动转向盘<br>1. 若感到转向盘变轻，则说明故障部位在前桥、车轮或其他部位<br>此时应检查轮胎气压，如气压偏低，则应充气使之达到正常值，再用前轮定位仪检查前轮定位，尤其应注意后倾角和前束值<br>2. 若转向仍感沉重，则故障在转向器或转向传动机构<br>（1）可拆下转向摇臂与直拉杆的连接，此时若转向变轻，说明故障在转向传动机构，应检查各球头销是否装配过紧或推力轴承是否缺油损坏或各拉杆是否弯曲变形等。通常检查时，可用手扳动两个车轮左右转动察看各传动部分，并转动车轮检查车轮轴承松紧度<br>（2）拆下转向摇臂后，若转向仍沉重。则转向器本身有故障，可检查转向器是否缺油，转动转向盘时倾听有无转向轴与柱管的碰擦声，检查调整转向器主动轴上下轴承预紧度和啮合间隙，检查转向摇臂轴转动是否发卡等<br>经过上述检查，如仍不见减轻，可检查车桥、车架或下控制臂（独立悬架式）与转向节臂，看其有无变形，如发现变形，应予修整或更换。同时检查前弹簧（板簧或螺旋弹簧），看其是否折断，否则应更换 |
| 低速摆头 | 汽车在低速行驶时，感到方向不稳，产生前轮摆振 | 1. 转向器传动副啮合间隙过大<br>2. 转向传动机构横、直拉杆各球头销磨损松旷、弹簧折断或调整过松<br>3. 转向节主销与衬套的配合间隙过大或前轴主销孔与主销配合间隙过大 | 1. 外观检查<br>（1）检查车辆是否装载货物超长，而引起前轮承载过小<br>（2）检查后轮胎气压是否过低，若轮胎气压过低，应充气使之达到规定值<br>（3）检查前悬架弹簧是否错位、折断或固定不良，若错位应拆卸修复，若折断应更换，若固定不良，应按规定力矩拧紧 |

（续）

| 故障类型 | 故障现象 | 故障原因 | 排故方法 |
|---|---|---|---|
| 低速摆头 | 汽车在低速行驶时，感到方向不稳，产生前轮摆振 | 4. 前轮轮毂轴承装配过松或紧固螺母松动<br>5. 后轮胎气压过低<br>6. 车辆装载货物超长，使前轮承载过小<br>7. 前悬架弹簧错位、折断或固定不良 | 2. 检查转向盘自由行程<br>（1）由一人握紧转向摇臂，另一人转动转向盘，若自由行程过大，说明转向器啮合传动副间隙过大，应调整<br>（2）放开转向摇臂，仍有一人转动转向盘，另一人在车下观察转向拉杆球头销，若有松旷现象，说明球头销或球碗磨损过甚、弹簧折断或调整过松，应先更换损坏的零件，再进行调整<br>3. 若以上检查的结果都是正常，可支起前桥，并用手沿转向节轴轴向推拉前轮，凭感觉判断是否松旷。若有松旷感觉，可由另一人观察前轴与转向节连接部位<br>（1）若此处松旷，说明转向节主销与衬套的配合间隙过大或前轴主销孔与主销配合间隙过大，应更换主销及衬套<br>（2）若此处不松旷，说明前轮毂轴承松旷，应重新调整轴承的预紧度 |
| 高速摆头 | 汽车行驶中出现转向盘发抖、车头在横向平面内左右摆动、行驶不稳等。有下面两种情况<br>1. 在高速范围内某一转速时出现<br>2. 转速越高，上述现象越严重 | 1. 转向轮动不平衡<br>2. 前轮定位不正确<br>3. 车轮偏摆量大<br>4. 转向传动机构运动干涉<br>5. 车架、车桥变形<br>6. 悬架装置出现故障：左右悬架刚度不等、弹簧折断、减振器失效、导向装置失效等 | 1. 外观检查<br>（1）检查减振器是否失效，若漏油或失效，应更换<br>（2）检查左右悬架弹簧是否折断、刚度是否一致，若有折断或弹力减弱，应更换<br>（3）检查悬架弹簧是否固定可靠，转向传动机构有无运动干涉等，若有应排除<br>2. 支起驱动桥，用三角架塞住非驱动轮，起动发动机并逐步使汽车换入高速挡，使驱动轮达到车身摆振的车速<br>（1）若此时车身和转向盘出现抖动，说明传动轴严重弯曲或松旷，转向轮动不平衡或偏摆量大（前驱动）<br>（2）若此时车身和转向盘不抖动，说明故障在车架、车桥变形或前轮定位不正确<br>3. 检查前轮是否偏摆<br>（1）支起前桥，在前轮轮辋边上放一划针，慢慢地转动车轮，察看轮辋是否偏摆过大，若轮辋偏摆量过大，应更换<br>（2）拆下前轮，在车轮动平衡仪上检查前轮的动平衡情况，若不平衡量过大，应加装平衡块予以平衡<br>4. 经上述检查均正常，应检查车架、车桥是否变形，并用前轮定位仪检查调整前轮定位 |

（续）

| 故障类型 | 故障现象 | 故障原因 | 排故方法 |
|---|---|---|---|
| 行驶跑偏 | 汽车直线行驶时，转向盘不居中间位置；必须紧握转向盘，预先校正角度后，汽车才能保持直线行驶，若稍放松转向盘，汽车会自动向一侧跑偏 | 1. 左右前轮气压不相等或轮胎直径不等<br>2. 两前轮的定位角不等<br>3. 两前轮轮毂轴承的松紧度不等<br>4. 前束过大或过小<br>5. 前桥（整轴式）弯曲变形或下控制臂（独立悬架式）安装位置不一致<br>6. 前后车轴不平行<br>7. 车架变形或左右轮距相差太大<br>8. 一边车轮制动拖滞<br>9. 转向轴两侧悬架弹簧弹力不等 | 1. 外观检查<br>（1）检查左、右两前轮轮胎气压是否一致，若不一致，应按规定充气，使两前轮轮胎气压保持一致<br>（2）检查左、右两前轮轮胎的磨损程度，若磨损程度不一致，应更换磨损严重的轮胎<br>（3）检查左、右两前轮轮胎的花纹是否一致，若花纹不一致，应更换轮胎，使花纹一致<br>（4）将汽车停放在平坦的地面上，察看汽车前部高度是否一致，若高度不一致，说明悬架弹簧折断或弹力不一致，应更换<br>2. 用手触摸跑偏一方的车轮制动鼓和轮毂轴承部位，感觉温度情况<br>（1）若感觉车轮制动鼓特别热，说明该轮制动器间隙过小或制动回位不彻底，应检查调整<br>（2）若感觉轮毂特别热，说明该轮轴承过紧，应重新调整轴承预紧度<br>3. 测量前后桥左右两端中心的距离是否相等，若不相等，说明轴距短的一边钢板弹簧错位，车轴或半轴套管弯曲等，应检查维修<br>4. 用前轮定位仪检查前轮定位是否正确，若不正确，应调整 |
| 单边转向不足 | 汽车转弯时，有时会出现转向盘左右转动量或车轮转角不等 | 1. 转向摇臂安装位置不对<br>2. 转向角限位螺钉调整不当<br>3. 前钢板弹簧、U形螺栓松动，或中心螺栓松动<br>4. 直拉杆弯曲变形<br>5. 钢板弹簧安装时位置不正，或是中心不对称的前钢板弹簧装反 | 1. 若汽车转向原来良好，由于行驶中的碰撞而造成转向角不足或一边大一边小时，应检查直拉杆、前轴、前钢板弹簧有无变形和中心螺栓是否折断等现象<br>2. 若维修后出现转向不足，可架起前桥，先检查转向摇臂安装是否正确。将转向盘从左边极限位置转到右边极限位置，记住总圈数，再回转总圈数的一半，察看转向轮是否处于直线行驶位置，如不是则应重新安装转向摇臂<br>（1）若左右转向角不等，则应相应调整<br>（2）当前轮转向已靠到转向限位螺栓时，最大转向角还不够，则转向限位螺栓过长，应予调整或更换<br>（3）如前钢板弹簧中心不对称，则应检查是否装反 |

## ➡ 技能操作

### 一 转向操纵机构的维护

#### 1. 转向盘自由行程的检查

汽车每行驶 12000km 左右，应检查转向盘的自由行程。检查方法是：

1）起动发动机（机械转向系统无须起动发动机）。

2）转动转向盘使前轮处于直线行驶位置。

3）轻轻移动转向盘，在转向轮要开始移动时（或感觉到阻力时），使用钢直尺测量转向盘外缘的移动量，一般为 15~20mm。

4）如果不符合要求，应该检查转向器间隙、调整转向球头销等。

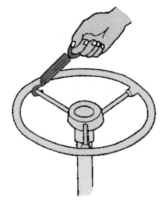

#### 2. 转向盘转动阻力检查

转向盘转动阻力可用弹簧秤拉动转向盘边缘进行测量，其中转动力为 $M/r$（$M$ 是转动力矩，$r$ 是转向盘半径），如图 3-1-9 所示。

图 3-1-9　转向盘转动阻力检查

#### 3. 转向盘锁止功能的检查

1）将点火开关转至"LOCK"位置，轻轻转动转向盘，此时转向盘应该锁止不能转动。

2）将点火开关转至"ACC"位置，转向盘应能自由转动。

#### 4. 转向操纵机构松动、摆动检查

用双手握住转向盘，在轴向和径向方向上用力摇动，观察此时转向盘是否移位。由此了解转向盘与转向轴的安装情况、轴承是否松旷等。

### 二 齿轮齿条式转向器的拆装、检修与调整

#### 1. 齿轮齿条式转向器的拆装

1）拆卸步骤：拆卸转向齿条支承，拆卸转阀体总成，拆卸防尘罩，拆卸齿条。

2）安装步骤：装齿条，封挡盖用 50N·m 力矩拧紧，装转阀体总成，螺栓用 20N·m 力矩拧紧，装转向齿条支承，螺栓的拧紧力矩为 20N·m，安装齿条防尘罩。

#### 2. 齿轮齿条式转向器的检修

转向器拆卸分解后，全部零件都应用规定的清洗剂进行清洗，并用压缩空气吹干。在装配之前应对零件进行技术检测，具体检修内容如下。

1）检测齿轮和齿条的齿面有无损坏或磨损是否严重，若是则应予更换。

2）检测齿条的变形量，如果齿条的变形量超过规定值，则应更换。

3）检查各个轴承和工作表面是否出现划痕、凹坑或磨损过甚，若是则应予以更换。

4）密封圈一经拆卸，就须更换。

#### 3. 齿轮齿条式转向器的调整

齿轮齿条式转向器的调整是调整转向齿条与转向齿轮的啮合间隙，也称为调整转向齿条

的预紧力。因结构的差异，调整方法也有所不同，一般有两种方法。

　　一种方法是改变转向齿条导块与盖之间的垫片厚度，来调整转向齿条与转向齿轮轮齿的啮合间隙，完成预紧力的调整，如图3-1-10所示；另一种方法是用盖上的调整螺塞，改变转向齿条导块与弹簧座之间的间隙值，完成预紧力的调整，如图3-1-11所示。

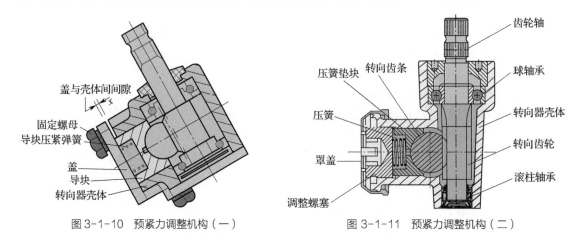

图 3-1-10　预紧力调整机构（一）　　　　图 3-1-11　预紧力调整机构（二）

　　对于第一种结构形式，其预紧力的调整步骤如下。

　　1）先不装弹簧以及盖之间的垫片，直接进行 $x$ 值的调整，使转向齿轮轴上的转动力矩为 $1\sim2N\cdot m$。

　　2）用塞尺测量 $x$ 值，在 $x$ 值上加 0.05~0.13mm，此值就是应加垫片的厚度。

　　对于第二种结构形式，其预紧力的调整步骤如下。

　　1）旋转盖上的调整螺塞，使弹簧座与导块接触。

　　2）将调整螺塞旋出 30°~60° 之后，检查转向齿轮的转动力矩，如此重复操作，直至转向齿轮的转动力矩符合原厂规定，紧固锁紧螺母。

## 三　循环球式转向器的拆装、检修与调整

### 1. 循环球式转向器的拆装

拆卸步骤如下。

　　1）拧下放油塞，将转向器中的润滑油放净，从车上拆下转向器总成。

　　2）将转向摇臂轴转到中间位置，拧下侧盖的四个紧固螺栓，取出侧盖和转向摇臂轴总成。

　　3）拧下转向器底盖四个紧固螺栓，取下底盖。

　　4）从壳体中取出转向螺杆及转向螺母总成。

　　螺杆及螺母总成如无异常现象，尽量不要解体。如必须解体时，可先拧下三个固定导管夹螺钉，拆下导管夹，取出导管。缓慢地转动螺杆，排出全部钢球。两个循环钢球不要混在一起，不要丢失，每个循环导管内有48个钢球。安装步骤与拆卸步骤相反。

### 2. 循环球式转向器的检修

　　所有拆下的零件须用干净的油进行刷洗，并用压缩空气吹干，然后逐项进行检验，具体检查内容如下。

　　1）壳体出现裂纹或损坏应更换。

　　2）对转向螺杆、螺母进行探伤检查，若发现有裂纹或滚道表面有严重磨损、剥落及损坏

时应更换。

3）检查钢球表面，若有剥落及损坏现象，则应根据螺杆与螺母的滚道尺寸，成组地进行更换，以保证各钢球受力均匀。

4）检查螺母齿条和转向摇臂轴扇齿齿面，若有剥落和严重损伤，应进行更换。

5）检查转向摇臂轴花键，若有扭曲或损坏，应予更换，若继续使用，应进行磁力探伤。

6）检查转向摇臂轴是否有裂纹，有裂纹时必须更换。

7）检查滚子轴承和推力轴承及轴承外圈表面情况，如有缺陷，应成套更换。

8）检查转向摇臂轴油封和转向螺杆油封刃口，若有损坏或橡胶老化现象，应予更换。

### 3. 循环球式转向器的调整

循环球式转向器的调整主要是转向器啮合间隙的调整，具体方法如下。

1）使转向器的传动副处于中间位置（直行位置）。

2）通过调整螺钉，调整转向器传动副的啮合间隙，在直线位置上应呈无间隙啮合。

3）中间位置上，转向器转动力矩应为 1.5~2.0N·m。转向器转动力矩调整合格后，按规定力矩锁紧调整螺钉。

## 四 转向传动机构的维护项目

### 1. 检查

**（1）转向摇臂的检查**

1）用磁力探伤法检查转向摇臂是否有裂纹，若有裂纹应更换。

2）检查转向摇臂上端的锯齿花键有无磨损、损坏，若有应更换。

3）检查转向摇臂的锁紧螺母，其螺纹不应有损伤，否则应更换。

4）检查转向摇臂下端和转向拉杆球头销的连接应牢固、可靠，切不可松旷，否则应修复。

**（2）转向拉杆的检查**

1）检查横拉杆杆体有无裂纹、弯曲，其直线度误差一般不大于 2mm，否则应校直，直拉杆 8 字孔磨损不大于 2mm。

2）各螺纹部位不应有损坏，与螺塞配合不松旷，否则应更换。

3）球头销、球座体及钢碗应无裂纹、不起槽，球头销颈部磨损不超过 1mm，球面磨损引发的球面度误差不超过 0.50mm，螺纹完好，弹簧不应有弹力减弱或折断。

4）防尘装置应齐全有效。

**（3）转向节臂和梯形臂的检查**

1）检查转向节臂和梯形臂是否有裂纹，若有应更换。

2）检查两端部的固定与连接部位不应有松动，要求牢固、可靠。

**（4）转向减振器的检查**

1）检查是否漏油，若渗漏严重，应更换或分解修理，更换密封圈等零件。

2）察看支承是否开裂，若有应更换。

3）检查减振器的工作行程，必须拆下来试验。$L_{max}$=556mm，$L_{min}$=344.5mm，最大阻尼载荷 560N，最小阻尼载荷 180N。

**（5）转向臂及横拉杆的检查**

1）检查槽形螺母是否松脱，如松脱应予拧紧。同时，也应检查开口销、盖等的装配情况。

2）使转向盘从直行状况向左、向右方向反复转过 60°左右，此时检查横拉杆、转向臂等是否松脱、松旷。

### 2. 转向拉杆球头销预紧度的调整

1）组装横、直拉杆总成时，注意在球头销、球碗表面涂抹润滑油。

2）组装直拉杆时，用弯头扳手将调整螺塞拧到底后，再退回 1/4 圈左右，并使开口销孔对准，然后穿入开口销锁止螺塞。

3）组装横拉杆时，将螺塞拧到底，再退回 1/4~1/2 圈，装上开口销锁止螺塞。

## 学习情境二　液压动力转向系统拆装与故障诊断、检修

### 知识目标

1. 掌握液压动力转向系统的组成、分类。

2. 掌握液压常流滑阀式、常流转阀式动力转向装置的组成、工作过程。

3. 掌握转向油泵的组成、分类与工作原理。

4. 了解液压动力转向系统综合故障的类型、现象、原因与排故方法。

### 技能目标

1. 能够完成液压转向器的检修任务。

2. 能够完成转向油泵压力检查任务。

3. 能够完成转向储油罐油面高度检查及油液更换任务。

4. 能够完成转向油泵传动带张紧力的检查与调整任务。

5. 能够完成转向盘的检查任务。

### 素养目标

1. 规范操作的职业素养。

2. 劳动最美丽、劳动最光荣的劳动精神。

3. 一丝不苟、精益求精的工匠精神。

### ➡ 案例引入

一辆大众朗逸轿车驶进了汽车维修站，据车主反映，转动该车转向盘时十分费力。后经维修人员检查后发现，该车使用的是液压动力转向系统，已出现转向沉重故障。作为维修人员，应掌握液压动力转向系统的分类、结构组成及工作原理，并且能够排除液压动力转向系统的各种故障，将维修合格的汽车交还车主。

### ➡ 知识学习

#### ━ 动力转向系统认知

##### 1. 背景

对于转向系统而言，最主要的要求是转向的灵敏性和操纵的轻便性。高

液压式动力转
向系统

的转向灵敏性,要求转向器具有小的传动比;好的操纵轻便性,则要求转向器具有大的传动比。普通的机械转向系统很难兼顾汽车的转向灵敏性和操纵轻便性。为解决这一矛盾,越来越多的车辆采用了以发动机输出的部分动力为能源的动力转向系统。

2. 分类

动力转向系统按动力介质的不同分为气压式、电动式和液压式三类。

1)气压式动力转向系统主要用于采用气压制动系统的货车和客车。

2)电动动力转向系统通常由ECU控制,正在迅速发展。

3)液压动力转向系统工作灵敏度高,结构紧凑、外廓尺寸较小,工作时无噪声,工作滞后时间短,而且能吸收来自不平路面的冲击。因此,液压式动力转向系统在各类汽车上得到了广泛的应用。

## 二　液压式动力转向系统

### 1. 液压动力转向系统组成

如图 3-2-1 所示。

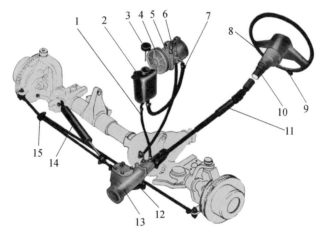

图 3-2-1　液压动力转向系统组成

1—回油管　2—转向储油罐　3—转向储油罐盖　4—转向油泵带轮　5—转向油泵　6—高压油管　7—储油罐至泵的连接油管　8—转向盘　9—综合开关操纵杆　10—转向管柱　11—中间轴总成　12—转向摇臂　13—动力转向器总成　14—转向减振器　15—转向拉杆和横拉杆总成

### 2. 分类

液压式动力转向系统按液流形式可以分为常流式和常压式;按转向控制阀的运动方式又可以分为滑阀式和转阀式。

## 三　液压常流滑阀式动力转向装置

### 1. 组成

液压常流滑阀式动力转向装置的基本组成如图 3-2-2 所示,主要包括转向储油罐、转向油泵、转向控制阀、转向动力缸等。

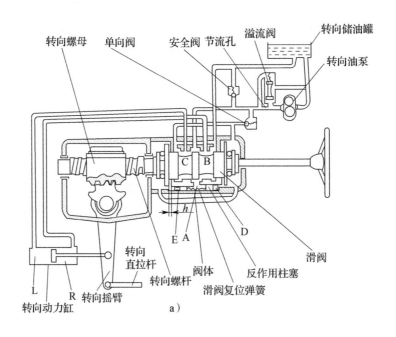

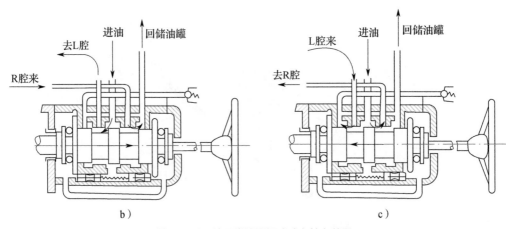

图 3-2-2　液压常流滑阀式动力转向装置

a）结构图　b）右转向　c）左转向

## 2. 工作过程

**（1）汽车直线行驶**　滑阀在复位弹簧的作用下保持在中间位置。转向控制阀内各环槽相通，自油泵输送出来的油液进入阀体环槽 A 之后，经环槽 B 和 C 分别流入动力缸的 R 腔和 L 腔，同时又经环槽 D 和 E 进入回油管道流回储油罐。这时，滑阀与阀体各环槽槽肩之间的间隙大小相等，油路畅通，动力缸因左右腔油压相等而不起加力作用。

**（2）汽车右转向**　驾驶人通过转向盘使转向螺杆向右转动（顺时针）。开始时，转向螺母暂时不动，具有左旋螺纹的螺杆在螺母的推动下向右轴向移动，带动滑阀压缩弹簧向右移动，消除左端间隙 $h$，如图 3-2-2b 所示。此时环槽 C 与 E 之间、A 与 B 之间的油路通道被滑阀和阀体相应的槽肩封闭，而环槽 A 与 C 之间的油路通道增大，油泵送来的油液自 A 经 C 流入动力缸的 L 腔，L 腔成为高压油区。R 腔油液经环槽 B、D 及回油管流回储油罐，动力缸的活塞右移，使转向摇臂逆时针转动，从而起加力作用。

只要转向盘和转向螺杆继续转动，加力作用就一直存在。当转向盘转过一定角度保持不动时，转向螺杆作用于转向螺母的力消失，但动力缸活塞仍继续右移，转向摇臂继续逆时针方向转动，其上端拨动转向螺母，带动转向螺杆及滑阀一起向左移动，直到滑阀恢复到中间稍偏右的位置。此时，L 腔的油压仍高于 R 腔的油压。此压力差在动力缸活塞上的作用力用来克服转向轮的回正力矩，使转向轮的偏转角维持不动，这就是转向的维持过程。如转向轮进一步偏转，则需继续转动转向盘，重复上述全部过程。

（3）**方向回正**　松开转向盘，滑阀在复位弹簧和反作用柱塞上的油压的作用下回到中间位置，动力缸停止工作。转向轮在前轮定位产生的回正力矩的作用下自动回正，通过转向螺母带动转向螺杆反向转动，使转向盘回到直线行驶位置。如果滑阀不能回到中间位置，汽车将在行驶中跑偏。

（4）**总结**　液压常流滑阀式动力转向系统，结构复杂、体积大，所以大多应用于大型货车、客车和工程机械上。

## 四　液压常流转阀式动力转向装置

### 1. 组成

液压常流转阀式动力转向装置的基本组成如图 3-2-3 所示，由转向油泵、转向动力缸、转向控制阀等组成。

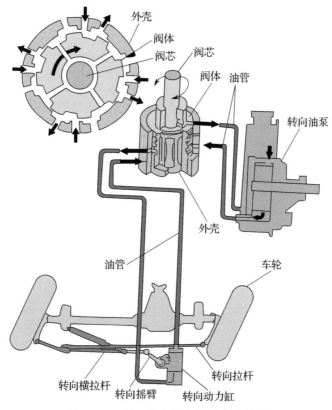

图 3-2-3　液压常流转阀式动力转向装置

### 2. 工作过程

（1）**直线行驶**　转阀处于中间位置，如图 3-2-4 所示。工作油液从转向器壳体的进油孔流到阀体的中间油环槽中，经过其槽底的通孔进入阀体和阀芯之间，此时阀芯处于中间位置。进入的油液分别通过阀体和阀芯纵槽和槽肩形成的两边相等的间隙，再通过阀芯的纵槽以及阀体的径向孔流向阀体外圆上、下油环槽，通过壳体油道流到动力缸的左转向动力腔和右转向动力腔。流入阀体内腔的油液在通过阀芯纵槽流向阀体上油环槽的同时，通过阀芯槽肩上的径向油孔流到转向螺杆和输入轴之间的空隙中，从回油口经油管回到储油罐中去，形成常流式油液循环。此时，上下腔油压相等且很小，齿条 – 活塞既没有受到转向螺杆的轴向推力，也没有受到上、下腔因压力差造成的轴向推力。齿条 – 活塞处于中间位置，动力转向器不工作。

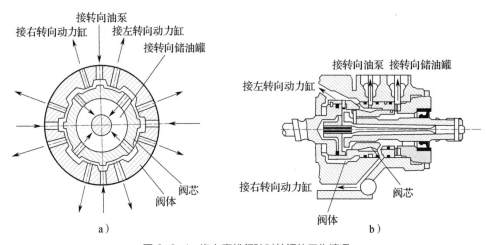

图 3-2-4　汽车直线行驶时转阀的工作情况
a）阀芯与阀体的相对位置　b）阀芯中的油流情况

**（2）左转向**　转动转向盘，短轴逆时针转动，通过下端轴销带动阀芯同步转动，同时弹性扭杆也通过轴盖、阀体上的销子带动阀体转动，阀体通过缺口和销带动螺杆旋转，但由于转向阻力的存在，促使扭杆发生弹性扭转，造成阀体转动角度小于阀芯的转动角度，两者产生相对角位移，如图 3-2-5 所示。造成通下腔的进油缝隙减小或关闭，回油缝隙增大，油压降低；上腔正相反，油压升高，上下动力腔产生油压差，齿条 – 活塞在油压差的作用下移动，产生助力作用。

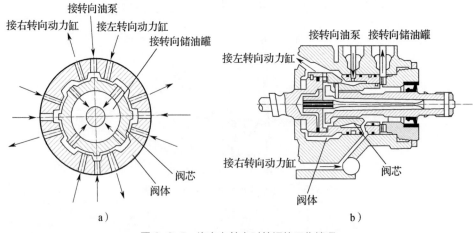

图 3-2-5　汽车左转向时转阀的工作情况
a）阀芯与阀体的相对位置　b）阀芯中的油流情况

　　当转向盘转动后停在某一位置，阀体随转向螺杆在液力和扭杆弹力的作用下，沿转向盘转动方向旋转一个角度，使之与滑阀的相对角位移量减小，上、下动力缸油压差减小，但仍有一定的助力作用。使助力转矩与车轮的回正力矩相平衡，车轮维持在某一转角位置上。

　　**（3）方向回正**　驾驶人放松转向盘，阀芯在弹性扭杆作用下回到中间位置，失去了助力作用，转向轮在回正力矩的作用下自动回位。若驾驶人同时回转转向盘，则转向助力器助力，帮助车轮回正。

## 五　转向油泵

### 1.功用

　　转向油泵是动力转向装置的动力源，其功用是将发动机的机械能变为驱动转向动力缸工作的液压能，再由转向动力缸输出的转向力，驱动转向车轮转向。

### 2.分类

　　转向油泵的结构类型有多种，常见的有齿轮式、转子式和叶片式，齿轮式如图3-2-6所示、转子式如图3-2-7所示。

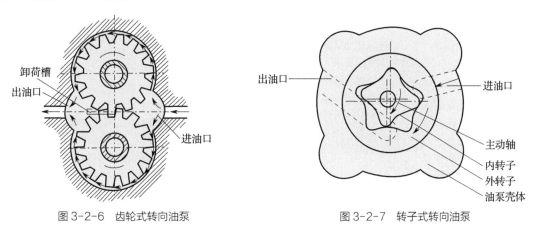

图3-2-6　齿轮式转向油泵　　　　　　　图3-2-7　转子式转向油泵

### 3.叶片式转向油泵

　　**（1）组成**　叶片式转向油泵如图3-2-8所示，它由定子、转子、叶片、转子轴等组成。

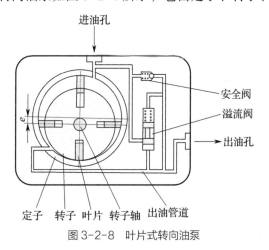

图3-2-8　叶片式转向油泵

**（2）双作用叶片式转向油泵的工作原理**　如图 3-2-9 所示，当发动机带动油泵逆时针旋转时，叶片在离心力的作用下紧贴在定子的内表面上，工作容积开始由小变大，从吸油口吸进油液，而后工作容积由大变小，压缩油液，经压油口向外供油。再转 180°，又完成一次吸压油过程。

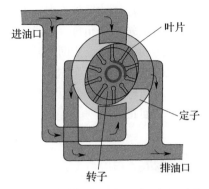

图 3-2-9　双作用叶片泵工作原理示意图

## 六　液压动力转向系统综合故障诊断

液压动力转向系统综合故障诊断如表 3-2-1 所示。

表 3-2-1　液压动力转向系统综合故障诊断

| 故障类型 | 故障现象 | 故障原因 | 排故方法 |
| --- | --- | --- | --- |
| 转向沉重 | 装有液压动力转向系统的汽车，在行驶中突然感到转向沉重 | 1. 转向储油罐缺油或油液高度低于规定要求<br>2. 液压回路渗入了空气<br>3. 油泵传动带过松或打滑<br>4. 各油管接头处密封不良，有泄漏现象<br>5. 油路堵塞或滤清器污物太多<br>6. 油泵磨损、内部泄漏严重<br>7. 油泵安全阀、溢流阀泄漏，弹簧弹力减弱或调整不当<br>8. 动力缸或转向控制阀密封损坏 | 1. 检查转向油泵驱动部分的情况<br>（1）用手压下转向油泵的传动带，检查传动带的松紧度，若传动带过松，应调整<br>（2）起动发动机，使发动机怠速运转，突然提高发动机的转速，检查转向油泵传动带有无打滑现象，发现问题后应按规定更换性能不良的部件<br>2. 检查油罐内的油液质量和液面高度，若油液变质则应重新更换规定油液；若只是液面低于规定高度，应加油使油面达到规定位置<br>3. 检查油罐内的滤清器<br>（1）若发现滤网过脏，说明滤清器堵塞，应清洗<br>（2）若发现滤网破裂，说明滤清器损坏，应更换<br>4. 检查油路中是否渗入空气，如果发现油罐中的油液有气泡，说明油路中有空气渗入，应检查各油管接头和接合面的螺栓是否松动、各密封件是否损坏、有无泄漏现象、油管是否破裂等<br>5. 检查各油管接头等处有无泄漏，油路中是否有堵塞，查明故障后按规定力矩拧紧有关接头或清除污物<br>6. 对转向油泵进行输出油压检查，如果油泵输出压力不足，说明油泵有故障，此时应分解油泵，检查油泵是否磨损或内部泄漏严重，安全阀、溢流阀是否泄漏或卡滞，弹簧弹力是否减弱或调整不当，各轴承是否烧结或严重磨损等 |
| 异响 | 汽车转向时，转向系统有过大的异响，并影响汽车的转向性能 | 1. 转向储油罐中液面太低，油泵在工作时容易渗入空气<br>2. 液压系统中渗入空气<br>3. 油罐滤网堵塞，或液压回路中有过多的沉积物<br>4. 油管接头松动或油管破裂 | 1. 当转向盘处于极限位置或原地慢慢转动转向盘时转向器发出"嘶嘶"声，如果这种异响严重则可能为转向控制阀性能不良，应更换转向控制阀<br>2. 当转向油泵发出"嘶嘶"声或尖叫声时，应进行如下检查<br>（1）检查油罐液面高度，液面高度不够时应查明泄漏部位并修理，然后按规定加足油液<br>（2）检查转向油泵传动带是否打滑，若打滑查明原因更换传动带或调整传动带紧度 |

（续）

| 故障类型 | 故障现象 | 故障原因 | 排故方法 |
|---|---|---|---|
| 异响 | 汽车转向时，转向系统有过大的异响，并影响汽车的转向性能 | 5.油泵磨损或损坏<br>6.转向控制阀性能不良 | （3）察看油液中有无泡沫，若有泡沫，应查找漏气部位并予以修理，然后排除空气。若无漏气，则说明油路有堵塞处或油泵严重磨损及损坏，应予以修复或更换 |
| 左右转向轻重不同 | 汽车行驶时，向左和向右转向操纵力不相等 | 1.转向控制阀阀芯（或滑阀）偏离中间位置，或虽然在中间位置但与阀体槽肩的缝隙大小不一致<br>2.控制阀内有污物阻滞，使左右转动阻力不同<br>3.液压系统中动力缸的某一油腔渗入空气，油路漏损 | 1.如果油质良好或更换新油后故障没有消除，应对液压系统进行排气并检查系统有无油液泄漏，液压系统中出现泄漏时，应更换泄漏部位的零部件<br>2.如果故障仍不能排除，则可能是由于控制阀定中不良造成的。滑阀式转向控制阀可在动力转向器外部进行故障排除，通过改变转向控制阀阀体的位置来实现。如果滑阀位置调整后仍不见好转，应拆检滑阀测量其尺寸，若偏差较大，应更换滑阀；对于转阀式转向控制阀必须通过分解检查来排除故障 |
| 直线行驶转向盘发飘或跑偏 | 汽车直线行驶时，难以保持正前方向而总向一边跑偏 | 1.油液脏污、转向控制阀回位弹簧折断或变软，使转向控制阀不能及时回位<br>2.转向控制阀阀芯（或滑阀）偏离中间位置<br>3.流量控制阀卡滞使油泵流量过大或油压管路布置不合理，动力缸左右腔压力差过大 | 1.首先检查油液是否脏污。对于新车或大修以后的车辆，需认真执行"磨合期"换油规定<br>2.对于使用较久的车辆，则可能是流量控制阀或转向控制阀回位弹簧失效所致，此时可在不起动发动机的情况下转动转向盘，凭手感判断控制阀是否开启运动自如，若有怀疑，一般应拆卸检查<br>3.最后检查转向油泵流量控制阀是否卡滞和油压管路布置是否合理 |
| 转向时转向盘发抖 | 发动机工作时转向，尤其是在原地转向时滑阀共振，转向盘抖动 | 1.油罐液面低<br>2.油路中渗入空气<br>3.转向油泵传动带打滑<br>4.转向油泵输出压力不足<br>5.转向油泵流量控制阀卡滞 | 1.首先检查油罐液面是否符合规定，否则按要求加注转向油液<br>2.排放油路中渗入的空气<br>3.检查转向油泵传动带是否打滑，或其他驱动形式的齿轮传动等有无损坏，发现问题后应按规定调整传动带紧度或更换性能不良的部件<br>4.对转向油泵输出压力进行检查。压力不足时应分解油泵，检查油泵是否磨损或内部泄漏严重、安全阀及流量控制阀是否泄漏或卡滞、弹簧弹力是否减弱或调整不当、各轴承是否烧结或严重磨损等 |

## ➡ 技能操作

### 一 液压转向器的拆卸

动力转向器的液压元件都经过精密的加工、精细的装配和调试，维护时一般不随意拆卸，确实需要拆卸时，应按维修手册的规定进行拆卸和装配。拆卸注意事项如下。

1）拆卸时应认真仔细，尤其是控制阀阀芯在拆卸时应防止歪斜，以免划伤零件的工作表面。

2）注意保护密封件，如油封、密封圈和活塞环。穿过棱角、花键和螺纹时，应避免划伤或擦伤其工作表面。如有必要，使用导套等工具进行拆装。

3）拆卸、装配、调试后，待安装的转向油泵、控制阀、动力缸等液压元件上的油孔及拆卸下来的液压管路接头，可使用塞子随时堵住或用塑料薄膜包扎，绝不能用棉纱堵塞，以防泥沙、灰尘、棉纱进入液压元件或系统。

4）装配液压元件时，零件应保持清洁，橡胶密封件应使用转向油或乙醇清洗，不能用汽油或煤油清洗。清洁后的零件应使用压缩空气吹干，不允许用棉纱擦拭。装配时，零件表面应涂少许转向油。

## 二 转向油泵的检查与油液的更换

### 1. 转向油泵压力检查

1）接好压力表和节流阀。

2）将节流阀打开，起动发动机并以怠速运转，使转向盘向左、右旋转到极限位置，同时读出压力表上的压力，额定值为 6.8~8.2MPa，如图 3-2-10 所示。

3）如果向左或向右的额定值达不到要求，就要修理转向器或更换总成。

### 2. 转向储油罐液面高度的检查及油液的更换

转向储油罐的功用是储存、滤清、冷却动力转向系统工作油液。若油液液面太低，将使动力转向系统渗入空气，造成汽车转向操作不稳，忽轻忽重或有噪声。

**（1）转向储油罐液面的检查**

1）将车辆停放在平坦的地面上，使前轮处于直行位置。

2）起动发动机，并使其达到正常的工作温度。

3）使发动机怠速运转大约 2min，左、右打几次转向盘，使油温达到 40~80℃，关闭发动机。

4）观察转向储油罐的液面，此时液面应处于"MAX"与"MIN"之间，液面低于"MIN"时，应加至"MAX"，如图 3-2-11 所示。

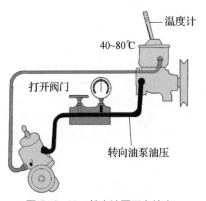

图 3-2-10　转向油泵压力检查　　　图 3-2-11　转向储油罐液面的检查

5）拧下带油尺的封盖，用布将油位标尺擦净，将带油尺的封盖插入转向储油罐内拧好，然后重新拧出，观察油尺上的标记，应处于"MAX"与"MIN"之间，必要时将转向油加至"MAX"处。

**（2）转向油液的更换**

1）放油。

①支起汽车前部，使两前轮离开地面。

②拧下转向储油罐盖，拆下转向油泵回油管，然后将转向油放入容器中。

③发动机怠速运转，在放转向油的同时，左右转动转向盘。

2）加油与排气。

①向转向储油罐内加注符合规定的转向油。

②停止发动机工作，用支架支起汽车前部，连续从左到右转动转向盘若干次，将转向系统中多余空气排出。

③检查转向储油罐中油面高度，视需要加至"MAX"标记处。

④降下汽车前部，起动发动机怠速运转，连续转动转向盘，注意油面高度的变化，当油面下降时就应不断加注转向油，直到油面停留在"MAX"处，并在转动转向盘后，转向储油罐中不再出现气泡为止。

### 3. 转向油泵传动带张紧力的检查与调整

**（1）传动带张紧力的检查**　有三种方法，具体如下。

1）汽车停在干燥路面上，运转发动机使油液上升到正常温度，左右转动转向盘，此时传动带负荷最大，如果传动带打滑，说明传动带张紧度不够或油泵内有机械损伤。这种方法可称为快速、经验法。

2）关闭发动机，用手以约100N的力在传动带的中间位置按下，传动带有约10mm挠度为合适，否则必须调整。

3）有条件时可使用如图3-2-12所示的传动带张紧度测量仪。将测量仪安装在传动带上，然后测量传动带产生标准变形量时所需力的大小。各种尺寸的传动带的张紧度要求见表3-2-2。

表3-2-2　各种尺寸传动带的张紧度

| 分类 | 传动带宽度/mm | | |
|---|---|---|---|
| | 8.0 | 9.5 | 12.0 |
| 新传动带 | 最大350N | 最大620N | 最大750N |
| 旧传动带 | 最大200N | 最大300N | 最大400N |
| 齿形带 | 最大250N | | |

汽车每行驶15000km时，应检查传动带的张紧力，必要时更换传动带。

**（2）传动带张紧力的调整**

1）松开转向油泵支架上的后固定螺栓，如图3-2-13所示。

图3-2-12　传动带张紧度测量仪

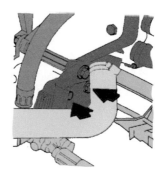
图3-2-13　松开后固定螺栓

2）松开张紧螺栓的螺母。

3）通过张紧螺栓把传动带绷紧，用手以约100N的力在传动带的中间位置按下，传动带约有10mm挠度为合适。

4）拧紧张紧螺栓的螺母，拧紧转向油泵支架上的固定螺栓。

### 三 转向盘的检查

#### 1.检查转向操纵力

1）检查转向操纵力时，将汽车停放在水平干燥的路面上，油液温度达到40~80℃，轮胎气压正常，并使前轮处于直线行驶位置。

2）发动机怠速运转，将一弹簧秤钩在转向盘边缘上，拉动转向盘，检查转向盘左右转动一圈所需拉力变化。一般来说，如果转向操纵力超过44.5N，说明动力转向系统工作不正常，应检查有无传动带打滑或损坏、转向油泵输出油压或油量是否低于标准、油液中是否渗入空气、油管是否有压瘪或弯曲变形等故障。

#### 2.转向盘回位检查

1）缓慢或迅速转动转向盘，检查两种情况下的转向盘操纵力有无明显的差别，并检查转向盘能否回到中间位置。

2）使汽车以约3.5km/h的速度行驶，将转向盘顺时针或逆时针转动90°，然后放开1~2s，如果转向盘能自动回转70°以上，说明工作正常，否则应查明故障原因并予以排除。

## 学习情境三　电动动力转向系统拆装与故障诊断、检修

### 知识目标

1.掌握电动动力转向系统的组成、分类、工作原理。

2.掌握电动动力转向系统各个零部件的结构与功能。

3.了解智能转向系统。

### 能力目标

1.能够完成电动动力转向系统各部件的检查任务。

2.能够完成电动动力转向系统故障码的检查与排除任务。

3.能够完成电动动力转向系统的故障排除任务。

### 素养目标

1.创新精神与创新意识。

2.一丝不苟，精益求精的工匠精神。

3.规范操作的职业素养。

### ➡ 案例引入

一辆斯柯达速派轿车驶进了汽车维修站，据车主反映，该车从昨天开始，突然就出现

转动转向盘十分费力这一情况，后经维修人员检查发现，该车使用的是电动动力转向系统（EPS），EPS警告灯已经点亮，说明动力转向系统已出现故障。作为维修人员，应掌握电动动力转向系统的分类、结构组成及工作原理，并且能够排除电动动力转向系统的各种故障，将维修合格的汽车交还车主。

## ➡ 知识学习

### 一　电子控制动力转向系统认知

#### 1. 背景

普通动力转向系统的助力特性是不变的，且与车速无关，这会导致停车及低速时，转向盘操纵沉重，中速时较轻快，当车速增高时更加轻快。如果考虑停车及低速时的轻便性，则使高速时操纵力过小，路感下降，易出现转向过度。反之会使停车及低速时操纵力过大，转向沉重，效率下降。为了实现在各种行驶条件下转向盘上所需要的力都是最佳值，必须采用更先进的电子控制动力转向系统。

电动控制动力转向系统

#### 2. 分类

电子控制动力转向系统可分为电动式动力转向系统、电控液力式转向系统、电动液力式转向系统。

### 二　电动动力转向系统

#### 1. 组成

电动动力转向系统由转矩传感器、车速传感器、电动机、电磁离合器、减速机构、电子控制单元等组成，如图3-3-1所示。

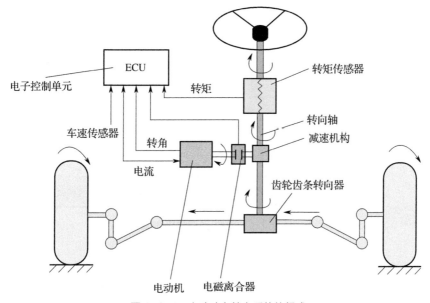

图 3-3-1　电动动力转向系统的组成

## 2. 分类

根据电动机布置位置的不同，电动动力转向系统可分为转向轴助力式、齿轮助力式和齿条助力式三种，如图 3-3-2 所示。

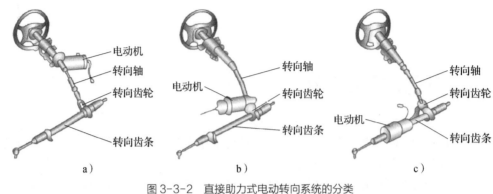

图 3-3-2　直接助力式电动转向系统的分类

a）转向轴助力式　　b）齿轮助力式　　c）齿条助力式

## 3. 工作原理

当操纵转向盘时，装在转向轴上的转矩传感器不断测出转向轴上的转矩，并由此产生一个电压信号。该信号与车速信号同时输入电子控制单元，电子控制单元根据这些输入信号进行运算处理，确定助力转矩的大小和转向，即选定电动机的电流和转向，调整转向的助力。电动机的转矩由电磁离合器通过减速机构减速增矩后，加在汽车的转向机构上，使之得到一个与工况相适应的转向作用力。

转向助力的控制信号流程如图 3-3-3 所示，它反映了电动动力转向系统的工作过程和工作原理。

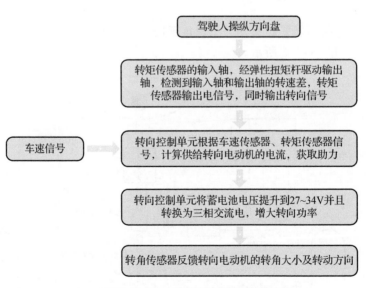

图 3-3-3　电动转向助力控制信号流程图

## 4. 转矩传感器

转矩传感器也称转向传感器，其作用是通过测定转向盘与转向器之间的相对转矩，作为电动助力的依据之一。转矩传感器的结构、原理如图 3-3-4 所示。

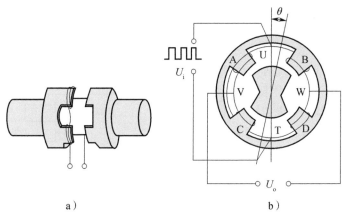

图 3-3-4　转矩传感器
a）结构图　b）原理图

用磁性材料制成的定子和转子可以形成闭合的磁路，线圈 A、B、C、D 分别绕在极靴上，形成一个桥式回路。转向轴扭转变形的扭转角与转矩成正比，所以只要测定轴的扭转角，就可间接地知道转向力的大小。

在线圈的 U、T 两端施加连续的脉冲电压信号 $U_i$，当转向轴上的转矩为零时，定子与转子的相对转角也为零。这时转子的纵向对称面处于定子 AC、BD 的对称平面上，每个极靴上的磁通量是相同的。电桥平衡，V、W 两端的电位差 $U_o$ =0。

如果转向轴上存在转矩时，定子与转子的相对转角不为零，此时转子与定子间产生角位移 $\theta$。极靴 A、D 间的磁阻增加，B、C 间的磁阻减小，各个极靴的磁阻产生差别，电桥失去平衡，在 V、W 两端产生电位差。这个电位差与轴的扭转角 $\theta$ 和输入电压 $U_i$ 成比例，从而可知道转向轴的转矩。

### 5. 电动机

转向助力电动机就是一般的永磁电动机，电动机的输出转矩控制是通过控制其输入电流来实现的，而电动机的正转和反转则是由电子控制单元输出的正反转触发脉冲控制的。图 3-3-5 是一种比较简单实用的正反转控制电路。

$a_1$、$a_2$ 为触发信号端。从电子控制单元得到的直流信号输入 $a_1$、$a_2$ 端，用以触发电动机产生正反转。当 $a_1$ 端得到输入信号时，晶体管 $VT_3$ 导通，$VT_2$ 管得到基极电流而导通，电流经 $VT_2$ 管的发射极和集电极、电动机 M、$VT_3$ 管的集电极和发射极搭铁，电动机有电流通过而正转。当 $a_2$ 端得到输入信号时，晶体管 $VT_4$ 导通，$VT_1$ 管得到基极电流而导通，电流经过 $VT_1$ 管的发射极和集电极，电动机 M、$VT_4$ 管的集电极和发射极搭铁，

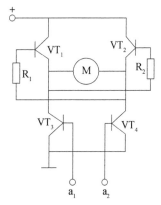

图 3-3-5　电动机正反转控制电路

电动机有反向电流通过而反转。控制触发信号端的电流大小，就可以控制电动机通过电流的大小。

### 6. 电磁离合器

（1）工作条件　电磁离合器一般使用干式单片电磁离合器，如图 3-3-6 所示。工作电压为 12V，额定转速时传递转矩为 15N·m，线圈电阻（20℃时）为 19.5Ω。

（2）工作原理　当电流通过集电环进入离合器线圈时，主动轮产生电磁吸力，带花键的压板被吸引与主动轮压紧，电动机的动力经过轴、主动轮、压板、花键、从动轴传给执行机构。

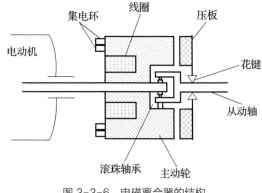

图 3-3-6　电磁离合器的结构

由于转向助力的工作范围限定在一定的速度区域内，所以离合器一般设定一个速度范围，如当车速超过 30km/h 时，离合器便分离，电动机也停止工作，这时没有转向助力的作用。当电动机停止工作时，为了不使电动机及离合器的惯性影响转向系工作，离合器也应及时分离，以切断辅助动力。当系统中电动机等发生故障时，离合器会自动分离，这时仍可恢复手动控制转向。

### 7. 减速机构

一种是采用蜗轮蜗杆机构与转向轴驱动组合式，另一种是采用两级行星齿轮机构与传动齿轮组合式。

### 8. 控制系统

电动动力转向的控制系统如图 3-3-7 所示，该系统的核心是一个有 4K ROM 和 256K RAM 的 8 位微机。转向盘转矩信号和车速信号经过输入接口送入微机，随着车速的升高，微机控制相应地降低助力电动机电流，以减少助力转矩。

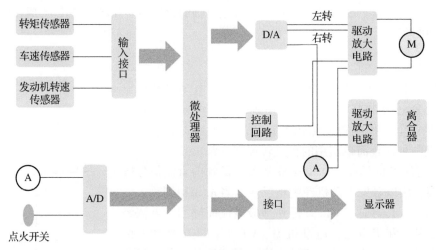

图 3-3-7　电动动力转向的控制系统

发动机转速信号也被送入微机，当发动机处于怠速时，由于供电不足，助力电动机和离合器不工作。因此，电动动力转向工作时，电子控制单元必须控制发动机处于高怠速工作状态。点火开关的通断（ON/OFF）信号经 A/D 转换接口送入微机。当点火开关断开时，电动机和离合器不能进入工作。微机输出控制指令经 D/A 转换接口送入电动机和离合器的驱动放大电路中，控制电动机的旋转转向和离合器的离合。电动机的电流经驱动放大电路、电流表 A、A/D 转换接口反馈给微机，即电动机的实际电流与按微机指令应给的电流相比较，调节电动机的实际电流，使两者接近一致。

### 三 智能转向系统

智能转向系统目前处于线控转向系统阶段，线控转向系统（Steer-By-Wire System，SBW）取消了转向中间轴，转向盘与转向车轮之间不存在机械结构上的约束，实现了不影响转向盘总成的前提下直接控制转向执行机构的功能。SBW 系统采用模块化结构设计，取消了传统的转向系统的机械连接，转向系统的控制算法设计灵活自由，而且与自动驾驶车辆的其他子系统的集成更方便。

SBW 系统将转向盘和转向轮的机械连接解耦，人机共驾系统中的自动化系统在工作过程中不会再对驾驶人的转向盘操作产生转角或转向力矩干预，可以结合自动化系统自身的感知与控制能力辅助驾驶人的转向盘操作，在一种非接触方式下实现共享控制。

## ➡ 技能操作

### 一 电动动力转向系统部件的检查

#### 1. 转矩传感器的检查

**（1）检测转矩传感器线圈电阻**　从转向器总成上拔下转矩传感器插接器，其端子排列如图 3-3-8 所示。测量转矩传感器 3 号与 5 号端子之间、8 号与 10 号端子之间的电阻，其标准值应为（2.18±0.66）kΩ。若不符合要求，则应更换转矩传感器。

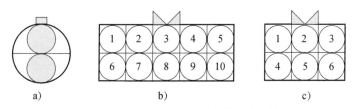

图 3-3-8　电动动力转向系统插接器端子排列
a）电动机　b）转矩传感器与电磁离合器　c）车速传感器

**（2）检测转矩传感器电压**　用万用表直流电压挡测量上述各端子之间的电压，将转向盘置于中间位置，测得电压约 2.5V 为良好，4.7V 以上为断路，0.3V 以下为短路。

#### 2. 电磁离合器的检查

从转向器上断开电磁离合器插接器，其端子排列如图 3-3-8 所示。将蓄电池的正极接到 1 号端子上，蓄电池的负极与 6 号端子相接，在接通与断开 6 号端子的瞬间，离合器应有工作声音。若没有声音，表明电磁离合器有故障，应更换转向器总成。

#### 3. 直流电动机的检查

从转向器上断开电动机插接器，其端子排列如图 3-3-8 所示。给电动机加上蓄电池电压时，电动机应有转动声音。若没有声音，应更换转向器总成。

#### 4. 车速传感器的检查

**（1）检查车速传感器转动情况**　拆下车速传感器，用手转动车速传感器的转子检查其能否顺利转动，若有卡滞应更换。

**（2）检测车速传感器电阻**　拔开车速传感器插接器，其端子排列如图 3-3-8 所示。测量车

速传感器插接器 1 号与 2 号端子之间、4 号与 5 号端子之间的电阻值，其值等于（165±20）Ω
为良好。若与上述不符则必须更换车速传感器。

### 5. 故障警告灯的检查

当点火开关处于 ON 位置时，故障警告灯应点亮，发动机起动后警告灯熄灭为正常。警
告灯不亮时，应检查灯泡是否损坏、熔丝和导线是否断路。若发动机起动后，警告灯仍亮时，
先考虑系统是否处于保险状态（只有常规转向工作，无电动助力），然后进行自诊断操作。

### 6. 系统自诊断操作

将指针式万用表直流电压挡的正表笔接在诊断插座的 2 号端子上，负表笔接铁，如
图 3-3-9a 所示。接通点火开关，通过表针的摆动显示故障码（DTC）。如果有多个故障码，
将以由小到大的顺序显示出来。故障码波形如图 3-3-9b 所示，故障码的含义见表 3-3-1。

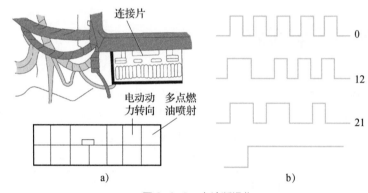

图 3-3-9　自诊断操作

a）自诊断插接器　b）故障码输出波形

表 3-3-1　故障码的含义

| 故障码 | 检查诊断项目 | 故障码 | 检查诊断项目 |
|---|---|---|---|
| 0 | 正常 | 41 | 直流电动机 |
| 11 | 转矩传感器（主） | 42 | 直流电动机 |
| 12 | 转矩传感器（副） | 43 | 直流电动机 |
| 13 | 转矩传感器主副侧电压差过大 | 44 | 直流电动机 |
| 21 | 车速传感器（主） | 51 | 电磁离合器 |
| 22 | 车速传感器主副侧电压差过大 | 54 | 电子控制单元 |
| 23 | 车速传感器（主）电压急减 | 55 | 转矩传感器 E/F 回路不良 |
| 31 | 交流发电机 L 端子 | | |

### 7. 故障码的检查与排除

明确故障码后，首先把蓄电池负极线拆下，30s 后清除故障码，再进行一次自诊断操作，
若故障码又重复显示，证明故障确实存在，需进一步检查。

**（1）故障码 41 的检查**

1）起动发动机，不转动转向盘，观察故障码是否再次出现。再现时，按照故障码含义检

查有关部件。不再现时，直接进入步骤 4）的检查。

2）拆下电动机插接器，检查电动机的两接线端子之间和端子与接地（外壳）之间的导通状态。用万用表电阻挡测试电动机两接线端子之间的电阻。正常时，应有一定电阻，若不导通，则表明内部断路；电动机接线端子与接地之间应不导通，否则，表明两接线端子与外壳之间有短路故障。

3）若电动机及其接线端子均正常，应检查转向器总成到电子控制单元之间的导线是否良好，若导线正常，则表明电子控制单元不良。

4）检查导线无异常时，再进行行驶试验，若故障码不再出现时，转动转向盘，检查电动机是否工作。

**（2）故障码 42 的检查**

1）起动发动机，用 1rad/s（弧度 / 秒）以下的速度转动转向盘观察故障码是否再现，不再现时，检查导线，无异常时，通过行驶，进行再现试验。

2）若故障码 42 再现，而且又发生 11 号、13 号故障码时，可考虑是转矩传感器的导线或者是转向器总成异常所致。

**（3）故障码 43 的检查**　起动发动机，不转动转向盘，检查故障码是否再现；若再现，则表示电子控制单元不良。不再现时，试转动转向盘，若此时故障码再现，应检查导线。

**（4）故障码 44 的检查**　起动发动机，不转动转向盘，检查故障码是否再现；再现时，应检查与电动机有关的导线，若导线没有异常，用良好的电子控制单元换下原车上的电子控制单元，进行对比检查判断。若故障码不再现时，将点火开关重复通、断 6 次，并使点火开关在 OFF 位时的时间在 5s 以上。如此反复检查就能把某种故障的部位查清楚。

## 二 电动动力转向系统故障诊断与排除

### 1. 当点火开关旋转到 ON 的位置时，电动动力转向装置（EPS）警告灯不亮

**（1）故障原因**

1）表组内的 EPS 警告灯电路有故障。

2）EPS CM 所产生的信号为关闭信号，则 EPS CM 有故障。

**（2）故障检查**　使用专用诊断仪激活命令模式功能的 "WL+IL"，打开仪表板的 EPS 警告灯。

**（3）故障排除**

1）警告灯点亮，说明 EPS CM 有故障，需及时更换。

2）警告灯不亮，执行仪表板配置，然后从第 1 步重新开始检查，若再发生故障，更换仪表板。

### 2. 左转向和右转向的助力有差异

**（1）故障原因**

1）EPS CM 有故障，EPS CM 插接器出现连接不良，接线端损坏。

2）没有操作转向盘角度空挡位置的自动识别功能。

3）转向机和拉杆结构有故障。

**（2）故障检查与排除**　具体如表 3-3-2 所示。

表 3-3-2　左转向和右转向助力差异故障的诊断与排除

| 故障检查 | 判定标准 | 故障排除 |
|---|---|---|
| 故障码（DTC）是否已被记录到内存中 | 是 | 用适当的 DTC 进行检查 |
| | 不是 | 执行下一步 |
| 1. 先将点火开关转至 OFF 位置并保持 2min 或更长时间<br>2. 再将点火开关切换至 ON 挡，沿着直线行驶，车速大于 10km/h，行驶大于 10m 的距离，观察是否有故障重现 | 重现 | 执行下一步 |
| | 不重现 | 当在空挡位置识别转向盘角度时，会出现临时错误，系统中没有故障 |
| 检查 EPS CM 和线束侧插接器是否连接不良 | 良好 | 执行车轮定位检查 |
| | 不良 | 若 EPS CM 插接器的连接不良，将其连接牢固 |
| | | 若 EPS CM 插接器出现故障，更换 EPS CM |
| | | 若线束侧插接器出现故障，修理或更换插接器 |

# 学习场四
# 汽车制动系统结构拆装与故障诊断、检修

## 学习情境一　汽车制动系统认知与制动踏板自由行程

### 知识目标

1. 掌握汽车制动系统的作用、组成、工作过程。
2. 掌握制动踏板自由行程的概念。
3. 了解对汽车制动系统的性能要求。

### 能力目标

1. 能够辨析不同种类的制动系统。
2. 能够完成制动踏板自由行程的测量、检查及调整任务。

### 素养目标

1. 树立安全意识。
2. 一丝不苟、精益求精的工匠精神。
3. 规范操作的职业素养。

### ➡ 案例引入

　　一辆丰田卡罗拉轿车驶进汽车维修站，据车主反映，该车在"制动时不能及时减速，并且制动距离过长"（制动不灵），后经初步检查发现，该车还存在"起步困难，行驶无力，抬起制动踏板时，个别车轮不能及时解除制动"等问题（制动拖滞）。作为维修人员，应掌握汽车制动系统的组成、功能，并正确判断故障类型、排除故障，将检修合格的车辆交还车主。

### ➡ 知识学习

#### 一 汽车制动系统

1. 定义

　　汽车制动系统是指对汽车某些部分（主要是车轮）施加一定的力，从而对其进行一定程度的强制制动的一系列专门装置。

制动系统认知

### 2. 功能

1）使行驶中的汽车按照驾驶人的要求进行强制减速甚至停车。

2）使已停驶的汽车在各种道路条件下（包括在坡道上）稳定驻车。

3）使下坡行驶的汽车速度保持稳定。

### 3. 组成

汽车制动系统由制动操纵机构（制动踏板等）、制动传动机构（制动管路等）、制动供能机构（真空助力器、制动主缸、制动轮缸等）、制动执行机构（制动器）、制动指示灯（常规制动指示灯，制动磨损异常指示灯，ABS 警告灯，驻车制动指示灯）组成，其简要示意图如图 4-1-1，图 4-1-2 所示。

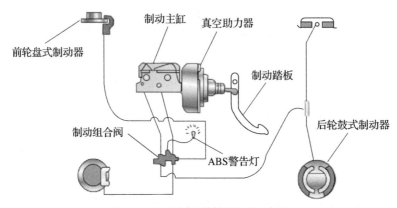

图 4-1-1　制动系统简要组成示意图

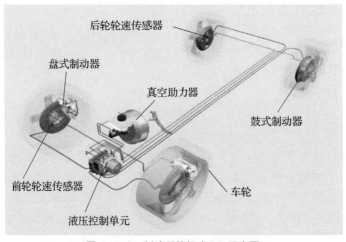

图 4-1-2　制动系统组成 3D 示意图

### 4. 工作过程

当驾驶人踏下制动踏板时，推杆推动制动主缸活塞使制动液升压，通过管道将液压力传至制动轮缸，轮缸活塞在制动液挤压的作用下将制动蹄片摩擦片压紧制动鼓形成制动，根据驾驶人施加于踏板力矩的大小，使车轮减速或停车。当驾驶人放开踏板，制动蹄和轮缸活塞在复位弹簧作用下回位，制动液压回到制动主缸，制动解除，如图 4-1-3 所示。

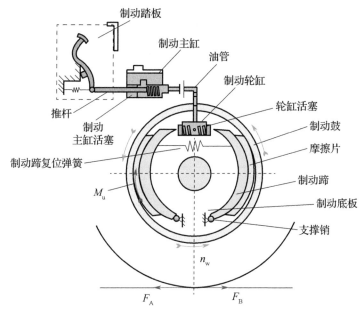

图 4-1-3　制动系统工作原理示意图

## 5. 分类

汽车制动系统较为复杂，随着科技的进步，功能越来越完善，制动性能逐步提高，制动系统的种类也越来越多，具体的分类如表 4-1-1 所示。

表 4-1-1　制动系统分类

| 分类方式 | 按功能分 | 按介质分 | 按伺服分 | 按电子系统分 |
|---|---|---|---|---|
| 1 | 行车制动系统 | 机械式 | 真空助力 | ABS |
| 2 | 驻车制动系统 | 液压式 | 真空增压 | ASR |
| 3 | 应急（或第二）制动系统 | 气压式 | 气压助力 | ESP |
| 4 | 辅助（或安全）制动系统 | 电磁式 | 气压增压 | EBD |
| 5 |  | 组合式 |  | EPB |
| 6 |  |  |  | EBS |

## 6. 对制动系统的性能要求

对汽车制动系统的要求主要体现在汽车的制动性能上。汽车制动性能是汽车安全行驶的重要保证，汽车制动时若出现"制动距离过长，制动时间过长，制动拖滞，制动摆振，制动跑偏，制动侧滑，下长坡时制动恒定性差"等问题，均会严重影响汽车行驶的安全性。

近年来，因汽车制动系统故障导致的交通事故占比超过 30%，所以需对汽车制动系统的安全性能提出严格要求，如在 GB 7258—2017《机动车运行安全技术条件》中，对不同车型的制动距离、制动稳定性、制动减速度做了明确规定，如表 4-1-2、表 4-1-3 所示，以保障车主的生命安全。

表 4-1-2　对汽车制动系统的要求

| 指标名称 | 指标含义 | 其他 |
|---|---|---|
| 制动效能 | 汽车在水平良好路面上，以一定初速度制动到停车的制动距离或制动时汽车的减速度 | 制动性能最基本的评价指标 |
| 制动效能的恒定性 | 汽车高速行驶或下长坡连续制动时，制动效能保持的程度 | 抗热衰退性和抗水衰退性 |
| 制动方向稳定性 | 汽车在制动时，不发生跑偏、侧滑而失去转向能力的性能 | — |

表 4-1-3　制动距离和制动稳定性要求

| 机动车类型 | 制动初速度 /（km/h） | 空载检验制动距离要求 /（m/s²） | 满载检验制动距离要求 /（m/s²） | 试验通道宽度 /m |
|---|---|---|---|---|
| 三轮汽车 | 20 | ≤ 5.0 | | 2.5 |
| 乘用车 | 50 | ≤ 19.0 | ≤ 20.0 | 2.5 |
| 总质量小于等于 3500kg 的低速货车 | 30 | ≤ 8.0 | ≤ 9.0 | 2.5 |
| 其他总质量小于等于 3500kg 的汽车 | 50 | ≤ 21.0 | ≤ 22.0 | 2.5 |
| 铰接客车、铰接式无轨电车、汽车列车（乘用车列车除外） | 30 | ≤ 9.5 | ≤ 10.5 | 3.0[a] |
| 其他汽车、乘用车列车 | 30 | ≤ 9.0 | ≤ 10.0 | 3.0[a] |
| 两轮普通摩托车 | 30 | ≤ 7.0 | | — |
| 边三轮摩托车 | 30 | ≤ 8.0 | | 2.5 |
| 正三轮摩托车 | 30 | ≤ 7.5 | | 2.3 |
| 轻便摩托车 | 20 | ≤ 4.0 | | — |
| 轮式拖拉机运输机组 | 20 | ≤ 6.0 | ≤ 6.5 | 3.0 |
| 手扶变型运输机 | 20 | ≤ 6.5 | | 2.3 |

[a] 对车宽大于 2.55m 的汽车和汽车列车，其试验通道宽度（单位：m）为"车宽（m）+0.5"。

## 二　制动踏板自由行程

制动踏板自由行程就是制动踏板踩下去的时候制动不起作用的那段距离。制动踏板高度是指自由状态下制动踏板距离驾驶室地板的距离。

## ➡ 技能操作

### 一　制动踏板自由行程测量

测量步骤如下。

1）在制动踏板处于释放位置时，用钢直尺测量制动踏板端面至驾驶室地板的高度 $H1$。

2）用手压下制动踏板至略感有阻力的位置，用钢直尺测量制动踏板端面至驾驶室地板的

高度 $H2$。

3）两次测量高度差 $H1-H2$，即为该车制动踏板自由行程。应多次测量，取平均值。

思考题：高度 $H1$ 可称为什么？多次测量，取平均值的目的是什么？从制动踏板有阻力的位置开始到制动踏板踩到底，这一段行程又是什么呢？

## 二 制动踏板自由行程检查

一般来说，气压制动的踏板自由行程在 15~20mm，液压制动的踏板自由行程在 1~5mm；实际调整时应查询维修手册，按车型规定的数值进行调整。

若制动踏板自由行程过小，则容易引起制动拖滞；若制动踏板自由行程过大，则导致制动不灵，汽车制动时间延长，制动距离增加，制动效能降低。故制动踏板自由行程不在规定的范围内时，需要及时调整。

## 三 制动踏板自由行程调整

1. 气压制动的踏板自由行程调整

1）将调整螺栓慢慢地顺时针旋转。

2）当听到"呲呲"的声音时，再逆时针旋转调整螺栓，直到无"呲呲"的声音。

3）再退回 1/4 圈。

4）检查制动踏板自由行程，若在合适范围内，则停止调整，若不在合适范围内，重复步骤 1）至 3）。

2. 液压制动的踏板自由行程调整

1）取下转向盘下方的保护罩。

2）拔下制动灯开关的电插头，取下制动灯开关，检查制动灯开关与踏板接触位置的磨损情况。

3）使用鲤鱼钳拆下推杆与制动踏板间的转轴锁簧，取出转轴。

4）使用鲤鱼钳拧松制动主缸推杆上的锁紧螺母。

5）拧进或拧出推杆进行调整，使踏板高度达到标准值。

6）装上转轴，装上锁紧锁簧，并锁紧。

7）装上制动灯开关，直到柱塞被完全压住。

8）拧紧锁紧螺母，接上制动灯开关插头。

9）装上转向盘下方的保护罩。

10）松开制动踏板，确认制动灯熄灭。

## 学习情境二　盘式制动器的组成、拆装与检修

### 知识目标

1. 熟练掌握盘式制动器的组成。

2. 掌握盘式制动器的工作过程。

3.了解盘式制动器的优缺点。

## 能力目标

1.能够诊断因盘式制动器故障所引起的制动系统故障。

2.能够完成盘式制动器的拆卸、检测与装配任务。

3.能够分析并排除盘式制动器的常见故障。

## 素养目标

1.规范操作的职业素养。

2.诚实守信的职业道德。

### ➡ 案例引入

一辆本田雅阁轿车驶进汽车维修站，据车主反映，该车在行驶 30000km 之后，出现制动异响，后经检查发现该车四个车轮使用的都是盘式制动器，其中左前轮制动片磨损严重，右后轮制动盘轴向圆跳动量超过规定值。作为维修人员，应掌握盘式制动器拆装与检修技能，将检修合格的车辆交还车主。

### ➡ 知识学习

#### 一　盘式制动器

##### 1.分类

盘式制动器多用于轿车，其适用车型范围正在逐步扩大。盘式制动器中最为常见的是钳盘式制动器，分为定钳盘式制动器和浮钳盘式制动器。

##### 2.定钳盘式制动器

定钳盘式制动器的工作过程：跨置在制动盘上的制动钳体固定安装在车桥上，它不能旋转也不能沿制动盘轴线方向移动，其内的两个活塞分别位于制动盘的两侧。制动时，制动液由制动主缸经进油口进入钳体中两个相通的液压腔中，将两侧的制动块压向与车轮固定连接的制动盘，从而产生制动力矩，如图 4-2-1 所示。

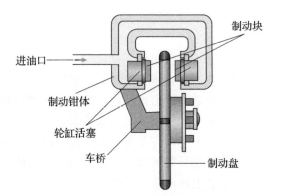

图 4-2-1　定钳盘式制动器

这种制动器存在着以下缺点：

1）油缸较多，使制动钳结构复杂。

2）油缸分置于制动盘两侧，必须用跨越制动盘的钳内油道或外部油管来连通，这使得制动钳的尺寸过大，难以安装在现代化轿车的轮辋内。

3）热负荷大时，油缸和跨越制动盘的油管或油道中的制动液容易受热汽化。

4）若要兼用于驻车制动，则必须加装一个机械促动的驻车制动钳。

##### 3.浮钳盘式制动器

浮钳盘式制动器的工作过程：制动钳体通过导向销与车桥相连，可以相对于制动盘轴向移动。制动钳体只在制动盘的内侧设置油缸，而外侧的制动块则附装在钳体上。制动时，液压油通过进油口进入制动油缸，推动活塞及其上的摩擦块向右移动，并压到制动盘上，使得油缸连同制动钳体整体沿销钉向左移动，直到制动盘右侧的摩擦块也压到制动盘上，夹住制动盘并使其制动，如图 4-2-2 所示。

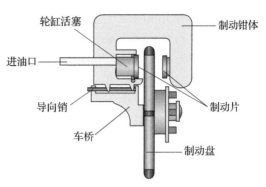

图 4-2-2　浮钳盘式制动器

与定钳盘式制动器相反，浮钳盘式制动器轴向和径向尺寸较小，而且制动液受热汽化的机会较少。此外，浮钳盘式制动器在兼充行车和驻车制动器的情况下，只需在行车制动钳油缸附近加装一些用以推动油缸活塞的驻车制动机械传动零件即可。故自 20 世纪 70 年代以来，浮钳盘式制动器逐渐取代了定钳盘式制动器。浮钳盘式制动器总成如图 4-2-3a 所示，零件视图如图 4-2-3b 所示。

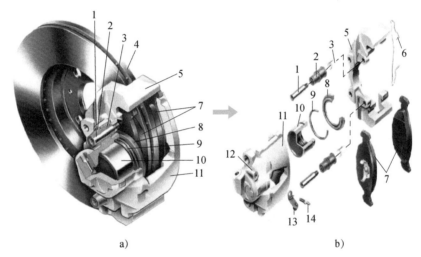

a)　　　　　　　　　　　　　　　b)

图 4-2-3　浮钳盘式制动器总成图
a）总成图　b）零件图

1—导向销螺栓　2—橡胶衬套　3—导向钢套　4—制动盘　5—制动钳支架　6—保持弹簧　7—制动摩擦片
8—活塞防尘罩　9—油封　10—活塞　11—制动钳壳体　12—排气孔座　13—防尘帽　14—排气螺钉

### 4. 全盘式制动器

该种制动器固定元件的金属背板和摩擦片呈圆盘形，制动盘的全部工作面可同时与摩擦片接触，这种制动器称为全盘式制动器，如图 4-2-4 所示。

### 5. 优缺点

#### （1）优点

1）一般无摩擦助势作用，因而制动器效能受摩擦系数的影响较小，即效能较稳定。

2）浸水后效能降低较少，而且只需经一两次制动即可恢复正常。

3）制动盘沿厚度方向的热膨胀量极小，不会像制动鼓的热膨胀那样使制动器间隙明显增加而导致制动踏板行程过大。

图 4-2-4　全盘式制动器

4）较容易实现间隙自动调整，其他保养修理作业也较简便。

5）对于钳盘式制动器而言，因为制动盘外露，还有散热良好的优点。

**（2）缺点**

1）制动时无助势作用，故要求管路液压比鼓式制动器的高。

2）制动片磨损较快。

3）防污性差，制动衬片磨损较快。

### 二 消声片的新材料与新工艺

如图4-2-5所示，制动片主要由制动衬片（摩擦材料部分）、钢背（金属部分）和消声片组成，其中消声片是用来降低或消除制动时噪声的一种附件。消声片一般需要用耐高温润滑脂润滑，其材料和生产工艺近年来已经大大改进，如表4-2-1所示。

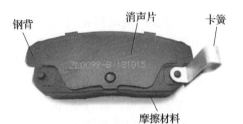

图4-2-5　汽车制动片的结构组成

表4-2-1　消声片的新材料与新工艺

|  | 传统消声片 | 新型消声片 |
|---|---|---|
| 工艺 | 电喷漆 | 硫化工艺、橡胶涂层和金属冷轧板 |
| 材料 | 铁片 | 金属复合材料 |
| 特点 | 表面喷漆防止生锈 | 通过不同的金属厚度和材料来降噪 |

### ➡ 技能操作

### 一 盘式制动器的拆装、测量与检修

**1. 盘式制动器的拆卸**

1）打开车门，安装车内防护四件套。

2）打开发动机舱盖，安装翼子板布、进气格栅布，放置举升垫块（双柱举升机不需要放置）。

3）拧松车轮螺栓（注意对角拧松），举升车辆离开地面。

4）拆下车轮螺栓，拆下车轮（注意车轮应尽量放置在车轮架上），举升车辆至高位。

5）拆卸制动缸与滑动销连接螺栓，用工具撬动制动轮缸，压回制动轮缸活塞。

6）取下制动轮缸，并可靠放置（可用挂钩挂起），拆卸制动片。

7）拆卸制动轮缸支架的固定螺栓，取下制动轮缸支架，拆下制动盘。

思考题：为什么要两次举升车辆，其目的是什么？为什么要对角拧松车轮螺栓？

盘式制动器拆卸

**2. 盘式制动器的测量与检修**

1）清除制动片表面及沟槽处的脏物，可用抹布擦拭，砂纸打磨。

2）检查制动片有无异常损伤。

3）分解消声片与摩擦片，在消声片正反面涂上润滑脂。

4）将消声片与制动摩擦片组装在一起。

5）检查磨损指示器钢片有无变形、磨损、脏污；如有锈蚀和脏物，应

盘式制动器测量

清洁干净。

6）用钢直尺或游标卡尺测量制动片的厚度（在制动片的左、中、右三处进行测量），制动摩擦片厚度参考值是14mm，磨损极限是7mm。

7）检查制动盘及其表面是否有脏物，可用抹布擦拭干净。

8）检查制动盘及其表面是否有锈蚀或刻痕，可使用砂纸打磨制动盘表面。

➤ **注意**：打磨时的痕迹可以是无方向性的，但打磨痕迹应相互垂直。

9）用游标卡尺或外径千分尺测量制动盘的厚度，可在距离制动盘外边缘5mm位置每隔120°，选取三处进行测量，然后取平均值，若要更为准确，可在距离制动盘外边缘5mm位置每隔90°，选取四处进行测量，最后取平均值；测量前，应对外径千分尺进行零位校准。

➤ **注意**：不同车型制动盘的标准厚度值不一样，有26mm、20mm、18mm、12mm、10mm，但是磨损极限值一般都是2mm，任意位置厚度差极限值一般是0.01mm。

10）安装车轮螺栓并紧固，用百分表测量制动盘的轴向圆跳动量，安装磁性表座，并用磁性表座固定百分表，测量时百分表的测杆应垂直于制动盘表面，测量点宜选取距离制动盘外边缘5mm位置，先将百分表校零，再用手（或用扭力扳手）转动制动盘，观察百分表指针的摆动量，一般应不超过0.05mm，部分车型为不超过0.06~0.08mm即可。

### 3. 盘式制动器制动间隙的调整

制动过程中，制动片与制动盘间存在着相对的运动，两者均有不同程度的磨损，长期下去，制动器的间隙必然会增大，这就导致制动时活塞的行程增加，制动器开始起作用的时间滞后，制动性能下降。因此，制动器的间隙应随时调整。现在大多数汽车的制动间隙都可以自动调整。

以桑塔纳轿车前轮制动器制动间隙的自动调整为例，工作过程如图4-2-6所示。

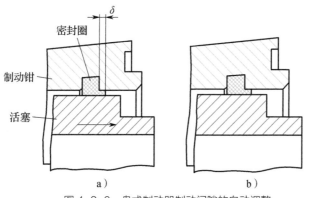

盘式制动器安装

图4-2-6 盘式制动器制动间隙的自动调整
a）制动时 b）解除制动时

矩形密封圈嵌在制动轮缸的矩形槽内，密封圈内圆与活塞外圆配合较紧，制动时活塞被压向制动盘，密封圈发生了弹性变形；解除制动时，密封圈要恢复原状，于是将活塞拉回原位。当制动盘与制动块磨损后，制动器的制动间隙增大，若间隙大于活塞的设置行程$\delta$时，活塞在制动液压力的作用下，克服密封圈的摩擦阻力而继续前移，直到实现完全制动为止。解除制动时，由于密封圈弹性变形量的限制，密封圈将活塞拉回的距离小于活塞前移的距离，则活塞与密封圈之间这一不可恢复的相对位移便补偿了过量的间隙。

### 4. 盘式制动器的装配

1）安装制动盘，安装制动轮缸支架及其固定螺栓。

2）将扭力扳手调至88N·m，紧固制动轮缸支架螺栓，安装制动片。

3）安装制动轮缸，安装制动轮缸与滑动销的连接螺栓。

4）拧紧螺栓，将扭力扳手调至34N·m。

5）检查制动液液位，应在MIN和MAX之间，若超过MAX刻度线，应抽出部分制动液，若低于MIN刻度线，应添加部分制动液。

6）安装车轮，安装车轮螺母。

7）降下举升机至车轮仍处于离地状态，安装车轮及车轮螺母，降下举升机至车轮着地。

8）将扭力扳手调至103N·m，用扭力扳手紧固车轮螺母。

### 5.制动性能检测

进入驾驶室，踩下制动踏板，检查车轮制动效果。若制动性能良好，准备收回设备与工具；若制动性能仍不佳，则应继续拆卸，测量与检修，或寻找其他原因。

> 所有工作任务完成之后，收起车内防护四件套，收回翼子板布、进气格栅布，关闭发动机舱盖，收回举升垫块，收回拆装与测量工具，整理工具，清洁工位。大家要养成规范操作工具、用完回收工具的习惯，并且及时清理工位，这是汽修技工的基本职业素养。

## 二 盘式制动器故障的诊断与排除

具体的故障现象、故障原因及检修方法如表4-2-2所示。

表4-2-2 由盘式制动器故障所引起的制动系统故障明细表

| 故障现象 | 故障原因 | 检修方法 |
|---|---|---|
| 制动不灵或失效 | 钳体与支架卡滞 | 检修或更换导向销 |
| | 制动片磨损严重 | 更换制动片 |
| | 制动盘磨损严重 | 更换制动盘 |
| | 制动轮缸活塞黏着 | 更换密封圈或活塞 |
| 制动拖滞 | 制动钳导向销润滑不足 | 加注润滑油或涂抹润滑脂 |
| | 制动钳和支撑面的间隙不当 | 调整间隙 |
| 制动异响 | 制动盘轴向圆跳动过大 | 检查制动盘轴向圆跳动量，不在规定范围内则更换制动盘 |
| | 制动片磨损超过极限 | 更换制动片 |
| | 制动盘的表面硬度与制动摩擦片材质不配套 | 按该车型厂家的规定更换成套的制动盘和制动片 |
| 制动跑偏 | 制动钳或制动轮缸活塞黏着 | 更换制动钳或更换制动轮缸活塞 |
| | 制动片上有润滑脂之类的脏物或制动片变形 | 去除脏物或更换制动片 |
| | 制动钳与制动盘的连接处松动 | 按规定力矩紧固连接螺栓 |
| 制动摆振 | 制动盘轴向圆跳动量太大 | 打磨制动盘表面或更换制动盘 |
| | 制动片磨损超过极限 | 更换制动片 |

> 在实际汽车维修中，存在"小病大修"现象，明明只需要更换个别制动片就能解决制动故障，有些汽修店却让车主更换了整个制动器，这是不正确的，诚实守信的职业道德应是每位汽修人员所必备的。

## 学习情境三 鼓式制动器的组成、拆装与检修

### 知识目标

1. 熟练掌握鼓式制动器的基本组成、工作过程。
2. 了解鼓式制动器的分类。
3. 了解各种鼓式制动器的特点。

### 能力目标

1. 能够拆卸鼓式制动器。
2. 能够对鼓式制动器进行测量和检修。
3. 能够对鼓式制动器的间隙进行调整。
4. 能够分析并排除鼓式制动器的常见故障。

### 素养目标

1. 奉公守法的职业精神。
2. 树立学生的责任意识。
3. 规范操作的职业素养。

### ➡ 案例引入

一辆五菱之光小型客车驶进汽车维修站，据车主反映，制动时能听到汽车后轮有异响。后经检查发现，该车已经行驶 50000km，期间并未更换过后轮制动器，制动蹄已经弯曲变形。作为维修人员，应掌握鼓式制动器拆装与检修技能，将检修合格的车辆交还车主。

### ➡ 知识学习

#### 一 鼓式制动器

鼓式制动器是汽车上较早使用的一种制动器，主要用于货车和客车上，一些早期的轿车或低挡轿车后轮也采用鼓式制动器。而货车长时间在高速路上行驶，运输物资，其安全性能十分重要，必须定期在质检站进行安全检查。

鼓式制动器认知

**1.组成**

鼓式制动器主要由制动底板、制动轮缸、制动蹄及制动鼓等组成。两制动蹄下端插在制动底板下端的相应槽内，上端靠在制动轮缸的活塞上，然后用上、下回位弹簧拉紧，制动蹄通过限位弹簧和夹紧销使其靠在制动底板上，制动蹄外表面上铆有摩擦片，如图 4-3-1 所示。

制动蹄和制动鼓间的间隙可以通过装在推杆后端槽内的楔形调整板进行自动调整。楔形调整板的下端与固定在制动蹄的楔形调整板调整拉簧相连。如果制动蹄和制动鼓间的间隙大，制动过程中，拉簧拉动楔形调整板下移，楔形调整板上宽下窄，这样使推杆向外移动一点从而使制动蹄和制动鼓的间隙保持在标准值的范围内。

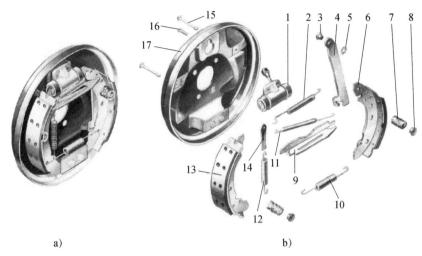

a) b)

图 4-3-1　鼓式制动器结构示意图

a）总成图　b）零件图

1—后制动轮缸　2—拉力弹簧　3—支承销　4—驻车制动拉杆　5—弹性垫片

6、13—制动蹄　7—限位弹簧　8—弹簧座　9—推杆　10—下回位弹簧　11—上回位弹簧

12—楔形调整板调整拉簧　14—楔形调整板　15—夹紧销　16—内六角螺钉　17—制动底板

下面对鼓式制动器的结构组成根据其功能的不同进行分类。

（1）**旋转部分**　旋转部分多为制动鼓。制动鼓通常为铸造件，对于受力小的制动鼓也可用钢板冲压而成，如图 4-3-2 所示。

（2）**促动装置**　促动装置的作用是对制动蹄施加力使其向外张开。常用的促动装置有制动凸轮和制动轮缸，如图 4-3-3 所示。

图 4-3-2　制动鼓实物图　　　　　图 4-3-3　制动轮缸实物图

（3）**固定部分**　固定部分是制动底板和制动蹄。制动底板固装在车桥的凸缘盘上，通过支承销与制动蹄相连。制动蹄常用钢板冲压后焊接而成，或由铸铁或铝合金铸造，采用 T 形截面，以增大刚度，制动蹄上有摩擦片，摩擦片采用粘接或铆接的方式固定于制动蹄上。如图 4-3-4、图 4-3-5、图 4-3-6 所示。

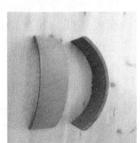

图 4-3-4　制动蹄实物图　　　　图 4-3-5　制动底板实物图　　　　图 4-3-6　摩擦片实物图

（4）定位调整装置　制动蹄在不工作时，其摩擦片与制动鼓之间应有合适的间隙，此间隙一般在 0.25~0.5mm 之间。间隙过小易造成制动解除不彻底；但间隙过大又将使制动踏板行程过大，以致使驾驶人操作不便，同时也会推迟制动器起作用的时刻。但是在制动过程中，摩擦片的不断磨损必将导致此间隙逐渐增大。因此，各种形式的制动器均设有检查、调整此间隙的装置。定位调整装置的作用是保持、调整制动蹄与制动鼓之间正确的相对位置。定位调整装置包括回位弹簧（复位弹簧）、调节器、限位螺钉和弹簧。如图 4-3-7、图 4-3-8 所示。

图 4-3-7　回位弹簧实物图

图 4-3-8　限位螺钉实物图

### 2. 工作过程

在学习情境一中讲解制动系统工作原理时，使用的是鼓式制动器工作原理示意图，具体的制动过程这里就不再赘述了。

## 二　鼓式制动器分类及其特征

鼓式制动器按照制动蹄张开装置（即促动装置）的形式可分为轮缸式制动器、凸轮式制动器和楔式制动器。

根据制动时两制动蹄对制动鼓的径向作用力之间的关系，鼓式制动器可分为：非平衡式、平衡式和自增力式。

### 1. 非平衡式制动器

制动鼓受来自两制动蹄的法向力不能互相平衡的制动器称为非平衡式制动器。

非平衡式车轮制动器的工作过程如图 4-3-9 所示，其结构特点是：两制动蹄的支承点都位于蹄的下端，而促动装置的作用点在蹄的上端，共用一个轮缸张开，且轮缸活塞直径是相

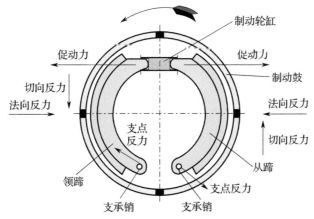
图 4-3-9　非平衡式制动器结构示意图

等的。这种鼓式制动器的性能特点是：汽车前进或倒车制动时，各有一个"领蹄"和"从蹄"，领、从蹄对制动鼓的法向作用力不相等，而这个不平衡的法向作用力只能由车轮的轮毂轴承来承担。这种鼓式制动器称为领从蹄式制动器。

### 2. 平衡式制动器

制动鼓受来自两制动蹄的法向力互相平衡的制动器称为平衡式制动器。

**（1）单向平衡式制动器** 单向平衡式制动器的结构如图 4-3-10 所示，其结构特点是：两制动蹄各用一个单向活塞制动轮缸，且前后制动蹄与其轮缸、调整凸轮零件在制动底板上的布置是中心对称的，两轮缸用油管连接。这种鼓式制动器的性能特点是：前进制动时两蹄均为"领蹄"，有较强的增力，倒车制动时两蹄均为"从蹄"，制动力较小。这种鼓式制动器也称为单向双领蹄式制动器。

辨析各类鼓式制动器

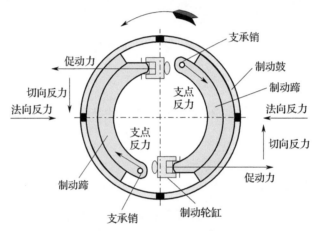

图 4-3-10  单向双领蹄式制动器结构示意图

**（2）双向平衡式制动器** 双向平衡式制动器分为两种，具体如下。

图 4-3-11 所示的鼓式制动器，其结构特点是制动蹄、制动轮缸、复位弹簧均为成对地对称布置，两制动蹄的两端采用浮式支承，且支点在周向位置浮动，用复位弹簧拉紧。这种鼓式制动器的性能特点是汽车前进或倒车中制动时，两个制动蹄均为"领蹄"，均有较强的增力，制动效果好，蹄片磨损均匀。这种鼓式制动器也称为双向双领蹄式制动器。

图 4-3-12 所示的鼓式制动器在前进制动时，两制动蹄均为从蹄，称为双从蹄式制动器。双从蹄制动器与单向双领蹄式制动器结构类似，二者的差异只在于固定元件与旋转元件的相对运动方向相反。虽然双从蹄式制动器的前进制动效能低于单向双领蹄式和领从蹄式制动器，

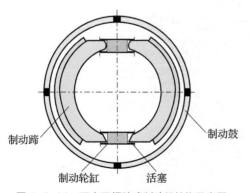

图 4-3-11  双向双领蹄式制动器结构示意图

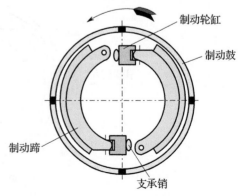

图 4-3-12  双向双从蹄式制动器结构示意图

但其效能对摩擦系数变化的敏感程度较小，即具有良好的制动效能稳定性。

### 3. 自增力式制动器

自增力式制动器分为单向自增力式制动器和双向自增力式制动器两种。

**（1）单向自增力式制动器**　单向自增力式制动器的结构原理如图4-3-13所示。第一制动蹄和第二制动蹄的下端分别浮支在浮动的顶杆的两端。

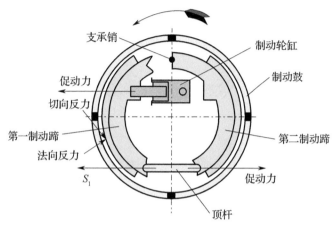

图4-3-13　单向自增力式制动器受力分析示意图

汽车前进制动时，单活塞式轮缸将促动力$F_{S1}$加于第一制动蹄，使其压靠到制动鼓上。第一制动蹄是领蹄，并且在各力作用下处于平衡状态。顶杆是浮动的，将与力$S_1$大小相等、方向相反的促动力$F_{S2}$施于第二制动蹄，则第二制动蹄也是领蹄。作用在第一蹄上的促动力$F_{S1}$和摩擦力通过顶杆传到第二制动蹄上，形成第二制动蹄的促动力$F_{S2}$。对第一制动蹄进行受力分析可知，$F_{S2} > F_{S1}$。此外，$F_{S2}$对第二制动蹄支承点的力臂也大于力$F_{S1}$对第一制动蹄支承点的力臂。因此，第二制动蹄的制动力矩必然大于第一制动蹄的制动力矩。在制动鼓尺寸和摩擦系数相同的条件下，单向自增力式制动器的前进制动效能不仅高于领从蹄式制动器，而且高于双领蹄式制动器。

倒车制动时，第一制动蹄上端压靠在支承销上不动。此时，第二制动蹄虽然仍是领蹄，且促动力$F_{S1}$仍可能与前进制动时的相等，但其力臂却大为减小，因而第一制动蹄此时的制动效能比一般领蹄低得多。第二制动蹄则因未受促动力而不起制动作用，导致此时整个制动器的制动效能甚至比双从蹄式制动器的效能还低。

**（2）双向自增力式制动器**　双向自增力式制动器的结构原理、受力分析示意图如图4-3-14所示。其特点是制动鼓正向和反向旋转时均能借蹄鼓间的摩擦起自增力作用。它的结构不同于单向自增力式之处主要是采用双活塞式制动轮缸，可向两制动蹄同时施加相等的促动力$F_S$。

制动鼓正向旋转时，前制动蹄为第一制动蹄，后制动蹄为第二制动蹄；制动鼓反向旋转时则情况相反。由图4-3-14可见，在制动时，第一制动蹄只受一个促动力$F_S$，而第二制动蹄则有两个促动力$F_S$和$S$，且$S > F_S$。考虑到汽车前进制动的机会远多于倒车制动，且前进制动时制动器工作负荷也远大于倒车制动，故后制动蹄的摩擦片面积做得较大。

汽车前进制动时，制动轮缸的两活塞向两端顶出，使前后制动蹄离开支承销并压紧到制动鼓上，于是旋转着的制动鼓与两制动蹄之间产生摩擦作用。由于顶杆是浮动的，前后制动蹄及顶杆沿制动鼓的旋转方向转过一个角度，直到后制动蹄的上端再次压到支承销上。此时制动轮缸促动力进一步增大。由于后制动蹄受顶杆的促动力大于轮缸的促动力，故后制动蹄上端不会离开支承销。汽车倒车制动时，制动器的工作情况与上述相反。

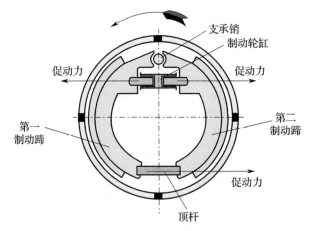

图 4-3-14　双向自增力式制动器受力分析示意图

### 4. 凸轮式制动器

凸轮式制动器是用凸轮取代制动轮缸对两制动蹄起促动作用，通常利用气压使凸轮转动，故多用于气压制动系统中。

如图 4-3-15 所示，制动器前、后制动蹄在凸轮的作用下，压向制动鼓，制动鼓对制动蹄产生摩擦作用。在摩擦力的作用下，前制动蹄有离开凸轮的趋势，致使凸轮对制动蹄的压力有所减弱。后制动蹄有压向凸轮的趋势，致使凸轮对制动蹄的压力有所增强。

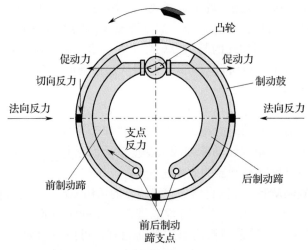

图 4-3-15　凸轮式制动器受力分析示意图

由于前制动蹄有领蹄作用，后制动蹄有从蹄作用，又有凸轮对前制动蹄促动力较小，对后制动蹄促动力较大这一情况，所以前后制动蹄片的制动效果是接近的。凸轮式制动器由于结构不是中心对称的，虽然两制动蹄作用于制动鼓的法向力的等效合力大小相等，但却不在一直线上，法向力不平衡，属于非平衡式制动器。

**总结：**各类鼓式制动器各有利弊，通过对它们的制动效能、制动稳定性、使用车型、优点、缺点几个方面进行分析，其结果如表 4-3-1 所示。

表 4-3-1　各类鼓式制动器特征汇总

| 制动器形式 | 制动效能 | 制动稳定性 | 使用车型 | 优点 | 缺点 |
|---|---|---|---|---|---|
| 领从蹄式 | 一般 | 中等 | 各种汽车 | 结构简单，稳定性好 | 制动效能一般 |
| 单向双领蹄式 | 较好 | 一般 | 中级轿车前轮 | 结构简单 | 倒车制动效能一般 |
| 双向双领蹄式 | 较好 | 较好 | 轻中型货车、部分轿车 | 结构对称布置，性能稳定 | 结构复杂 |
| 双从蹄式 | 最差 | 最好 | 特豪华轿车 | 制动稳定性好 | 前进时制动效能较低 |
| 单向自增力式 | 前行效能好 | 最差 | 轻、中型汽车前轮 | 前行制动效能好 | 倒车制动效能差，稳定性差 |
| 双向自增力式 | 最好 | 最差 | 轿车后轮 | 制动效能好 | 制动稳定性比较差 |

## ➡ 技能操作

### 一　鼓式制动器的拆卸、测量与检修

#### 1. 制动鼓拆卸

如图 4-3-16 所示。

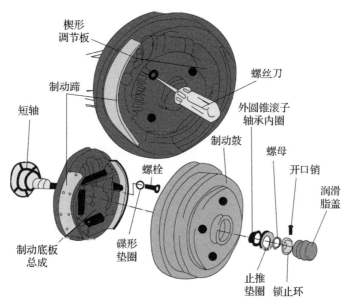

图 4-3-16　鼓式制动器制动鼓的拆卸

1）踩下制动踏板，释放驻车制动。

2）撬下轮毂盖，取下开口销和锁止环，旋下螺母，取下止推垫圈和外圆锥滚子轴承内圈。

3）用螺丝刀插入制动鼓上的小孔，向上压楔形调节板，使制动蹄外径缩小后，再取下制动鼓。

## 2. 鼓式制动器内部拆卸

1）从驻车制动器拉杆上摘下驻车制动器钢索，再用钳子压下弹簧座，并转动90°后，取下定位销钉、弹簧座和弹簧。

2）从制动底板上取下制动蹄总成，并将其夹紧在台虎钳上。

3）依次拆下复位弹簧、楔形调整板的拉簧，从前制动蹄上摘下定位弹簧，取下推杆和楔形调整板。

4）最后旋下螺栓，从制动底板上取下制动轮缸。

思考题：结合自己实操过程的感受，谈谈鼓式制动器中为何包含"止推垫圈"这个零件？

## 3. 鼓式制动器的测量与检修

**（1）制动蹄衬片厚度的检查**　测量前，应使用抹布或纸巾清除制动蹄上的脏物和油污。

如图4-3-17所示，用游标卡尺测量制动蹄片的厚度，标准值为5mm，使用极限为2.5mm。铆钉与摩擦片的表面深度不得小于1mm，以免铆钉头刮伤制动鼓内表面。在未拆下车轮时，制动蹄摩擦片的厚度可从制动底板的观察孔中检查。

若制动蹄出现磨损超过极限、破损、断裂、油污严重、变形等情况，应及时更换。若制动蹄衬片出现中间厚、两边薄或一边厚、一边薄的现象，应酌情更换。

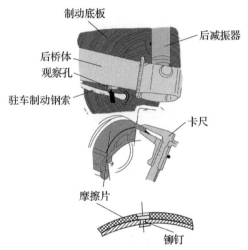

图4-3-17　制动蹄衬片厚度的检查示意图

**（2）制动鼓内孔磨损及尺寸的检查**　检查制动鼓内孔有无烧损、刮痕、断裂、开裂、严重锈蚀，如有，则不能修磨，应更换新件。可用手由内向外或由外向内，触摸制动鼓内孔表面，感触表面是否有凹陷或凸起的位置，如有，应进行修磨。如情况严重，无法修磨，则应更换制动鼓。

具体测量方法如图4-3-18所示，检查制动鼓内孔尺寸及圆度误差时，用游标卡尺检查内孔尺寸，标准值为$\Phi$180mm，使用极限为$\Phi$181mm。用测量圆度误差的工具测量制动鼓内孔的圆度误差，使用极限为0.03mm，超过极限应更换新件。

**（3）制动蹄衬片与制动鼓接触面积的检查**　如图4-3-19所示，将制动蹄衬片表面打磨干净后，靠在制动鼓上，检查二者的接触面积，应不小于60%，否则应继续打磨制动蹄衬片的表面。

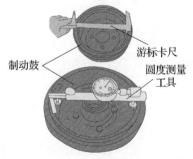

图4-3-18　制动鼓内孔磨损及尺寸的检查

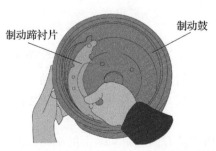

图4-3-19　制动蹄衬片与制动鼓接触面积的检查

（4）**制动器定位弹簧及回位弹簧的检查**　检查制动器拉力弹簧、上回位弹簧、下回位弹簧和楔形调整板调整拉簧的自由长度，若增长率达到5%，则应更换新弹簧。此外，还要检查弹簧的弹力，应符合技术要求和标准，否则应更换。检查各弹簧有无断裂、开裂、破损情况，如有应更换。

（5）**制动底板的检查**　清除制动底板上的脏物，制动底板不能有明显的变形或开裂，否则应校正或更换。

## 二　鼓式制动器的调整与装配

### 1. 鼓式制动器调整

车轮制动器安装完毕后，为保证制动蹄摩擦片与制动鼓之间具有合适的间隙，应对其进行必要的调整。调整方法有人工调整法和自动调整法。桑塔纳轿车后轮鼓式制动器采用楔形调整板间隙自调装置，其工作原理如图4-3-20所示。楔形调整板的水平拉力弹簧使楔形调整板与推杆间产生摩擦力，以防止楔形调整板下移。而垂直的调整拉簧则随时力图拉动楔形调整板下移。当制动蹄和制动鼓间隙正常时，楔形调整板静止于相对应位置。当制动蹄与制动鼓间隙大于规定值时，蹄片张开的行程被加大，垂直的调整拉簧作用力 $F_2$ 增大，$F_2 > F_1$，楔形

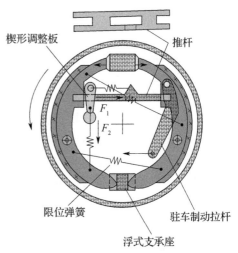

图4-3-20　楔形调整板间隙自调装置的工作原理
$F_1$—水平拉力弹簧摩擦力
$F_2$—楔形调整板调整拉簧力

调整板下移，楔形调整板的下移使得水平拉力弹簧的作用力也被加大，摩擦力 $F_1$ 相应加大，则楔形调整板在新的位置静止。

放松制动后，制动蹄在回位弹簧的作用下收拢。由于推杆已变长，只能被顶靠在新的位置，从而保持规定的制动间隙值。此类自调装置属于一次性调准的结构，前进或倒车制动均能自调。

### 2. 鼓式制动器装配

（1）**制动蹄装配**　如图4-3-21所示。

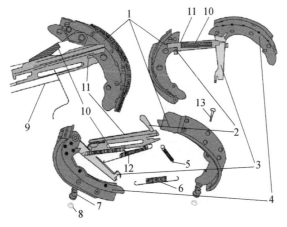

图4-3-21　鼓式制动器制动蹄的装配

1—前制动蹄　2—楔形调整板　3—驻车制动拉杆　4—后制动蹄　5—楔形调整板调整拉簧　6—下回位弹簧
7—限位弹簧　8—弹簧座　9—台虎钳　10—拉力弹簧　11—推杆　12—上回位弹簧　13—夹紧销

1）在推杆 11 两端涂上润滑脂，夹在台虎钳 9 上，并装上拉力弹簧 10 和前制动蹄 1。

2）在推杆 11 与前制动蹄 1 之间插进楔形调整板 2。

3）在驻车制动拉杆 3 与后制动蹄 4 之间涂上润滑脂后装在推杆 11 的另一端。

4）安装上回位弹簧 12，把制动蹄总成的上端抵到制动底板的制动轮缸活塞上，制动蹄总成另一端装到下支承上。

5）安装下回位弹簧 6，在前制动蹄 1 与楔形调整板 2 之间装上楔形调整板调整拉簧 5。

6）从制动底板另一端装入夹紧销 13，装上带有弹簧座 8 的限位弹簧 7，压下弹簧座 8 并转 90°，将夹紧销 13 钩住，即可使制动蹄压靠在制动底板上。

**（2）制动底板和制度鼓的安装**　如图 4-3-16 所示。

1）将装好制动蹄的制动底板和短轴一起装到后桥体上。

2）装上碟形垫圈，使其大支承面朝向制动底板，旋上螺栓，力矩为 60N·m。

3）把驻车制动钢索连接到驻车制动拉杆上。

4）装上制动鼓，若装入困难，可用螺丝刀向上撬动楔形调整板。

5）装上外圆锥滚子轴承内圈、止推垫圈，旋上螺母。

6）调整轴承的预紧力后装上锁止环和开口销。再如图 4-3-16 所示。

最后，需要注意的是，全部零部件装配完成之后，需用力踏一次制动踏板，使制动蹄就位。

鼓式制动器多用于长途货车，而长途货车在上高速路行驶之前一般需要在质检站进行安全检查。

### 三 鼓式制动器故障的诊断与排除

由鼓式制动器故障所引起的制动系统故障，其具体的故障现象、故障原因、排除方法如表 4-3-2 所示。

表 4-3-2　鼓式制动器故障引起的制动系统故障诊断与排除

| 故障大类 | 故障现象 | 诊断原因 | 排除方法 |
|---|---|---|---|
| 制动不灵 | 制动踏板力不足 | 制动蹄不配套 | 更换制动蹄 |
| | | 制动轮缸活塞卡滞 | 更换制动轮缸 |
| | | 制动蹄上粘有润滑脂 | 清除脏物或更换新件 |
| 制动拖滞 | 制动太敏感 | 制动间隙调整不正确 | 手动调整制动间隙 |
| | | 底板松动 | 检查和紧固底板 |
| | | 制动蹄的摩擦材料松动 | 更换制动蹄 |
| | | 制动鼓里灰尘和污物太多 | 清洁制动鼓 |
| | | 制动鼓擦伤或变形 | 更换制动鼓 |
| | | 制动蹄与制动鼓的接触方式不对 | 检查两者的接触方式 |
| | 制动踏板行程减小 | 制动蹄回位弹簧弹力降低 | 更换回位弹簧 |
| | | 制动轮缸活塞卡滞 | 更换制动轮缸 |
| 制动异响 | 制动蹄张开或者收缩异响 | 制动蹄装配有问题 | 检查制动蹄装配情况 |
| | 回位弹簧异响 | 回位弹簧弹力降低 | 更换回位弹簧 |

（续）

| 故障大类 | 故障现象 | 诊断原因 | 排除方法 |
|---|---|---|---|
| 制动异响 | 限位弹簧异响 | 限位弹簧弹力降低 | 更换限位弹簧 |
| | 制动蹄异响 | 制动蹄弯曲变形 | 更换制动蹄 |
| | 底板异响 | 底板松动或变形、底板支撑处有凹槽、底板垫块有凹槽 | 底板松动,紧固底板即可,其他情况更换底板 |
| | 制动鼓异响 | 制动鼓凸凹不平或开裂 | 更换制动鼓 |
| | 制动器整体异响 | 制动器装配不当 | 重新装配制动器 |
| 制动摆振 | 制动踏板抖动 | 制动鼓圆度不符合要求 | 更换制动鼓 |
| | 底板抖动 | 底板松动 | 检查和紧固底板 |
| | 制动鼓抖动 | 制动鼓呈锥形 | 更换制动鼓 |
| 制动打滑 | 一侧车轮打滑 | 驻车制动拉线未松开 | 调整驻车制动 |
| | | 驻车制动调整不当 | 调整驻车制动 |
| | | 一侧车轮制动器部件装配不当 | 重新装配制动器 |
| | | 制动轮缸活塞卡住 | 更换制动轮缸 |
| | | 制动轮缸活塞皮碗严重变形 | 更换制动轮缸 |
| | | 一侧车轮制动间隙太小 | 调整制动间隙 |

## 学习情境四　汽车液压制动系统与制动液

### 知识目标

1. 熟练掌握液压制动系统的基本组成与布置形式。
2. 掌握各种型号制动液的特点。
3. 掌握制动液使用时的注意事项。
4. 了解制动管、制动软管。
5. 了解制动主缸与制动轮缸的结构与工作过程。

### 能力目标

1. 能够完成制动主缸与制动轮缸的拆卸和装配任务。
2. 能够对制动主缸与制动轮缸进行检修和更换。
3. 能够完成液压制动系统排气任务。
4. 能够完成制动液的更换任务。
5. 能够完成制动管路的检查与拆装任务。
6. 能够对液压制动系统常见故障进行诊断与排除。

### 素养目标

1. 树立学生的环保意识。
2. 培养学生"劳动最光荣,劳动最美丽"的劳动精神。
3. 安全环保的职业道德。

## ➡ 案例引入

一辆现代起亚轿车在行驶 15000km 后出现制动液液位低于最低刻度值、制动液泄漏等问题。

一辆桑塔纳轿车在行驶 100000km 之后，出现起步困难、行驶无力及抬起制动踏板时，个别车轮不能及时解除制动等现象。

## ➡ 知识学习

液压制动系统

### 一　汽车液压制动系统

#### 1. 定义与性能

液压制动系统由于其"反应灵敏、制动柔和、结构简单、维修方便、节约能源"等优点，现已广泛应用于轿车。

液压制动系统是利用制动液，将制动踏板力转换为制动液的压力，通过制动液压管路传递至车轮制动器，再将制动液压力转化为制动器的制动力，从而实现制动。但是其所能提供的制动力不大，而且制动液流动性差，高温时易产生气泡，如有空气进入系统或制动液泄漏则会降低制动效能，甚至导致制动系统失效。

#### 2. 组成

液压制动系统的结构如图 4-4-1 所示。

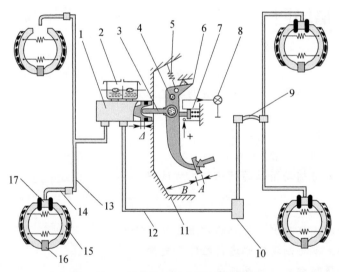

图 4-4-1　汽车液压制动系统结构示意图

1—制动主缸　2—储液罐　3—推杆　4—支承销　5—复位弹簧　6—制动踏板　7—制动灯开关
8—指示灯　9—软管　10—比例阀　11—地板　12—后桥油管　13—前桥油管　14—软管
15—制动蹄　16—支承座　17—制动轮缸　$\Delta$—自由间隙　$A$—自由行程　$B$—有效行程

#### 3. 基本原理

液压制动系统的功能得以实现主要靠其传动装置，其原理如图 4-4-2 所示。液压制动传动装置以帕斯卡定律为基础，并且在传力过程中对驾驶人的踏板力进行了增大变换，使传递到制动轮缸上的制动力大于踏板力。

#### 4.布置形式

液压制动系统按制动管路的套数可分为单回路和双回路液压制动系统。考虑到安全性的要求，单回路液压制动系统已被淘汰，现液压制动都是双回路液压制动系统。双回路布置又分为前后独立式和交叉式两种形式。

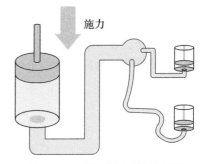

图 4-4-2　液压制动系统示意图

**（1）前后独立式双管路液压制动传动装置**　前后独立式双管路液压制动传动装置如图 4-4-3 所示（图中为前盘后鼓形式，实际上现在轿车多是四轮盘式结构）。这种布置形式的特点是当其中一条管路失效时，另一条管路仍有一定的制动效能。但前后桥制动力分配的比值被破坏，制动效能低于原制动效能的 50%。

**（2）交叉式双管路液压制动传动装置**　交叉式双管路液压制动传动装置如图 4-4-4 所示（图中为前盘后鼓形式，实际上现在轿车多是四轮盘式结构）。这种布置形式的特点是当其中一条管路失效时，另一条管路对角地使用，前、后桥制动器均可保持一定的制动效能，前后桥制动力矩分配比值未变，制动效能为原制动效能的 50%。相比前一种布置形式，其在一条管路失效时，能最大程度地保留制动效能。但是这种布置形式也有弊端，由于同一车桥左右车轮制动力不相等，汽车存在跑偏现象。目前，多数汽车厂商采用加大主销内倾角的办法来减少制动跑偏现象的发生。

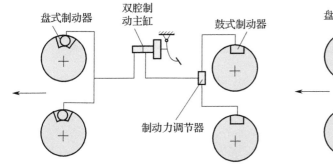

图 4-4-3　前后独立式双管路液压制动传动装置

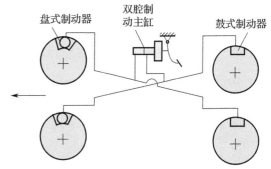

图 4-4-4　交叉式双管路液压制动传动装置

#### 5.制动主缸

**（1）组成**　制动主缸又称制动总泵，其作用是将踏板输入的机械力转换成液压力。图 4-4-5 为典型轿车常用的串联式双腔制动主缸分解图。串联式双腔制动主缸主要由制动液储液罐 3、制动主缸壳体 7、第一活塞 19、第二活塞 13、回位弹簧 9、16 等组成。第一、第二活塞及回位弹簧装于制动主缸壳体内，两活塞分别用密封件密封，第二活塞用限位销 6 保证其正确位置。第一、第二活塞把制动主缸分成两个工作腔，每个工作腔都有通孔、出油孔及补偿孔。制动液储液罐分别与主缸的两个工作腔相通。第一活塞直接由推杆推动，第二活塞靠第一活塞的液力推动。

**（2）工作原理**

1）不制动时：如图 4-4-6 所示，两活塞在回位弹簧作用下复位，两工作腔与储液罐相通，制动液由储液罐进入主缸的工作腔内。

2）正常状态下制动：如图4-4-7所示，踩下制动踏板，经推杆推动第一活塞4左移，关闭补偿孔。第一工作腔油压力升高，油液一方面被压入第一制动回路出油口2，另一方面在油压作用下，推动第二活塞3左移。第二工作腔油压也随之升高，制动液被压入第二制动回路，于是两制动管路在等压下对汽车实现制动。

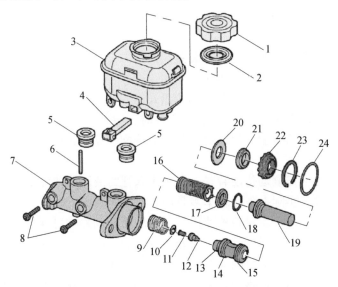

图4-4-5　典型串联式双腔制动主缸分解图

1—储液罐盖　2—储液罐盖密封件　3—制动液储液罐　4—制动液液位开关　5—密封圈　6—限位销
7—制动主缸壳体　8—储液罐固定螺钉　9—回位弹簧　10—中心阀套　11—中心阀弹簧
12—中心阀柱塞和密封件　13—第二活塞　14—第二恢复型密封件　15—L型第一密封件
16—回位弹簧和夹持器　17—第一恢复型密封件　18—垫圈　19—第一活塞　20—第一活塞支撑垫圈
21—真空密封件　22—第一活塞导向衬套和O形密封圈　23—开口弹簧圈　24—O形密封圈

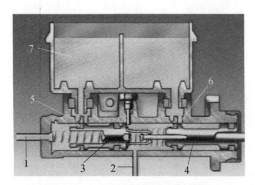

图4-4-6　不制动时活塞所处位置

1—第二制动回路出油口　2—第一制动回路出油口
3—第二活塞　4—第一活塞　5—第二工作腔补偿孔
6—第一工作腔通孔　7—储液罐

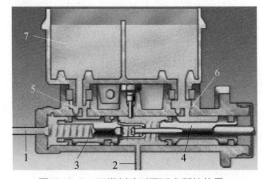

图4-4-7　正常制动时两活塞所处位置

1—第二制动回路出油口　2—第一制动回路出油口
3—第二活塞　4—第一活塞　5—第二工作腔补偿孔
6—第一工作腔通孔　7—储液罐

3）解除制动时：抬起制动踏板，第一、第二活塞在回位弹簧作用下复位，高压油液自制动回路流回制动主缸。此时如果活塞复位过快，工作腔容积迅速增大，而制动回路中的制动油液由于管路阻力的影响，来不及充分流回工作腔，使工作腔内油压快速下降，形成一定的真空度。此时制动主缸内的压力比储液罐中的压力低，储液罐中的油液一部分通过补偿孔进入工作腔，另一部分通过通孔、活塞内孔和皮碗返回工作腔。

4）两制动回路独立工作时：如图4-4-8所示，假设第二制动回路出油口1的油管损坏而漏油，则在踩下制动踏板时只有第一工作腔中能建立油压，第二工作腔中无压力。在压力差的作用下，第二活塞迅速左移直到其前端顶到制动主缸缸体上。此时第一工作腔中的油压方能随第一活塞的继续左移而升高到制动所需的压力值，第一制动回路出油口2正常工作。

如图4-4-9所示，假设第一制动回路出油口2的油管损坏而漏油，则在刚踩下制动踏板时，只有第一活塞左移，而不能推动第二活塞，因而第二工作腔油压不能建立。此时第一活塞迅速左移，直接顶触到第二活塞上，推动其向左移动，使第二工作腔建立起必要的工作油压而制动，第二制动回路出油口1正常工作。

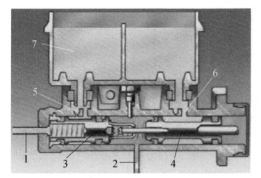

图4-4-8　第二制动回路漏油时的制动情况
1—第二制动回路出油口　2—第一制动回路出油口
3—第二活塞　4—第一活塞　5—第二工作腔补偿孔
6—第一工作腔通孔　7—储液罐

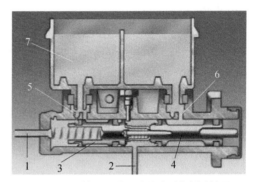

图4-4-9　第一制动回路漏油时的制动情况
1—第二制动回路出油口　2—第一制动回路出油口
3—第二活塞　4—第一活塞　5—第二工作腔补偿孔
6—第一工作腔通孔　7—储液罐

#### 6.制动轮缸

制动轮缸又称制动分泵，装在制动器中，是车轮制动力的直接来源。其功用是将制动液压力转变成机械力，推动制动蹄（鼓式）张开压紧制动鼓，或将制动摩擦片（盘式）压紧制动盘。制动轮缸主要由缸体、活塞、皮碗、弹簧、防尘罩和放气螺塞组成。常见的制动轮缸有：双活塞式、单活塞式、阶梯式等，其结构示意图如图4-4-10所示。

制动轮缸的缸体通常用螺钉固定在制动底板上，位于两制动蹄之间，内装铝合金活塞，密封皮碗的刃口方向朝内，并由弹簧压靠在活塞上与其同步运动。活塞外端压有顶块并与制动蹄的上端相抵紧。在缸体的另一端有防尘罩，可防止尘

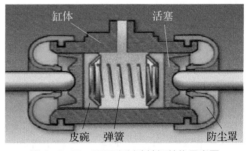

图4-4-10　双活塞制动轮缸结构示意图

土及泥土的侵入。缸体上方装有放气螺塞，以便排出制动系统中的空气。制动时，制动轮缸受到制动回路液压作用，顶出活塞，使制动蹄张开。松开制动踏板后，液压消失，靠制动蹄回位弹簧的作用，使活塞回位。

### 二　制动液

#### 1.对制动液的要求

制动液填充在整个液压制动系统中，其质量的好坏直接影响制动系统工作的可靠性。因此，制动液必须满足以下要求：

1）低温流动性良好，保证液压系统在严寒季节能正常工作。

2）高温下不易汽化，防止因制动器的高温使得制动液汽化而导致制动失效。

3）不会使液压系统的金属件腐蚀。

4）能够良好地润滑液压系统中的运动部件。

5）吸湿性差而溶水性良好。

制动液检测　　制动液更换

### 2. 制动液的型号

制动液主要有 DOT3、DOT4、DOT5.1、DOT5 几种型号，如图 4-4-11 所示，其特征如表 4-4-1 所示。干沸点是指制动液未吸收任何水分时的沸点，湿沸点是指制动液吸收了水分以后的沸点。制动液中一旦吸收了水分，制动性能就会降低，当水分达到一定量时，会导致制动不灵或制动失效。

图 4-4-11　不同型号的制动液

表 4-4-1　各种型号制动液的特征明细表

|  | DOT3 | DOT4 | DOT5.1 | DOT5 |
|---|---|---|---|---|
| 干沸点 | 205 | 230 | 260 | 260 |
| 湿沸点 | 140 | 155 | 180 | 180 |
| 主要成分 | 低聚乙二醇或丙二醇 | 在 DOT3 基础上添加硼酸酯 | 非硅酮基、聚乙二醇 | 硅酮基 |
| 颜色 | 琥珀色 | 淡黄色 | 琥珀色 | 紫色 |
| 适用车型 | 紧凑型轿车 | 大多数轿车 | 重负载或高性能汽车 | 赛车 |

### 3. 制动液使用时的注意事项

1）定期更换汽车制动液：制动液使用一段时间后会因吸收水分，化学变化等原因使性能指标降低，从而影响行车安全。因此使用中的制动液应定期更换。

2）加强对制动液的保管：汽车制动液多为有机溶剂制成，易挥发、易燃，因此要远离火源，注意防火防潮，尤其注意防止雨淋日晒、吸水变质。

3）严禁混加制动液：由于不同种类的产品所使用的原料、添加剂和制造工艺不同，混合后会出现浑浊或沉淀现象，如不注意观察是很难发现的，这不仅会大大降低原制动液的性能，而且沉淀颗粒会堵塞管路造成制动失灵的严重后果。

4）正确选择制动液型号：一般来说，按照车辆使用说明书的要求选择制动液型号是最可靠的，各汽车生产厂家在推荐制动液时都是经过充分论证和大量实车实验的。有的说明书在给出了标准使用型号外，还提供了代用的型号。

### 三　制动硬管与制动软管

液压制动系统的管路由金属管（也称为制动管、制动硬管）和软管（也称为制动软管）组成，它们都是高压管，其功能是运输制动液，如图 4-4-12、图 4-4-13 所示。

制动硬管是直接从制动主缸分出的管路，固定在车身或车架上，用于相对位置固定的两部件之间的连接，其表面镀锌或镀锡，防止被腐蚀或生锈，管的端部加工成喇叭口接头。

图 4-4-12　制动硬管

图 4-4-13　制动软管

制动软管是连接制动硬管和制动轮缸的管路，可弯曲，以适应车身、车架、悬架的振动、位移。制动软管由多层复合材料制成，其两端设计有金属管接头，其接头有多种形式，可以是内螺纹接头，也可以是外螺纹接头。

## ➡ 技能操作

### 一　制动主缸的拆卸、检修与装配

#### 1. 制动主缸的拆卸

1）打开储液罐，吸出所有的制动液。

2）拆下制动开关等附件。

3）将制动主缸夹在台虎钳上，用螺丝刀顶住第一活塞，拆下弹簧挡圈，然后慢慢放松螺丝刀，依次取出第一活塞组件。

4）旋下限位螺钉，用压缩空气吹出第二活塞后，依次取出第二活塞组件。

5）用清洗液将解体后的制动主缸内孔及活塞等零件进行清洗。

➢ **注意：**主缸零件只能用清洁的制动液、乙醇或规定的清洗剂清洗，不能用煤油、汽油或其他类似的溶剂清洗。清洗后的零件只能用压缩空气吹干，不能用毛巾擦拭。认真清洗主缸的补偿孔、通孔及活塞顶端四周的小孔，确保这些小孔畅通。

#### 2. 制动主缸的检修

1）检查制动主缸缸体内孔和活塞表面，其表面不得有划伤和腐蚀。

2）用内径百分表测量主缸缸体内孔直径 $B$。

3）用千分尺测量活塞的外径 $C$，并计算出内孔与活塞之间的配合间隙值 $A$，看是否符合限值要求，若超过极限值应更换。如图 4-4-14 所示。

桑塔纳 2000 轿车标准值为 0.04~0.106mm，使用极限为 0.15mm。检查制动主缸皮碗和密封圈，若存在老化、损坏或磨损严重的情况则应更换。

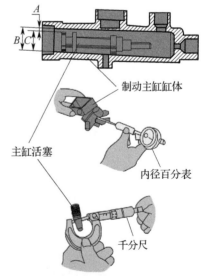

图 4-4-14　制动主缸缸体与活塞的检查
$A$—活塞与缸体内孔配合间隙
$B$—缸体内孔直径　$C$—活塞外径

#### 3. 制动主缸的装配

1）在制动主缸缸体的内孔和第二活塞、密封圈上涂上制动液，然后装入第二活塞。

2）此时弹簧的小端要朝向第二活塞，各密封圈的刃口方向如图 4-4-15 所示，然后旋入限位螺钉。

3）装入第一活塞组件时，密封圈的刃口方向按图中所示。

4）装上止推垫圈、挡圈和防尘罩。如图 4-4-15 所示。

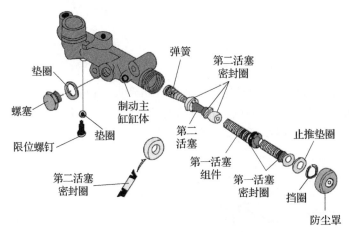

图 4-4-15　制动主缸的装配

## 二　盘式制动器制动轮缸（单活塞）的拆卸与检修

### 1. 拆卸

1）取下防护帽，用木块顶住活塞，以防止损坏活塞。

2）从制动钳缸体上的进油孔处用压缩空气将活塞从制动钳缸体里吹出。

3）用螺丝刀取出制动轮缸的密封圈，如图 4-4-16 所示。

### 2. 检修

1）用内径百分表测量制动轮缸内径。

2）用千分尺测量活塞的外径。

3）计算活塞与制动轮缸内孔的配合间隙，看是否符合限值要求。如图 4-4-17 所示。桑塔纳 2000 轿车的标准值为 0.04~0.116mm，使用极限为 0.16mm。

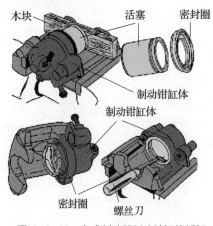

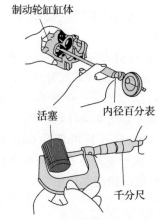

图 4-4-16　盘式制动器制动轮缸的拆卸　　　图 4-4-17　盘式制动器制动缸体与活塞的检查

## 三 鼓式制动器制动轮缸（双活塞）的拆卸与检修

### 1. 拆卸

1）如图 4-4-18 所示，从制动轮缸缸体上取下防尘罩，用压缩空气吹出活塞，取出弹簧。

2）从活塞上拆下密封圈。

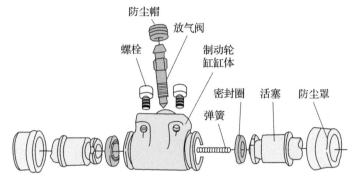

图 4-4-18 鼓式制动器制动轮缸的分解

### 2. 检修

1）如图 4-4-19 所示，检查后制动轮缸缸体的内孔与活塞外圆表面的烧蚀、刮伤和磨损情况。

2）测量制动轮缸缸体的内孔直径 $B$ 和活塞的外径 $C$。

3）计算出活塞与内孔直径 $B$ 的配合间隙 $A$，看是否符合限值要求。

桑塔纳 2000 轿车的标准值为 0.04~0.106mm，使用极限为 0.15mm。

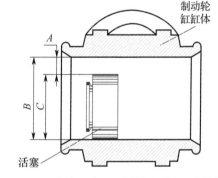

## 四 制动轮缸的装配

### 1. 盘式制动器制动轮缸的装配

图 4-4-19 鼓式制动器制动轮缸缸体与活塞的检查
$A$—活塞与缸体间隙
$B$—缸体内孔直径　$C$—活塞外径

1）将防护帽按图 4-4-20 所示方向装到活塞上，并在活塞涂上制动液。

2）如图 4-4-21 所示，把密封圈装到制动轮缸缸体上，在密封圈涂上制动液，用螺丝刀和活塞将其压入制动轮缸缸体的凹槽里。

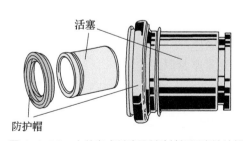

图 4-4-20 安装盘式制动器制动轮缸活塞防护帽

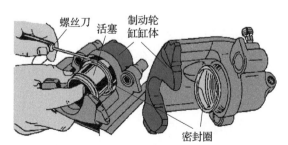

图 4-4-21 安装盘式制动器制动轮缸缸体密封圈

3）如图 4-4-22 所示，在活塞上涂上制动液后，用活塞装配工具把活塞压进制动轮缸缸体内，这时密封圈应处在制动轮缸缸体的凹槽里，防护帽的外密封唇应弹入活塞的凹槽里。

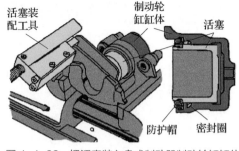

图 4-4-22　把活塞装入盘式制动器制动轮缸缸体

### 2. 鼓式制动器制动轮缸的装配

1）如图 4-4-18 所示，在密封圈涂上制动液，并将其朝着制动轮缸缸体的方向装在活塞上。

2）将活塞涂上制动液后装入制动轮缸缸体。

3）将组装好的制动轮缸装到制动底板上，旋紧螺栓，其力矩为 10N・m。

## 五　制动管路的检查与拆装

### 1. 制动管路的检查

检查制动硬管有无裂纹、损坏、严重锈蚀、脱落、弯曲变形、泄漏等情况，如有应更换；对于轻微的锈蚀，可以擦拭干净，继续使用；对于连接处有松动的情况，应及时紧固，无法紧固的，需要更换。

检查制动软管有无裂纹、损坏、鼓包、泄漏、脱落、老化、严重拉伸或压缩等情况，如有应更换。对于连接处有松动的情况，应及时紧固，无法紧固的，需要更换。

检查各管路连接处的螺纹是否有损坏或严重锈蚀，如有应更换；检查夹紧座是否有开裂或严重锈蚀，如有应更换；检查各管路连接处间隙是否合适，如果间隙过大或过小，应及时调整间隙。

### 2. 制动硬管的拆装

不同位置的制动硬管并不相同，拆装和更换中一定要注意。

**（1）拆卸**

1）在拆卸旧的制动硬管之前要记住原始管路的走向。

2）在管接头被固定的状态下将接头两侧清理干净。

3）用扳手松开管接头，并封堵好各个开口，如果制动硬管是连接在制动软管上，还应使用另一把扳手固定制动软管的管接头。

4）拆卸制动硬管夹紧座和制动硬管，并检查夹紧座和螺纹是否被损坏或被腐蚀，更换不能继续使用的部件。

5）拆下制动管的保护套并保留，下次可使用。

**（2）装配**

1）将保护套安装到制动管上。

2）把制动硬管安放在车身或车架上，套上固定用夹紧座。

3）使用扳手把制动硬管两端的管接头拧紧，拧紧夹紧座紧固螺栓。

4）对液压制动系统进行排气操作。

### 3. 制动软管的拆装

不同位置的制动软管并不相同，拆装和更换中一定要注意。

**（1）拆卸**

1）清理管接头和周围的区域。

2）使用扳手卡住管接头上的转动端，用另一把扳手卡住管接头的另一半，防止损坏管接头，拆卸转动端。

3）使用钳子从安装托架上取下弹簧卡箍，把制动软管从托架和夹紧座上取下。

4）把制动软管从制动卡钳或制动轮缸上取下，把液压制动系统的各个开口处封堵好。

➤ **注意：** 如果管接头卡死，可以对卡死处进行加热，加热时应该打开液压系统的排气螺栓，防止制动软管爆裂。此外，要避免制动液接触明火，以防火灾。

**（2）装配**

1）把管接头装到卡钳或制动轮缸上。

2）沿着原管路路径把制动软管布置好，并保证制动软管在所有的悬架部件和车轮周围留出至少 1.9~2.5cm 的间隙，以便其有足够的活动空间。

3）使用两把扳手安装并拧紧制动软管另一端的管接头，如果使用了鼓形的管接头，必须拧紧到规定的力矩值。

4）检查制动软管是否被扭曲，并装上管接头弹簧卡箍和安装托架，对液压制动系统进行排气操作。

5）检查制动软管和管接头的泄漏情况及间隙。

> 由于制动管路上会有油污，而且其拆装与检查，都需要维修人员进入车底，有时还需要长时间地弯着腰、昂着头工作，十分的辛苦，但它本身是一项光荣的劳动，同学们要具备劳动精神，劳动最伟大，劳动最美丽。

## 六　液压制动系统排气

液压制动系统在使用过程中若发现侵入了空气或是进行维修作业之后，都应进行放气操作，具体步骤如下。

1）放气时，将一根胶管接到制动轮缸放气螺钉上，胶管另一端插入一个玻璃瓶内。

2）对于带 ABS 的车型，应关闭点火开关，拆下 ABS 执行器插头或蓄电池接地线。

3）连续踩下制动踏板 4~5 次，在踏板升高后踩下并保持不动。

4）拧松放气螺塞，制动液连同空气一起从胶管流入玻璃瓶内，待没有空气排出后，拧紧放气螺塞。

5）重复以上放气步骤几次，并不时向制动主缸储液罐中添加制动液，保持储液罐中制动液大于总容积的一半，直至将空气完全放出。

液压制动系统
排气

按由远到近的顺序对车轮逐个进行放气，注意轿车的放气顺序一般有两种。一种是"右后轮—左前轮—左后轮—右前轮"；另一种是"右后轮—左后轮—右前轮—左前轮"。

## 七　制动液的检查与更换

### 1. 液位检查

观看制动储油罐，制动液的液位应位于制动储液罐 MAX 刻度线（上限）与 MIN 刻度线（下限）之间。

## 2. 质量检查

制动液一旦吸入了水分，制动效能就会下降，当水分达到一定的量，就会导致制动不灵、制动失效。故还需要对制动液的含水量进行检查，可使用制动液检测笔进行检测。使用时将制动液检测笔的下端电极没入制动液中即可，一般制动液检测笔上有五个指示灯，当有四个灯或五个灯点亮时，说明此时制动液的含水量已经超过了 3%（质量分数），需要更换制动液。

## 3. 制动液的更换

汽车行驶 40000km 或超过两年应更换制动液。

### （1）更换前准备

1）最好是三人操作，一人负责放旧制动液，一人负责踩制动踏板，一人负责加注新制动液，若是两个人，则一人负责放旧制动液，一人负责踩制动踏板和加注新制动液。

2）换制动液前拔掉熔丝座上制动灯的熔丝，这样在踩制动踏板时制动尾灯不亮，避免制动尾灯频繁地亮起与熄灭，从而延长灯泡使用寿命。

3）准备一根长度 50cm、内径 6mm 左右的透明软塑料管。

4）准备一个有容量标记的透明塑料瓶，准备新的制动液，准备拆装工具。

### （2）更换步骤

1）用举升机将汽车举升至适当高度。

2）一人在汽车底盘下方，摘掉放油口上的橡胶防尘帽，将预备的透明软管两端分别装在放油口和废油收集瓶中。

3）用扳手逆时针拧松放油螺栓，同时车上的人反复踩制动踏板，此时制动液会从放油口中流出。

4）注意制动储液罐内的制动液液位，要随着液面的下降添加新制动液。

5）等放油口流出的制动液清澈后拧紧放油螺栓。

> 制动液中含有可能伤害水生动植物的重金属成分，在制动液更换完成后，旧的制动液不能随意丢弃，应妥善处理，否则会污染环境，同学们要树立绿色环保的理念，爱护环境，人人有责。

## 八　液压制动系统故障的诊断与排除

液压制动系统常见故障如表 4-4-2 所示。

表 4-4-2　液压制动系统常见故障汇总

| 故障类型 | 故障现象 | 故障原因 | 排故方法 |
|---|---|---|---|
| 制动不灵 | 1. 汽车行车制动时，驾驶人感到制动力小，制动效果差 | 1. 制动储液罐制动液不足或无制动液<br>2. 制动变质或管路内积垢太多<br>3. 制动管路内侵入空气，导致制动时有气阻<br>4. 制动主缸、轮缸、管路漏油或各部件连接处漏油 | 1. 一脚踩下制动踏板，踏板到底且无反力；连续几次踩制动踏板都能踩到底，且感觉阻力很小，则应检查储液罐中的制动液液面高度是否符合要求，若液面低于"MIN"线，说明制动液液面过低，应添加制动液；检查制动踏板连动机构有无松脱<br>2. 连续几脚踩下制动踏板时，踏板高度仍过低，并且在第一脚制动后，感到主缸活塞未回位，踩下制动踏板即有制动主缸与活塞碰击的响声，则应检查主缸的活塞回位弹簧是否过软；主缸的皮碗是否破裂 |

（续）

| 故障类型 | 故障现象 | 故障原因 | 排故方法 |
|---|---|---|---|
| 制动不灵 | 2.汽车紧急制动时，制动距离长 | 5.制动主缸、轮缸的活塞、皮碗、缸壁磨损过度<br>6.制动主缸、轮缸的皮碗老化或密封不良<br>7.制动主缸的出油阀、回油阀不密封<br>8.活塞复位弹簧预紧力太小<br>9.制动鼓与制动蹄片的间隙不当<br>10.制动鼓与制动蹄片接触面积太小<br>11.制动蹄片沾有油污，制动蹄片铆钉松动<br>12.制动鼓磨损、失圆、变形 | 3.连续踩几次制动踏板时，踏板高度低而软，则应检查制动主缸的通孔或储液罐的通气孔是否有堵塞<br>4.一脚踩下制动踏板时，踏板高度过低；连续几脚踩下制动踏板时，踏板高度稍有增高，并有弹性感，则应检查系统内是否存有气体<br>5.一脚踩下制动踏板时，踏板高度较低，连续几脚踩下制动踏板时，踏板高度随之增高且制动效能好转，则应检查制动踏板的自由行程及制动器的间隙<br>6.维持制动踏板高度时，若制动踏板缓慢或迅速下降，则应检查制动管路是否破裂，管接头是否密封不良；主缸、轮缸皮碗或皮圈密封是否良好<br>7.安装真空增压器或真空助力器的车辆，踩下制动踏板时，若踏板高度适当但太硬，且制动不灵，则应检查增压器或助力器的工作情况；检查制动系油管是否有老化、凹瘪，制动液黏度是否太大<br>8.踩制动踏板时，若踏板有向上反弹、顶脚的感觉，且制动力不足，则应检查增压器的辅助缸活塞磨损是否过度；辅助缸活塞、皮碗是否密封不良；辅助缸单向球阀是否密封不良<br>9.路试车辆时，观察各车轮的制动情况。若个别车轮制动不良，则应检查该车轮的制动软管是否老化；摩擦片与制动鼓之间的间隙是否不当；摩擦片是否有硬化、油污、铆钉外露现象；制动鼓内壁是否磨损成沟槽；摩擦片与制动鼓的接触面积是否过小 |
| 制动失效 | 汽车行驶时，踩制动踏板车辆不减速，即使连续踩下几脚制动踏板也无明显减速作用 | 1.制动踏板至制动主缸的连接松脱<br>2.制动主缸储液罐中无制动液或严重缺液<br>3.单回路液压制动系统制动管路断裂漏油或制动主缸皮碗破裂 | 1.若制动踏板与制动主缸无连接感，说明制动踏板至制动主缸的连接松脱，应检查并修复<br>2.若踩下制动踏板时，感到很轻或稍有阻力感，则应检查制动主缸储液罐内制动液是否充足。若制动主缸储液罐内无液或严重缺液，应添加制动液至规定位置。再次踩下制动踏板时，若仍没有阻力感，则应检查制动主缸至制动轮缸或金属油管有无断裂漏油<br>3.踩下制动踏板时，虽然感到一定的阻力，但踏板位置保持不住，明显下沉，则应检查制动主缸的推杆防尘套处是否有制动液泄漏。若有制动液泄漏，说明制动主缸皮碗破裂；若车轮制动鼓边缘有大量制动液，则应检查制动轮缸皮碗是否压翻、磨损是否严重 |
| 制动拖滞 | 抬起制动踏板后，全部或个别车轮的制动作用不能立即完全解除，以致影响了车辆的重新起步、加速行驶或滑行 | 1.制动踏板无自由行程，制动踏板拉杆系统不能回位<br>2.制动主缸回位弹簧折断或失效<br>3.制动主缸回油孔被污物堵塞，密封圈发胀或发黏与泵体卡死 | 1.将汽车支起，在未踩制动踏板的情况下，用手转动车轮，若某一车轮转不动，说明该车轮制动器拖滞；若全部车轮转不动，说明全部车轮制动器拖滞<br>2.若为个别车轮制动器拖滞，首先旋松该轮制动器轮缸的放气螺钉，若制动液急速喷出，随即车轮能旋转自如，说明该轮制动管路堵塞，轮缸未能回油，应更换；若车轮仍转不动，则拆下车轮，解体检查制动器 |

（续）

| 故障类型 | 故障现象 | 故障原因 | 排故方法 |
|---|---|---|---|
| 制动拖滞 | 抬起制动踏板后，全部或个别车轮的制动作用不能立即完全解除，以致影响了车辆的重新起步、加速行驶或滑行 | 4.通往制动轮缸的油管凹瘪或堵塞<br>5.制动盘摆差过大<br>6.前制动器密封圈损坏，造成活塞不能正常复位<br>7.前、后制动器制动轮缸密封圈发胀或发黏与轮缸缸体卡死<br>8.鼓式制动器制动蹄回位弹簧折断或过软<br>9.鼓式制动器制动摩擦片破裂或铆钉松动<br>10.鼓式制动器制动鼓严重失圆 | 3.对于盘式制动器：<br>1）检查制动器的轴向圆跳动量，若误差过大，应磨削或更换<br>2）拆检制动轮缸，若轮缸活塞发卡或密封圈损坏，应更换<br>4.对于鼓式制动器：<br>1）检查制动蹄摩擦片状况，若摩擦片破裂或铆钉松动，应更换摩擦片<br>2）检查制动器间隙自调装置，若有损坏，应更换<br>3）检查制动鼓状况，若制动鼓圆度误差过大，应镗削或更换，检查制动蹄回位弹簧，若有折断或弹力减弱，应更换<br>4）检查制动轮缸，若轮缸活塞发卡或密封圈损坏，应更换<br>5.若全部车轮制动器拖滞，则进行以下检查：<br>1）检查制动踏板自由行程是否符合要求，若自由行程过小，应调整<br>2）检查制动踏板的回位情况，用力将制动踏板踩到底并迅速抬起，若制动踏板回位缓慢，说明制动踏板回位弹簧失效或踏板轴发卡，应更换或修复<br>3）检查制动主缸的工作情况。打开制动液储液罐盖，由一人连续踩制动踏板，另一人观察制动主缸的回油情况。若不回油，说明制动主缸回油孔堵塞，应清洗、疏通；若回油缓慢，说明制动液过脏或变质，应更换 |
| 制动跑偏 | 1.汽车行驶制动时，行驶方向发生偏斜 | 1.左右车轮轮胎气压、花纹或磨损程度不一致<br>2.左右车轮轮毂轴承松紧不一致，个别轴承破损<br>3.左右车轮的制动蹄摩擦衬片材料不一致或新旧程度不一致<br>4.左右车轮制动蹄摩擦片与制动鼓的接触面积、位置不一样或制动间隙不等<br>5.左右车轮轮缸的技术状况不一致，造成起作用的时间或张力大小不相等<br>6.左右车轮制动鼓的厚度、直径、工作中的变形程度和工作面的表面粗糙度不一致 | 1.若车辆正常行驶时也有跑偏现象，则首先检查左右车轮的轮胎气压、花纹和磨损程度是否一致；检查各减振器是否漏油或失效；检查悬架弹簧是否折断或弹力是否一致<br>2.支起车轮，用手转动和轴向推拉车轮轮胎。若一侧车轮有松旷或过紧的感觉，应重新调整轴承的预紧度；若转动车轮有发卡或异响，应检查该轮轮毂轴承是否破损或毁坏<br>3.对汽车进行路试。制动后，若汽车向一侧跑偏，则为另一侧的车轮制动不良<br>1）首先对该车轮制动器进行放气，若无制动液喷出，说明该轮制动管路堵塞，应予以更换；若放出的制动液中有空气，说明该轮制动管路中混入空气，应予以排放<br>2）观察该轮制动器的间隙，若制动器间隙过大，说明制动蹄摩擦片磨损严重或制动自调装置失效，应更换<br>3）上述检查正常，应拆检该轮制动器。检查制动盘或制动鼓是否磨损过度或有沟槽，若磨损过度，应更换；若有严重沟槽，应车削或镗削。检查制动蹄摩 |

（续）

| 故障类型 | 故障现象 | 故障原因 | 排故方法 |
|---|---|---|---|
| 制动跑偏 | 2. 紧急制动时，方向急转或车辆甩尾 | 7. 单边制动管路凹瘪、阻塞或漏油；单边制动管路或轮缸内有气阻<br>8. 单边制动蹄与支承销配合过紧或锈蚀<br>9. 一侧悬架弹簧折断或弹力过低<br>10. 一侧减振器漏油或失效 | 擦片（摩擦衬块）是否有油污或水湿及磨损过度，若摩擦片（衬片）有油污或水湿，应查明原因并清理，若摩擦片磨损过度，应更换。检查制动轮缸或制动钳活塞，若有漏油或发卡现象，应更换<br>4. 若制动时，出现忽左忽右跑偏现象，则应检查前轮定位是否符合要求，若前轮定位不正确，应调整；检查转向传动机构是否松旷，若松旷，应紧固、调整或更换<br>5. 若在制动时，车辆出现甩尾现象，应检查感载比例阀是否有故障 |

## 学习情境五 汽车驻车制动系统检修

### 知识目标

1. 掌握机械驻车制动系统的作用、类型、结构组成。

2. 了解电子驻车制动系统。

### 能力目标

1. 能够对机械驻车制动系统进行检查。

2. 能够调整机械驻车制动系统。

3. 能够检修驻车制动系统。

### 素养目标

1. 规范操作的职业素养。

2. 精益求精的工匠精神。

## ➡ 案例引入

一辆日产天籁轿车在行驶 80000km 之后，出现坡道停车时，拉起驻车制动杆，仍然出现溜车的现象（驻车制动系统故障）。

## ➡ 知识学习

### 一 机械驻车制动系统

1. 作用

1）保证汽车可靠地在平地或坡道上停车而不发生滑行。

2）保证在坡道上安全起步。

3）在行车制动效能失效时，配合行车制动器进行紧急制动。

### 2. 驻车制动系统的类型

按安装位置，可分中央驻车制动和车轮驻车制动两种；按结构形式，可分为鼓式、盘式、弹簧式、带式、电子式五种。

## 二 车轮制动式驻车制动系统

车轮制动式驻车制动系统通常由驻车制动操纵杆、平衡杠杆、拉绳、拉绳调整接头、拉绳支架、拉绳固定夹、制动器等组成，如图 4-5-1 所示，主要用于轿车。

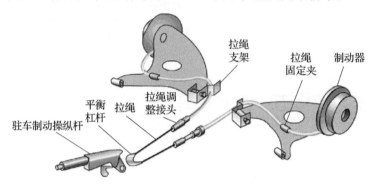

图 4-5-1 驻车制动系统的组成

## 三 中央制动式驻车制动系统

如图 4-5-2 所示，此类系统主要用于货车，制动鼓通过螺栓与变速器输出轴的凸缘盘紧固在一起，制动底板固定在变速器输出轴轴承盖上，两制动蹄通过偏心支承销支承在制动底板上，其上端装有滚轮，在回位弹簧的作用下滚轮紧靠在凸轮的两侧，凸轮轴支承在制动底板的上部，轴外端与摆臂连接，摆臂的另一端与穿过压紧弹簧的拉杆相连，拉杆再通过摇臂、传动杆与驻车操纵杆相连。

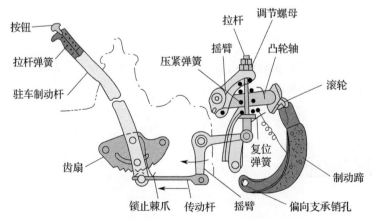

图 4-5-2 东风 EQ1090E 型汽车驻车制动装置

驻车操纵杆上连有棘爪。驻车制动时，棘爪嵌入棘轮齿内，起锁止作用；解除制动时，按下驻车操纵杆上的按钮，使棘爪脱离棘轮齿，制动作用消失。

## 四 电子驻车制动系统

电子驻车制动系统简称为 EPB，如图 4-5-3 所示，其工作原理与机械式驻车制动系统相同，均是通过制动盘与制动片产生的摩擦力来达到控制停车制动，只是控制方式从之前的机械式手拉杆变成电子式。

主要是实现两个功能，停车时临时性制动，停车后长时性制动，其功能还可以延伸到自动驻车功能（AUTO HOLD）。

另一种驻车形式，即通过挠性轴制动，采用电动和机械组合来完成驻车制动功能，其在后桥上安装了一个伺服电动机，该电机在驻车制动时将双股拉线拉紧。拉线的作用和传统的机械驻车制动一样直接作用于后轮，如图 4-5-4 所示。

图 4-5-3　电子驻车制动系统示意图

图 4-5-4　挠性轴制动示意图

## ➡ 技能操作

### 一 机械驻车制动系统的检查、调整与检修

1. 驻车制动器蹄鼓间隙的调整

将拉杆上的锁紧螺母拧开，将操纵杆放松到最前端，拧动拉杆上的调整螺母。将调整螺母拧紧，蹄鼓间隙会减小；将调整螺母拧松，蹄鼓间隙会增大。注意：调整完毕后，还要将锁紧螺母锁紧。

2. 摇臂与凸轮相互位置的调整

若驻车制动操纵杆自由行程偏大，可以调整摇臂与凸轮的相互位置。

3. 制动器的检查与调整

**（1）汽车每行驶 15000km 后，应对驻车制动器进行性能检查**　需满足以下几个要求。

1）汽车空载时，可在坡度为 20%、附着系数大于 0.7 的坡道上正、反两个方向保持固定不动，拉紧驻车制动器时，二挡无法起步。

2）驻车制动操纵杆工作行程不能超过总行程的四分之三。

3）放下驻车制动操纵杆，处于空挡位置时，举升汽车，车轮应能用手转动且无摩擦声。

**（2）驻车制动器的调整**

1）拧松偏心支承轴的锁紧螺母，用扳手转动偏心支承轴。

2）当在摆臂末端用力转动摆臂张开凸轮时，两个制动蹄的中部同时与制动鼓接触。

3）用扳手固定偏心支承销，同时拧紧偏心支承销的锁紧螺母。

> **注意：** 在拧紧锁紧螺母时，偏心支承销不得转动。

**（3）制动装置的调整与检修**

1）调整：松开驻车制动操纵杆，用力踩压制动踏板一至两次，然后将驻车制动操纵杆拉紧两至四个齿，转动拉杆上的调整螺母，直到用手不能转动后轮为止。当放松驻车制动操纵杆后，两后轮应能转动自如。

2）检修：检查拉绳的松紧度，如已松弛，应更换；检查其磨损情况，如磨损严重，应更换；检查其是否被卡住或打结，如有应更换或解除卡结。检查锁止机构中的棘爪和扇形齿，如有磨损或断齿情况，应及时更换。具体检修步骤如下。

①安装车内防护四件套，打开发动机舱盖，安装两侧翼子板布和进气格栅布。

②进入驾驶室，按下驻车制动操纵杆前端的按钮，放松驻车制动器。

③使用钢直尺检查制动踏板自由行程，若小于规定值，应检查制动主缸、轮缸的活塞是否卡滞，制动器是否卡滞，若大于规定值，应检查制动蹄或制动片是否磨损过度。

④将车辆举升至车轮最低点离地面 20~30cm 高度处。

⑤检查各个车轮的转动情况，如某个车轮阻力过大，证明该车轮制动器复位不良，应拆卸后检修。

⑥落下车辆，进入驾驶室，拉起驻车制动操纵杆，检查棘爪的锁定性能，如此时在未按压前方按钮的情况下，操纵杆是否可以保持固定不动。

⑦按下操纵杆的前端按钮时，操纵杆能迅速放下，证明前端按钮性能正常。

⑧将车辆举升至车轮最低点离地面 20~30cm 高度处。

⑨转动两后轮，若车轮旋转自如，证明驻车制动性能不良，需拆卸后检修。

3）调整步骤：

①进入驾驶室，放下驻车制动操纵杆，拆下驻车制动杆的罩盖（一般位于扶手箱下方）。

②取出隔声板，检查软轴走向是否正确，找到调整螺母。

③使用扳手调整驻车制动器调整螺母。

④拉起驻车制动操纵杆，将车辆举升至车轮最低点离地面 20~30cm 高度处。

⑤转动两后轮，如车轮无法转动，说明驻车制动器调整到位，否则应重新调整。

⑥按拆卸时的反向顺序，依次装好隔音板、驻车制动杆罩盖。

## 二　电子驻车制动系统的检查与调整

电子驻车制动系统的检查与调整步骤如下。

1）接上 OBE 接口，连接故障诊断仪。

2）进入自诊断系统，进入车辆基本特性，以大众 2019 款朗逸汽车为例，选择制动电子装置，进入故障存储器选项，读取故障码，有故障码时，先清除故障码，如无法清除，则系统确实存在故障。

3）先选择执行元件诊断，再选择执行元件，如"液压泵，左前、右前 ABS 进油阀，驻车制动器按钮中的指示灯，驻车制动器电动机"等，如图 4-5-5 所示。

4）选择"测量技术"选项，进入引导性功能，如图 4-5-6 所示，选择"向前和往回调节驻车制动电动机活塞"，最后按照提示操作，直到各执行元件正常，退出诊断仪。

图 4-5-5　执行元件诊断 – 执行元件　　　图 4-5-6　选择"向前和往回调节驻车制动电动机活塞"

# 学习情境六　汽车 ABS 故障的诊断与检修

## 知识目标

1. 熟练掌握 ABS 的作用、结构组成与工作过程。

2. 了解 ABS 的优点。

3. 了解 ABS 的分类及主要组成部件。

## 能力目标

1. 能够对 ABS 的常见故障进行检查。

2. 能够对 ABS 故障指示灯常亮或不亮进行检修。

3. 能够使用诊断仪对 ABS 进行检修。

4. 能够对轮速传感器故障进行检修。

## 素养目标

1. 专注执着的工匠精神。

2. 求真务实，实事求是的职业素养。

## ➡ 案例引入

一辆丰田皇冠轿车在行驶 100000km 之后，出现高速行驶时 ABS 故障指示灯点亮的现象（ABS 故障）。

ABS 系统

## ➡ 知识学习

### 一　ABS

#### 1. 功用

汽车防抱死制动系统（Antilock Braking System，ABS）的作用是在制动过程中防止车轮被抱死，以提高制动减速度、缩短制动距离，同时有效提高汽车的方向稳定性和转向操纵能力，保证汽车的行驶安全，如图 4-6-1 所示。

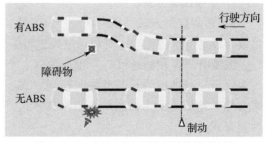

图 4-6-1　有无 ABS 制动时的效果对比图

## 2. 优点

1）减小制动距离，减少轮胎的磨损。

2）增大制动时汽车的方向稳定性和转向能力。

3）工作性能稳定可靠，具有故障自诊断功能。

## 3. 组成

如图 4-6-2、图 4-6-3 所示，ABS 通常由车轮速度传感器（简称为轮速传感器）、液压控制单元（液压调节器、制动压力调节器）、电控单元 ECU、ABS 故障指示灯等组成，具体可分为"防滑电子控制模块、制动执行器、组合仪表、停车灯开关、减速传感器（仅用于某些车型）、制动执行器、制动防抱死控制模块"等七个部分。

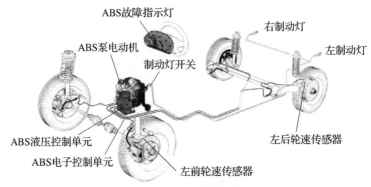

图 4-6-2　ABS 系统组成（一）

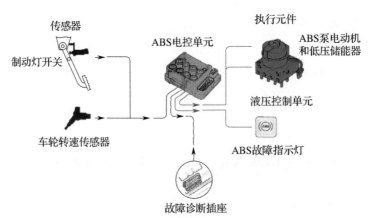

图 4-6-3　ABS 系统组成（二）

## 4. 分类

### （1）按控制方式

1）预测控制方式。预先规定控制参数，设定相关数值，汽车行驶时，根据检测到的实际参数与设定值进行比较，对制动过程进行控制。

主要有"车轮减速度、车轮加速度、车轮滑移率"三个控制参数。据此，可将控制方式分为以车轮减速度为控制参数的控制方式、以车轮滑移率为控制参数的控制方式、以车轮减速度和车轮加速度为控制参数的控制方式、以车轮减速度、加速度以及滑移率为控制参数的控制方式。

2）模仿控制方式。在控制过程中，记录前一控制周期的各种参数，再按照这些参数规定出下一个控制周期的控制条件，故其在控制时需要准确、实时的汽车速度值。这种控制方式的 ABS 成本高，技术复杂，一般使用量较小。

**（2）按控制通道及传感器数目**　按控制通道数可分为四通道、三通道、二通道和单通道；按传感器数可分为四传感器和三传感器。

控制通道是指能够独立进行制动压力调节的制动管路。如果一个车轮的制动压力占用一个控制通道，可以进行单独调节，称为独立控制。如果两个车轮的制动压力是一同调节的，称为一同控制。

这里需要注意，一同控制又有两种方式。如果以保证附着系数较小车轮不发生抱死为原则进行制动压力调节，则称这两个车轮按低选原则一同控制；如果以保证附着系数较大车轮不发生抱死为原则进行制动压力调节，则称这两个车轮按高选原则一同控制。

### 5. 几种常用的 ABS 系统

**（1）双通道四传感器 ABS**　双通道四传感器 ABS 如图 4-6-4 所示。

**（2）三 通 道 ABS**　三通道 ABS 如图 4-6-5 所示，一般采用两个前轮独立控制，两个后轮按低选原则进行一同控制。前轮制动力在汽车总制动力中所占的比例较大（可达 70% 左右），可以充分利用两前轮的附着力，采用这种形式的汽车制动时方向稳定性较好，但制动效能较差，一般多应用于前轮驱动的轿车。

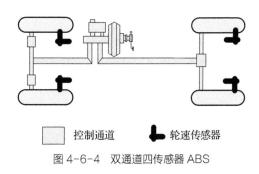

图 4-6-4　双通道四传感器 ABS

**（3）四通道四传感器 ABS**　四通道四传感器 ABS 如图 4-6-6 所示，每个车轮都有一个轮速传感器，且每个车轮的制动压力都是独立控制，采用这种形式的汽车制动时制动方向稳定性差，但制动效能较好。

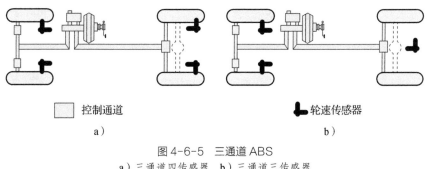

a）　　　　　　　　　　　　　b）

图 4-6-5　三通道 ABS
a）三通道四传感器　b）三通道三传感器

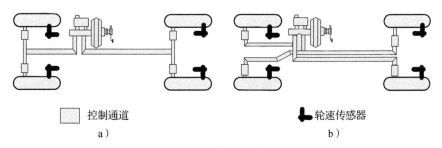

a）　　　　　　　　　　　　　b）

图 4-6-6　四通道四传感器 ABS
a）双管路前后布置　b）双管路交叉布置

### 6. 工作过程

汽车 ABS 的工作过程主要分为"升压、保压、减压"三个阶段，是在制动主缸和制动轮缸之间串联一个电磁阀，由电磁阀的通断来控制油路的压力，如图 4-6-7 所示。

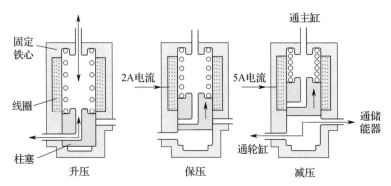

图 4-6-7　ABS 工作的三个阶段

有时为了表述的完成性，也可以将 ABS 的工作过程分为"升压、保压、减压、增压"四个阶段。下面将按照四个阶段的划分，进行详细叙述。

（1）**升压阶段**　此时属于常规制动，ABS 不工作，电磁线圈中无电流通过，电磁阀柱塞在回位弹簧的作用下处于"下端"位置，制动主缸与轮缸相通，制动主缸的制动液直接进入制动轮缸，制动轮缸压力随制动主缸压力的升高而升高，如图 4-6-8 所示。

（2）**保压阶段**　电子控制单元向电磁线圈输入一个较小的电流时（约为最大电流的一半），电磁线圈产生较小的电磁力，使柱塞处于"中间"位置，制动主缸与制动轮缸、回油泵等相互隔离，制动轮缸中的制动压力保持一定，如图 4-6-9 所示。

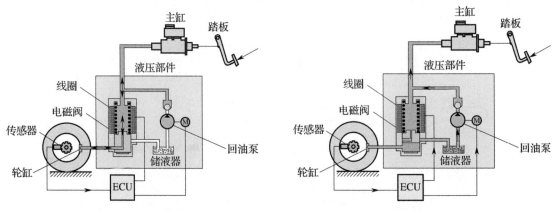

图 4-6-8　ABS 升压阶段工作示意图　　　　图 4-6-9　ABS 保压阶段工作示意图

（3）**减压阶段**　减压阶段，电子控制单元向电磁线圈输入较大电流，电磁线圈产生较大的电磁力，使柱塞处于"上端"位置，电磁阀柱塞将制动轮缸与回油通道或储液器接通，制动轮缸中的制动液经电磁阀流入储液器，制动轮缸压力下降。与此同时，电动机起动，带动液压泵工作，将流回储液器的制动液输送回制动主缸，为下一个制动周期做好准备，如图 4-6-10 所示。

（4）**增压阶段**　增压阶段，制动压力下降后，车轮的转速便会增加，若电子控制单元检测到车轮转速增加太快，便切断通往电磁阀的电流，使得制动主缸与制动轮缸再次相通，制动主缸的制动液再次进入制动轮缸，汽车的制动力便会增加，车轮的转速便会下降。

实际汽车制动时，上述过程反复进行，直到解除制动为止。

## 二　ABS 中的主要零部件

### 1. 制动压力调节器

制动压力调节器主要由电磁阀体、制动液储液罐、蓄能器、双腔制动主缸与液压助力器、电动泵等组成，它是 ABS 的执行机构，制动压力调节器根据 ABS-ECU 的指令，通过电磁阀的动作来自动调节车轮制动器的制动压力，使车轮不被抱死，并处于理想滑移率的范围。

根据压力传递介质的不同，制动压力调节器可分为气压式和液压式两种。根据工作

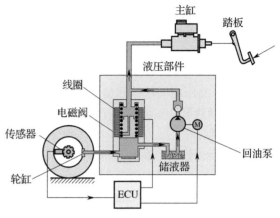

图 4-6-10　ABS 减压阶段工作示意图

原理不同，液压式制动压力调节器又可分为循环式和可变容积式两种。制动压力调节器串联在制动主缸与制动轮缸之间，通过液压控制阀直接或间接地控制制动轮缸的制动压力。目前多数汽车采用的是液压循环式制动压力调节器，如图 4-6-11 所示。

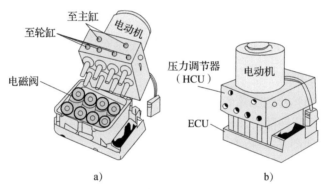

图 4-6-11　桑塔纳轿车 ABS 制动压力调节器
a）组合前　b）组合后

下面介绍液压循环式制动压力调节器的主要组成部件：电磁阀、电动液压泵、蓄压器、储液器、压力开关、压力变换器、差压开关。

（1）**电磁阀**　电磁阀是制动压力调节器的主要工作元件，电磁阀的位置由电磁线圈直接控制，而流过电磁线圈的电流受 ABS-ECU 的控制，一般都是独立电磁阀和三位三通电磁阀。

（2）**电动液压泵**　电动液压泵一般都是由偏心轮（偏心轴承）驱动的柱塞式液压泵，液压泵的偏心轮由电动机驱动。

在没有蓄压器的液压制动系统 ABS 中，电动液压泵由 ABS-ECU 控制，其作用是在"减压"时，将制动轮缸回流的制动液（在储液器内）泵送到制动主缸；在装有蓄压器的液压制动系统 ABS 中，电动液压泵由压力开关通过继电器控制，其作用是将制动轮缸回流的制动液（在储液器内）泵送到蓄压器。

（3）**蓄压器**　蓄压器也称为蓄能器。有的液压制动系统 ABS 中装有蓄压器，蓄压器串联在电动液压泵与电磁阀之间，用于储存高压制动液，以备在制动过程中增加制动压力时使用。

蓄压器有两种，一种是活塞弹簧式，另一种是气囊式。活塞弹簧式蓄压器实际是一个内装活塞和弹簧的液压缸，来自液压泵的制动液进入蓄压器后，推动活塞压缩弹簧使油缸容积增大以暂时储存制动液，并靠弹簧的弹力保持制动液的压力。

气囊式蓄压器，其内部装有膜片，被分为两腔，膜片后部充入高压氮气，来自液压泵的制动液进入膜片前部油腔，进一步压缩高压氮气以暂时储存制动液，制动液压力与高压氮气压力相等。

在蓄压器与储液器之间一般串联一个释放阀，当蓄压器内的压力超过规定值时，释放阀打开，部分高压制动液流回储液器，以防整个系统压力过高。

（4）储液器　储液器位于电磁阀和回油泵之间，由制动轮缸来的制动液进入储液器，以暂时储存制动液，压力较低，其一般是活塞—弹簧式结构。

（5）压力开关　在装有蓄压器的液压制动系统 ABS 中，一定有压力开关，其作用是根据蓄压器的压力通过继电器控制电动液压泵的工作。有些压力开关还兼有另外一方面的作用，即在蓄压器压力低于一定标准时，向 ABS-ECU 发出警报信号，使 ABS 警告灯点亮，使 ABS停止工作，这种压力开关又称为双作用压力开关。

（6）压力变换器　压力变换器的作用是向 ABS-ECU 提供与系统压力成正比的电压信号，电脑对这些信号进行比较，以检测制动系统是否有故障。压力变换器包括助压变换器和第一压力变换器两种。助压变换器用于检测助压控制阀的压力，第一压力变换器用于检测制动主缸第一腔的工作压力。

（7）差压开关　差压开关的作用是检测制动主缸第一腔和第二腔的压力差，当压力差达到一定值时，差压开关工作使第一压力变换器输出端接地，从而导致输出电压信号为 0。ABS-ECU 接收此信号后点亮 ABS 警告灯，同时使 ABS 停止工作。

2. 轮速传感器

轮速传感器的作用是检测车轮的转速，将车轮的转速变为电信号，输送给 ABS-ECU，以使 ABS-ECU 能准确判断制动时车轮是否被抱死，能及时控制制动力的大小。轮速传感器在前后轮中的安装位置如图 4-6-12 所示。

图 4-6-12　轮速传感器在前后轮中的安装位置
a）前轮安装位置　b）后轮安装位置

轮速传感器有电磁式轮速传感器和霍尔式轮速传感器。

（1）电磁式轮速传感器　电磁式轮速传感器由传感头和齿圈两部分组成。传感头由永磁体、极轴、感应线圈等组成。根据极轴的结构不同，电磁式轮速传感器又分为凿式极轴轮速传感器、柱式极轴轮速传感器，传感头的外形如图 4-6-13 所示。传感头直接安装于齿圈的上方，极轴与永磁体相连，永磁体通过极轴延伸到齿圈，并与齿圈构成回路，感应线圈在极轴外面，齿圈固定在轮毂上随车轮一起转动。

为防止汽车的振动影响或干扰传感器信号，安装时，传感头与齿圈之间应留有约 1 mm的间隙。同时注意在安装前应向传感器加注润滑脂，以防止水、泥或灰尘等对传感器工作产生影响。

电磁式轮速传感器的优点是结构简单、成本低，但存在汽车低速行驶时信号微弱、汽车高速行驶时容易产生错误信号，抗电磁波干扰能力差等缺点。

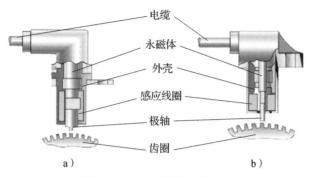

图 4-6-13　电磁式轮速传感器
a）凿式极轴　b）柱式极轴

**（2）霍尔式轮速传感器**　霍尔式轮速传感器由传感头和齿圈组成。传感头由永磁体、霍尔元件和电子电路等组成，如图 4-6-14 所示。永磁体的磁力线穿过霍尔元件通向齿圈，齿圈位于图 4-6-14a 所示的位置时，穿过霍尔元件的磁力线分散，磁场相对较弱；当齿圈位于图 4-6-14b 所示的位置时，穿过霍尔元件的磁力线集中，磁场相对较强。随着齿圈的转动，穿过霍尔元件的磁力线密度发生变化，从而产生霍尔电压的变化，霍尔元件输出一个准正弦波电压，此电压信号由电子电路转换成标准的脉冲电压信号后输入 ABS-ECU。

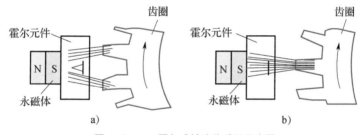

图 4-6-14　霍尔式轮速传感器示意图

霍尔式轮速传感器具有输出电压信号的强弱稳定、频率响应高、抗电磁波干扰能力强等优点，加上以后对 ABS 的速度控制范围要求更大，电磁式轮速传感器已经很难适应这项要求，霍尔式轮速传感器在 ABS 中应用将会越来越广泛。

### 3. ABS-ECU

ABS-ECU 先是接收轮速传感器送来的信号，进行滤波整形放大，然后计算出制动滑动率，再通过判别处理，最后由其输出级将指令信号输出到制动压力调节器，执行制动压力调节的任务，即 ABS-ECU 具有对制动系统进行"控制"和"监测"的功能。

**（1）控制功能**　根据来自轮速传感器的信号判断车轮有无抱死的趋势，然后向 ABS 执行机构发出指令，通过制动压力调节器调节制动压力，防止各车轮抱死。

**（2）监测功能**　通过制动灯开关、压力开关及其接收的各种信号等来监测 ABS 工作是否正常，当 ABS-ECU 监测到系统工作不正常时，会自动停止系统工作并点亮 ABS 故障指示灯。

在正常情况下，发动机起动后，ABS 故障指示灯亮数秒后就应自动熄灭，否则说明 ABS 有故障。ABS-ECU 由输入级、数字控制器、输出级和稳压与保护装置四部分组成，它的基本输入信号是四个车轮上的轮速传感器送来的速度数据（还有制动信号等），输出信号是给液

压调节器的控制信号、输出的自诊断信号和输出给 ABS 故障指示灯的信号等。如图 4-6-15
所示。

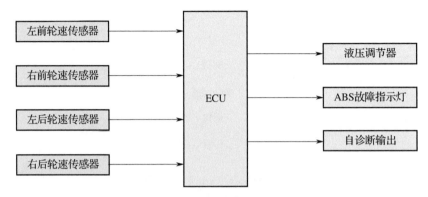

图 4-6-15　ABS 的输入输出信号

### （3）ABS-ECU 的基本电路

1）输入整形放大电路：主要由一低通滤波器和用以抵制干扰并放大轮速信号的输入放大器组成，其功用是将轮速传感器输入的信号进行整形和放大后输入运算电路。

2）运算电路：ABS-ECU 中一般设有两套运算电路，同时进行运算和传递数据，利用各自的运算结果相互比较、相互监测，确保可靠性。

3）电磁阀控制电路：电磁阀控制电路接收运算电路送来的电磁阀的控制参数信号，控制功率管向电磁阀的电磁线圈提供不同的控制电流，以控制电磁阀的工作位置。

4）安全保护电路：主要包括四个部分：稳压电源电路、电源监控电路、故障储存电路和继电器驱动电路。

5）稳压电源电路：将汽车蓄电池或发电机提供的 12V 或 14V 电源电压变为 ABS-ECU内部所需的 5V 稳定电压。

6）故障储存电路：对 ABS-ECU 中输入整形放大电路、运算电路和电磁阀控制电路的信号进行监视，并以故障码的形式将其检测到的故障储存在存储器中，以便诊断故障时调取。

当故障储存电路检测到故障时，继电器驱动电路驱动相应的继电器，切断 ABS 电源电路，使 ABS 停止工作，制动系统转入常规制动模式，同时点亮 ABS 故障指示灯提示驾驶人 ABS出现故障。

> ABS 真的有用吗，真的那么重要吗？有的车主反映，好像自己车上装配的 ABS 系统很少被使用。其实 ABS 是一套被动系统，需要它的时候，它会发生作用，关键时刻能保命，我们看待问题应该秉持一种求真务实、实事求是的态度，要用数据说话，要看事实，而不能主观臆断，不能因为自己车上的 ABS 系统很少被使用过，就认为它可有可无。

## ➡ 技能操作

### 一　制定 ABS 故障检修方案

制定 ABS 故障检修方案，如图 4-6-16 所示。

ABS 故障诊断

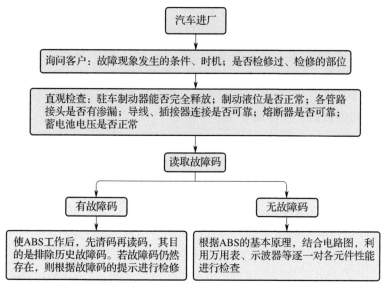

图 4-6-16　ABS 故障检修的流程

## 二　ABS 系统的常规检查

### （1）检查项目

1）解码器诊断：读取 ABS 故障码，读取数据流，用执行器进行测试。

2）线路检查：检查蓄电池电压、熔丝、继电器、各插头、各线路。

3）传感器检测：检测轮速传感器电阻、电压、安装及固定情况。

4）执行器检查：检查液压调节器、ABS 泵电动机工作情况。

5）控制器检查：检查电子控制装置、ABS 控制器工作情况。

### （2）检查时的注意事项

1）点火开关接通后，不允许拆装电器连线，否则会对电子控制装置造成损害。

2）没有释放 ABS 压力之前，不允许打开释放阀或液压管路。

3）不能敲击轮速传感器的齿圈，安装时只能压装，否则会损坏齿圈或影响轮速信号的精度。

4）检测过程中，若轮速传感器的位置被移动，应检查传感头与齿圈之间的间隙是否符合原车规定。

5）安装通信设备时，避免天线靠近 ABS-ECU，ECU 放置在高温环境下的时间不能过长。

6）在维修装有蓄压器的 ABS 前，应在发动机熄火的情况下，踩放制动踏板 40~50 次，以释放蓄压器压力。

### （3）听取用户的反馈　根据用户的反馈可以知道：ABS 是否真的存在故障；在什么情况下、什么时候发生故障；诊断应该首先从哪儿开始。

用户的有些反映可能属于 ABS 正常工作时的情况，比如紧急制动时踏板颤动、在制动时或者在起动时电动液压泵和电磁阀发出声音等。

### （4）目测检查　目测检查可以确定 ABS 故障的显著原因。

1）检查储液器是否液面过低、液压装置是否外部泄漏和制动主缸工作是否正常，若发现问题可按需要添加制动液，确定制动液损失的原因并修理，并将各元件安装到正确的位置。

2）检查驻车制动器是否完全放松和开关功能是否正常，视具体情况进行维修或调试。

3）检查熔丝是否熔断，排除熔丝烧坏的原因，并更换熔丝。

4）检查导线连接器是否破损或松动，并按需要修理和接好各连接器。

## 三　ABS 故障指示灯诊断与排除

装有 ABS 的汽车在仪表盘上设有制动警告灯（红色）和 ABS 故障指示灯（黄色）。正常情况下，点火开关打开，ABS 故障指示灯和制动警告灯应闪亮约 2s，一旦发动机运转起来，驻车制动释放，两个故障灯应熄灭，否则说明 ABS 有故障。可利用两灯的闪亮规律，粗略地判断出系统发生故障的部位，具体如表 4-6-1 所示。

表 4-6-1　ABS 故障指示灯诊断表

| 故障现象 | 故障原因 | 故障现象 | 故障原因 |
| --- | --- | --- | --- |
| ABS 故障指示灯常亮 | 轮速传感器不起作用 | ABS 故障指示灯和制动警告灯点亮 | 两个以上轮速传感器出现故障 |
| | 液控单元接触不良 | | 电子控制单元出现故障 |
| | 电子控制单元接触不良 | | 液压控制单元出现故障 |
| ABS 故障指示灯不亮 | 制动开关失效 | 制动警告灯点亮 | 驻车制动器调整不当 |
| | 制动开关线路、插接器脱落 | | 制动轮缸漏油 |
| | 轮速传感器信号微弱 | | 制动管路漏油 |
| | 制动盘（鼓）严重变形 | | 制动警告灯搭铁 |
| ABS 故障指示灯间歇性点亮 | 电子控制单元插接器松动，制动轮缸工作不良 | | |
| | 车轮轮毂轴承松旷，制动管路中侵入空气 | | |
| | 轮速传感器工作状况不良或受到干扰 | | |

## 四　故障码诊断与排除

ABS 具有自诊断和失效保护功能，当点火开关处于 ON 位置时，电子控制单元将会自动地对自身、轮速传感器、制动压力调节器中的电器元件进行静态测试。若 ABS 电子控制单元发现系统中存在故障，则会以故障码的形式储存记忆故障情况，并持续点亮 ABS 故障指示灯；当汽车的速度达到一定值时，ABS 的电子控制单元还要对系统中的一些电器元件进行动态测试，如果发现系统中有故障存在，电子控制单元会以故障码的形式存储记忆故障情况。

诊断 ABS 故障时，按照设定的程序和方法可读取故障码。维修人员可根据故障码的含义确定故障的范围。

### 1. 人工读取故障码

人工读取故障码可通过"ABS 故障指示灯闪烁读取、电子控制单元盒上的二极管灯读取、自制的发光管灯读取、自动空调面板读取"等几种，一般程序如下。

1）将点火开关置于 OFF 位置，用跨接线跨接诊断插座中的相应端子。

2）将点火开关置于 ON 位置，以正确的方法计数 ABS 故障指示灯或发光二极管的闪烁次数，确定故障码。

3）从维修手册中查找故障码所代表的故障情况，排除故障后，按规定程序清除故障码。

### 2. 仪器读取故障码

故障诊断仪可以从 ABS 电子控制单元存储器中读取故障码，同时还具有故障码翻译、检测步骤指导和基本判断参数提供等功能，表 4-6-2 中给出了故障诊断仪 V.A.G1552 所读取的一些 ABS 故障码。

表 4-6-2 ABS 故障码

| V.A.G1552 显示屏显示 | 故障原因 | 排故方法 |
|---|---|---|
| 00668<br>汽车 30 号线终端电压信号超差 | 电压供应线路故障 | 检查电控单元供电线路 |
| | 连接插头故障 | |
| | 熔丝故障 | 检查熔丝 |
| 01276<br>ABS 泵（V64）信号超差 | 电动机与电控单元连接线路对正极或对地短路、断路 | 检查线路 |
| | ABS 泵电动机故障 | 进行执行元件诊断 |
| 65535 电控单元 | 电控单元故障 | 更换电控单元 |
| 01044<br>电控单元编码不正确 | 25 针插头端子 6 和 22 之间断路或短路 | 检查线路、线束的插头 |
| 01130<br>ABS 工作信号超差 | 与外界干涉信号源发生电气干涉（高频发射） | 检查所有线路连接对正极或对地是否短路，清除故障码 |
| | | 车速大于 20km/h 时，进行紧急制动试车，再次查询故障码 |
| 00283：左前轮速传感器（G47）<br>00290：左后轮速传感器（G46）<br>00285：右前轮速传感器（G45）<br>00287：右后轮速传感器（G44） | 轮速传感器线路短路或断路，连接插头松动 | 检查轮速传感器与电控单元的线路、连接插头 |
| | 传感器和齿圈之间的间隙过大 | 检查传感器和齿圈的安装间隙 |

### 3. 故障码 01276 的排除

当车速超过 20km/h 时，若此时"ABS 电子控制单元"监控到"电动机不能正常工作"，就会记录此故障码，下面详细介绍排故过程。

1）分析可能的原因：电源供应短路或搭铁、电动机线束松脱、电动机损坏。

2）故障诊断：如果蓄电池过度放电，电动机将无法驱动，所以在进行电动机驱动测试时，应先确认蓄电池电压是否正常。进行电动机驱动时车辆须在静止状态下，具体诊断步骤如图 4-6-17 所示。

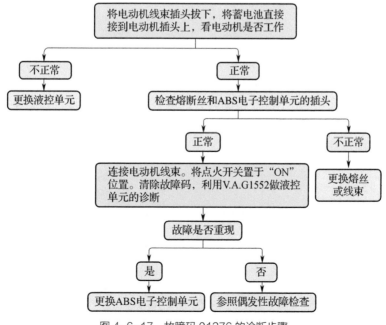

图 4-6-17 故障码 01276 的诊断步骤

### 五　轮速传感器故障的诊断与排除

#### 1. 轮速传感器线路问题导致的间歇性故障

将车辆停稳，用故障诊断仪查看轮速数据，同时晃动线束及插接器，或踩住制动踏板，左右转动转向盘，特别是要在极限位置反复晃动转向盘。如果轮速数据出现跳变，说明轮速传感器线路存在虚接故障（注意此方法只对电磁式轮速传感器有效）。

#### 2. 使用万用表进行测量

断开 ABS 控制单元，从 ABS 控制单元插接器的线束侧测量整个轮速传感器回路的电阻。正常情况下电阻为 $1k\Omega$ 左右，如果线路没有虚接，电阻是不会跳变的。在观察电阻值的同时，晃动该处线束或插接器，如果电阻值出现跳变，说明线路存在虚接，如图 4-6-18 所示。在晃动线路时，车轮不能动，否则会出现虚假的阻值变化。此外，还要测量线路与车身搭铁之间的电阻，检查是否有对搭铁短路的现象。

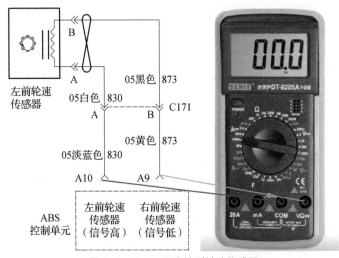

图 4-6-18　万用表检测轮速传感器

#### 3. 信号检测

检测轮速传感器的输出信号是判断其好坏最有效的方法。磁电式轮速传感器可以使用电压表直接测量其输出信号电压是否处于正常范围，而霍尔式和磁阻式轮速传感器需要使用示波器来测量其信号波形。使用示波器检测时，应能显示出脉冲波形，如图 4-6-19 所示。如果无波形，则要检测轮速传感器的电压是否正常，如果波形不连续或不均匀，则有可能是轮速传感器损坏或者信号齿圈出现了断齿现象。

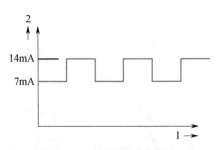

图 4-6-19　轮速传感器波形

## 学习情境七 汽车 ASR、ESP、EBD 检修与制动能量回收

### 知识目标

1. 熟练掌握 ASR 及 ESP 的作用、组成。

2. 了解 ASR 及 ESP 的工作原理。

3. 了解 EBD 的作用、组成、原理。

### 能力目标

1. 能够分析 ASR 与 ABS 的区别与联系。

2. 能够完成对 ESP 的"过度转向"与"不足转向"分析。

3. ASR 与 ESP 的故障诊断。

### 素养目标

1. 规范操作的职业素养。

2. 敢为人先，创新精神。

### ➡ 案例引入

一辆斯柯达速派轿车在行驶 50000km 之后，出现 ESP 指示灯常亮的故障现象（ESP 故障）。

### ➡ 知识学习

**一 ASR**

#### 1.定义

驱动防滑控制系统的英文全称是 Acceleration Slip Regulation，简称 ASR，也称为牵引力控制系统（Traction Control System），简称 TCS 或 TRC 或 TRAC，也是汽车的一种主动安全装置，是 ABS 功能的进一步发展和重要补充。

#### 2.功用

**（1）防止汽车驱动轮在加速时出现打滑** 当汽车行驶在恶劣路面或复杂路面条件下，特别是下雨、下雪、结冰等摩擦力较小的特殊路面上，汽车加速时 ASR 能将车轮的滑转率控制在一定范围内，从而防止驱动轮在加速时出现打滑，减少类似制动时出现的危险状况。

**（2）提高汽车的行驶稳定性** 行驶在易滑的路面上，没有 ASR 的汽车加速时容易出现驱动轮打滑，如图 4-7-1 所示。如果是后驱动的车辆容易甩尾，如果是前驱动的车辆容易方向失控。有 ASR 时，汽车在加速时就不会有或能够减轻这种现象。

在转弯时，如果发生驱动轮打滑会导致整个车辆向一侧偏移，当装有 ASR 时它就会使车辆沿着正确的路线转向。

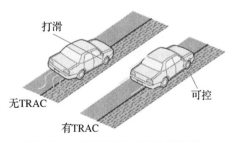

图 4-7-1 汽车有无 ASR 的效果对比

### 3. 组成部件

ASR 一般由传感器（主要包括轮速传感器、副节气门位置传感器、减速度传感器等）、ASR 电子控制单元、执行器（主要包括制动压力调节器、副节气门驱动装置等）三大部分组成。

通常 ASR 的轮速传感器、减速度传感器、制动压力调节器与 ABS 共用，而副节气门位置传感器、副节气门驱动装置是在发动机主节气门的结构上改进而成的。

### 4. 工作原理

ASR 的工作原理如图 4-7-2 所示，汽车行驶过程中，轮速传感器将驱动车轮的转速及非驱动车轮的转速转变为电信号输送给 ASR 控制单元，ASR 控制单元根据车轮转速计算驱动车轮的滑转率。

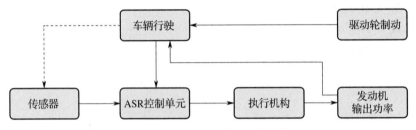

图 4-7-2　ASR 工作原理演示图

如果滑转率超出了目标范围，ASR 控制单元则综合各方面参数选择控制方式，首先通过控制发动机的输出功率，使其输出转矩减小，驱动轮驱动力随之下降。若驱动车轮的滑转率仍未降到设定的控制范围内，ASR-ECU 会控制制动压力调节装置，对驱动车轮施加一定的制动力，从而使驱动车轮的滑转率控制在目标范围之内。

### 5. 工作过程

ASR 的工作过程主要由其制动压力调节器来控制执行，而制动压力调节器需要 ASR-ECU 的指令，对滑转车轮施加制动力和控制制动力的大小，使滑转车轮的滑转率控制在目标范围内。制动压力的能量来源是蓄能器，通过电磁阀来调节驱动车轮制动压力的大小。

ASR 制动压力调节器的结构形式有单独结构方式和组合结构方式两种，下面以组合式为例，介绍 ASR 的工作过程。

组合结构方式是指 ASR 制动压力调节器与 ABS 制动压力调节器在结构上组合为一个整体，称为 ABS/ASR 制动压力调节器，其结构如图 4-7-3 所示。ABS/ASR 制动压力调节器主要由控制从动轮制动压力的三位三通电磁阀，控制驱动轮制动压力的三位三通电磁阀 I 、II 及 III ，以及蓄能器、储液器、回油泵、压力开关等部件组成。

当压力开关检测到蓄能器压力较低时，给 ASR-ECU 提供信号，用来控制增压泵工作。

**（1）ASR 不起作用阶段**　三位三通电磁阀 I 不通电，电磁阀在左位。汽车在制动过程中如果车轮出现抱死，ABS 起作用，通过控制三位三通电磁阀 II 和 III 来调节制动压力。

**（2）ASR 增压阶段**　当驱动车轮出现滑转时，ASR 控制单元使三位三通电磁阀 I 通最大电流，电磁阀在右位；三位三通电磁阀 II 和 III 不通电，电磁阀处于左位；于是，蓄能器的高压制动液进入驱动车轮制动轮缸，制动压力增大。制动压力的调节是靠三位三通电磁阀 II 和 III 的工作来完成的。

**（3）ASR 保压阶段**　当需要保持驱动车轮的制动压力时，ASR 控制器使三位三通电磁阀 I 通小电流，电磁阀在中位，隔断了蓄能器及制动主缸的通路，驱动车轮制动轮缸的制动压力被控制保持不变。

（4）ASR 减压阶段　当需要减小驱动车轮的制动压力时，ASR 控制器使三位三通电磁阀Ⅱ和Ⅲ通大电流，电磁阀Ⅱ和Ⅲ移至右位，将驱动车轮制动轮缸与储液室接通，制动压力因而下降。

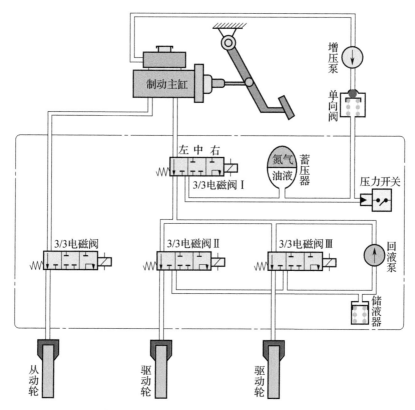

图 4-7-3　ABS/ASR 组合式制动压力调节器

## 二　ESP

### 1. 定义

汽车电子稳定程序控制系统的英文全称是 Electronic Stability Program，简称 ESP。它是改善汽车行驶性能的一种控制系统，是 ABS 和 ASR 两种系统在功能上的延伸。

ESP 在不同的车型中有不同的名称，如宝马称其为 DSC（Dynamic Stability Control，即动态稳定性控制）；丰田、雷克萨斯称其为 VSC（Vehicle Stability Control，即汽车稳定性控制系统）；三菱称其为 ASC/AYC（Active Stability Control/Active Yaw Control，即主动稳定控制 / 主动横摆控制系统）；本田称其为 VSA（Vehicle Stability Assist，即车身稳定性辅助系统）；而沃尔沃汽车称其为 DSTC（Dynamic Stability And Traction Control，即动态循迹防滑控制系统）。

### 2. 功用

ESP 的作用是保持车辆在各种情况下的行驶稳定性，防止车辆由于行驶在不同的道路中因不同的附着力而产生车轮的打滑，具体体现在以下几个方面。

（1）实时监控　ESP 能以 25 次 /s 的高频率实时监控驾驶人的操控动作、路面反应、车辆运行工况，并可及时向发动机管理系统和制动系统发出指令。一个完备的 ESP 系统包括车距控制、防驾驶人困倦、限速识别、并线警告、停车入位、夜视仪、周围环境识别、综合稳定控制和制动助力（BAS）等九项功能。

（2）**主动干预** ABS等安全技术主要是对驾驶人的动作起干预作用，但不能调控发动机；ESP则可以通过主动调控发动机的转速，并调整每个车轮的驱动力和制动力，来修正汽车的过度转向和转向不足。

（3）**通过CAN完善控制功能** ESP-ECU与动力系统的ECU通过CAN互联，使其能更高速有效地发挥控制功能。自动变速器将即时的机械传动比、液力变矩器变矩比、挡位等信息传递给ESP，以估算驱动轮上的驱动力。如对于后轮驱动的车辆常易出现转向过度，致使后轮失控而甩尾，ESP便会预先轻度制动外侧前轮来稳定车辆。

（4）**事先提醒** 当驾驶人操作不当或路面异常时，ESP会用警告灯或电子显示屏警示驾车者。ESP是既能控制驱动轮又能控制从动轮的牵引力控制系统。当ESP识别出汽车行驶在低附着系数的路面时，它会禁止驾驶人挂抵挡。在这类路面上起步时，ESP会告知传动系，ECU应事先挂入2挡，不仅确保了安全，也显著改善大功率轿车起步的舒适性。

### 3. 工作过程

ESP电子控制单元（ECU）通过转向盘转角传感器、轮速传感器确定驾驶人策划的行驶方向；通过纵向加速度传感器、横向加速度传感器及横摆角速度传感器的信息来计算车辆实际行驶方向。

当ESP检测到车辆行驶轨迹与驾驶人要求不符时，ESP就会利用牵引力控制系统向发动机控制模块（ECM）发送通信信号，请求减小发动机输出扭矩。

若ESP依然检测到车轮侧向滑移，则ESP根据"从外部作用于车辆上的各种力（如制动力、推动力或任意侧向力）皆会使车辆环绕其重心转动"的原理，通过对前后桥一个以上的车轮实施制动干预，及时克服转向不足或转向过度的风险，确保车辆恢复到稳定的行驶状态和遵循正确的行驶轨迹，安全行车。

### 4. 组成及主要部件

一款别克荣御ESP零件位置及其组成图如图4-7-4所示。主要包括轮速传感器、横向偏摆率传感器、转向盘转角传感器、电子控制单元、液压调节器总成及警示装置等部件。

（1）**横向偏摆率传感器** 别克荣御ESP横摆率传感器位于仪表板中央控制台的下部，用于检测汽车横摆率（即汽车绕垂直轴旋转的速度）。横摆率传感器总成包括横摆率传感器和横向加速度传感器。横摆率传感器根据车辆绕其纵轴的旋转角度产生对应的输出电压信号；横向加速度传感器用于检测汽车的横向加速度，根据车轮侧向滑移量产生对应的输出电压信号。ESP电子控制单元利用横摆率传感器和横向加速度传感器，计算出实际的运行姿态。

（2）**转向盘转角传感器** 转向盘转角传感器装于转向盘后侧，用于检测转向盘的转向角度，可根据转向盘的转动情况输出表示转向盘旋转角度的输出信号。

由于两只测量齿轮的齿数不同，故产生不同相位的两个转角信号，即能产生一个可表示±760°转向盘旋转角度的输出信号。ESP电子控制单元通过转向盘转向角度传感器和横摆率传感器信号进行比较，确定车辆实际行驶轨迹与驾驶要求是否一致。

（3）**液压控制装置** 正常情况下执行制动助力功能，当车轮在加速或减速过程中出现滑转或滑移时，执行TRC或ABS功能；当汽车出现侧滑时，把受到控制的制动液压加到每个车轮上。

别克荣御电子稳定程序控制系统的液压控制装置采用前、后分离的四通道回路结构，每个车轮的液压制动回路都是隔离的，这样当某个制动回路出现泄漏时仍能继续制动。

（4）**警告装置**　警告装置主要指仪表盘上的 ESP 警告灯，别克荣御的 ESP 开关位于地板控制台上，该开关是一个瞬间接触开关，按一下 ESP 开关，电子稳定程序从接通转至关闭。

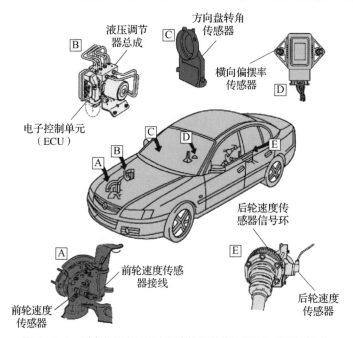

图 4-7-4　别克荣御电子稳定程序控制系统的零件位置及其组成

## 三　EBD

### 1. 定义

汽车制动力分配系统的英文全称是 Electronic Control Brake-force Distribution，简称 EBD，有时又称为 EBV 或 EPBD，汽车的制动力分配方案在早期的汽车上就有应用，使用机械控制方式，如限压阀、比例阀、感载比例阀就是该控制方式的产物。

### 2. EBD 与 ABS 的联系

汽车装备 EBD，是利用 ABS 的功能与装置，不另外布置其他元件，就可以实现汽车制动力分配的控制，EBD 与 ABS 都属于制动系统的范畴，这二个系统是独立的，不会同时投入工作，尽管有许多共用的部件。一般汽车在减速制动时，ABS 不投入工作，但 EBD 会投入工作。

### 3. 作用

由于制动器制动力是固定分配的，汽车在转弯、路面摩擦系数不同、载荷不同时制动，都会使某个车轮先抱死，而 EBD 则能使四个车轮趋于同时抱死，使制动系统有效地利用地面制动力，从而更好地发挥 ABS 的作用。

### 4. 组成与工作原理

组成：EBD 由车轮传感器、ECU 和制动压力调节器三部分组成，共用 ABS 的车轮传感器、制动压力调节器。

工作原理：EBD 工作时，制动压力来自驾驶人，其会监视四个车轮的转动，调节趋于抱死车轮制动器的制动力避免该车轮率先抱死，在 ABS 投入工作时，四个车轮趋于相同的抱死程度，充分利用了地面制动力，如图4-7-5所示。

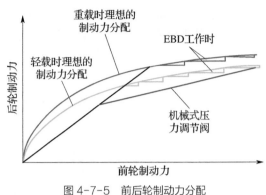

图 4-7-5　前后轮制动力分配

## 四　制动能量回收

### 1. 概念

制动能量回收系统是先把汽车制动或者减速时浪费的机械能（动能）部分转化为其他形式的能量（旋转动能、液压能、化学能等），并储存在储能器中，形成负荷阻力让汽车减速；当汽车下次启动或加速时，制动能量回收系统会将储存的能量再次转化为汽车行驶时需要的动能（驱动力）。

### 2. 功能

制动能量回收系统配合机械制动，能够提高电动汽车制动系统的安全性、灵敏性和可靠性，同时增加整车续驶里程。

### 3. 分类

根据储能方式不同，可分为飞轮储能、液压储能和蓄电池储能。由于电动汽车发展迅猛，这里主要讲述蓄电池储能方式，即电动汽车制动能量回收系统。

### 4. 结构

电动汽车的制动系统是机电复合的制动系统，其主要由两部分组成，即电机再生制动部分和传统液压摩擦部分。

再生制动部分主要包含驱动轮、动力分配装置（主减速器、变速器）、电机（既是驱动电机，也是发电机）、电机控制器（AC/DC 变换器、DC/DC 变换器）、能量储存系统（动力电池）和再生制动控制器（整车控制器、电池管理系统），如图 4-7-6 所示。由于电动汽车本身具有能量转换装置（电机）和储能装置（动力电池）的先天优势，所以无须增加任何机械装置，就可以实现制动能量回收功能。

### 5. 工作过程

动力电池与电机是一对能量转换系统，车辆行驶时动力电池给电机提供电能，制动时电机起到发电机的作用给电池供能。制动能量回收系统吸收电动汽车制动产生的动能，借助电机转化成电能为电池充电，电机生成反向转矩作用于传动轴生成电制动力。

当驾驶人松开加速踏板时，整车控制器根据制动踏板的开度、车辆行驶状态信息，以及动力电池的状态信息，来分析某一时刻是否进行制动能量回收。例如，当动力电池的温度太低时，不能进行能量回收；根据动力电池的剩余电量，决定制动能量回收的程度；不同车型具有不同的控制策略。如果动力电池的剩余电量较多，比如电量大于95%，就不进行能量回收；如果动力电池的电量很少，比如电量为 5% 时，就能够进行正常的能量回收；如果动力电池电量在两者之间时，就会限制制动能量回收的最大充电电流。

当电动汽车减速时，车轮带动电机转动，电机作为交流发电机而产生电流，经过电机控制器将交流电整流升压为高压直流电，给动力电池组充电，如图 4-7-7 所示。电动汽车控制器可通过各种传感器对动力电池、驱动电机进行实时监控并及时反馈状态信息，通过电功率表、转速表和温度表等仪表进行显示。

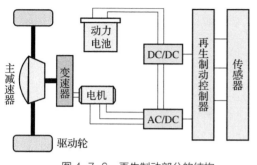

图 4-7-6 再生制动部分的结构

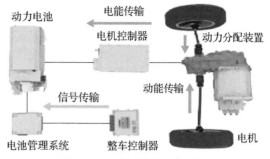

图 4-7-7 制动能量回收系统

### 6. 要求

制动能量回收不能干预 ABS 的运行。当 ABS 进行制动力调节时或 ABS 报警时，制动能量回收不可运行。当电机驱动系统有故障时，制动能量回收系统也不应运行。在整个制动的过程中，需保证电动汽车制动的平稳性，并最大限度地回收制动能量，增加电动汽车续驶里程。

> 实际上，ABS 已经能够满足汽车制动安全需求，但是科学家们和工程师们具备创新意识，毅然发挥创新精神，不断优化汽车制动系统性能，提高汽车驾驶的安全性，开发了 ASR、EBD、ESP 等系统，同时为了节约能源，又开发了制动能量回收系统。

## ➡ 技能操作

### 一 ASR 与 ABS 的对比分析

#### 1. 联系

ASR 和 ABS 都是控制车轮和路路的滑移率，以使车轮与地面的附着力不下降，因此两系统采用的是相同的技术，它们密切相关，常结合在一起使用，共享许多电子组件和共同的系统部件来控制车轮的运动，构成行驶安全系统。

#### 2. 区别

1）ABS 是防止制动时车轮抱死滑移，确保制动安全，而 ASR 则是防止驱动车轮原地不动而不停地滑转，提高汽车起步、加速及滑溜路面行驶时的牵引力，确保行驶稳定性。

2）ABS 对所有车轮起作用，控制其滑移率，而 ASR 只对驱动车轮起制动控制作用。

3）ABS 是在汽车制动过程中工作，若车轮出现抱死情况，则能够起到控制作用，在车速很低（小于 8km/h）时不起作用，而 ASR 则是在整个汽车行驶过程中都工作，在车轮出现滑转时起作用，在车速很高（80~120 km/h）时不起作用。

### 二 ESP 的"转向过度"与"转向不足"分析

#### 1. 转向过度

如图 4-7-8 所示为转向过度及克服转向过度示意图，转向盘转角传感器向电子控制单元发送一个驾驶人想要朝方向"A"转向的信号，横向偏摆率传感器检测到车辆开始打转"B"

方向，同时车辆前端开始向方向"C"滑移，说明车辆出现转向过度，ESP 将实行主动制动干预。

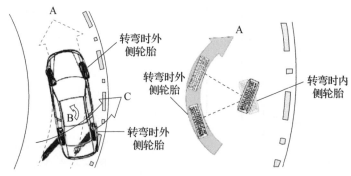

图 4-7-8　转向过度及克服转向过度示意图

ESP 利用 ABS-TCS 系统已有的主动制动控制功能向车辆的外侧前轮或两个外侧车轮施加计算得到的制动力，由于重心的惯性作用汽车继续向前运动，于是汽车以外侧前轮或两个外侧车轮为支点，使内侧车轮绕其旋转，以稳定车辆并向驾驶人想要的方向偏转。

### 2. 转向不足

如图 4-7-9 所示为转向不足及克服转向不足示意图，转向盘转角传感器向电子控制单元发送一个驾驶人想要朝方向"A"转向的信号，横向偏摆率传感器检测到车辆开始打转"B"方向，同时车辆前端开始向方向"C"滑移，说明车辆出现转向不足，ESP 将实行主动制动干预。

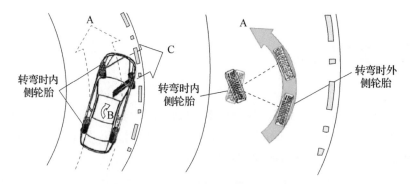

图 4-7-9　转向不足及克服转向不足示意图

ESP 利用 ABS-TCS 系统已有的主动制动控制功能向车辆的内侧后轮或两个内侧车轮施加计算得到的制动力，由于重心的惯性作用汽车继续向前运动，于是汽车以内侧后轮或两个内侧车轮为支点，使外侧车轮绕其旋转，以稳定车辆并向驾驶人想要的方向偏转。

### 三　ASR 与 ESP 故障的诊断与排除

当电子控制单元检测到 ASR/ESP 系统有故障时，电子控制单元会存储故障码，并点亮 ASR/ESP 故障警告灯，同时 ASR/ESP 功能失效。

### 1. 检修注意事项

1）电控单元对过电压、静电非常敏感，为防止损坏它，点火开关接通时不要插或拔电控单元上的连接器。

2）维修液压控制装置时，切记要首先进行泄压，然后再按规定进行修理。

## 2. 检修方法

1）目视检查，可以发现比较明显的故障，能够节省时间，提高维修效率。

2）检查管路，检查制动器有无拖滞现象。

3）检查所有继电器、熔丝是否完好，插接是否牢固。

4）检查电子控制单元和液压调节器总成，检查传感器及线路。

5）检查蓄电池电压是否在规定范围内。

## 3. 电子控制单元和液压总成的检查

应按技术标准对电控单元和液压调节器总成进行检修。电控单元出现故障后，制动系统能够保持常规制动，但 ABS/ASR/ESP 功能均失效。如果电磁阀功能出现不可靠故障，制动系统整体关闭，ESP 功能失效。电控单元和液压总成集成为一体，在保修期内，不要拆解电控单元和液压总成。

## 4. 故障诊断与排除

连接故障诊断仪，进入电子制动控制模块读取故障码，该模块记忆了 3 个故障码，分别是：U0073- 控制模块通信总线 A 关闭；U0074- 控制模块通信总线 B 关闭；U0126- 与转向盘转角传感器模块失去通信。从上述故障代码的内容来看，故障应该是网络通信问题所导致。检查电控模块线路，拆下冷却液补液罐，拔下 EBCM 导线侧连接器，检查 EBCM 的电源和搭铁情况，用工具将两侧的连接器端子清洁干净，重新连接牢固后试车。

## 四　制动能量回收系统测试

制动能量回收系统测试的步骤如下。

1）打开主驾驶车门，驾驶人上车，关闭车门，系好安全带。

2）驾驶人踩下制动踏板后松开驻车制动，将起动开关置于 ON 位。

3）将电子变速杆由 N 位切换到 D 位，缓慢松开制动踏板，车辆开始移动。

4）踩下加速踏板，使汽车达到较高车速，松开加速踏板，踩下制动踏板。

5）进行观察：仪表板电流流向为反向充电。

# 参 考 文 献

[1] 张明.汽车底盘机械系统检修［M］.北京：人民邮电出版社，2016.

[2] 于海东.透视图解汽车构造原理与拆装［M］.北京：化学工业出版社，2017.

[3] 杨智勇，黄艳玲，李培军.汽车底盘机械系统构造与检修一体化教程［M］.北京：机械工业出版社，2022.

[4] 谢伟钢，黄成.汽车底盘构造与维修［M］.北京：机械工业出版社，2022.

[5] 文定凤，杨长忠.汽车底盘构造与维修［M］.北京：机械工业出版社，2021.

[6] 曲英凯，刘强.汽车底盘构造与维修［M］.2版.北京：人民交通出版社，2018.

[7] 于海东，蔡晓兵.汽车构造原理从入门到精通［M］.北京：机械工业出版社，2020.

[8] 屠卫星.汽车制动系统维修［M］.2版.北京：国防工业出版社，2015.

[9] 武忠，李盛福，李文涛.汽车行驶、转向与制动系统检修［M］.北京：机械工业出版社，2019.

[10] 杨智勇，金艳秋，翟静.汽车底盘电控系统原理与检修一体化教程［M］.北京：机械工业出版社，2022.

机械工业出版社 | 汽车分社
CHINA MACHINE PRESS

# 读者服务

机械工业出版社立足工程科技主业，坚持传播工业技术、工匠技能和工业文化，是集专业出版、教育出版和大众出版于一体的大型综合性科技出版机构。旗下汽车分社面向汽车全产业链提供知识服务，出版服务覆盖包括工程技术人员、研究人员、管理人员等在内的汽车产业从业者，高等院校、职业院校汽车专业师生和广大汽车爱好者、消费者。

## 一、意见反馈

感谢您购买机械工业出版社出版的图书。我们一直致力于"以专业铸就品质，让阅读更有价值"，这离不开您的支持！如果您对本书有任何建议或宝贵意见，请您反馈给我。我社长期接收汽车技术、交通技术、汽车维修、汽车科普、汽车管理及汽车类、交通类教材方面的稿件，欢迎来电来函咨询。

咨询电话：010-88379353　编辑信箱：cmpzhq@163.com

## 二、课件下载

为满足读者电子阅读需求，我社已全面实现了出版图书的电子化，读者可以通过京东、当当等渠道购买机械工业出版社电子书。获取方式示例：打开京东App—搜索"京东读书"—搜索"（书名）"。

## 三、教师服务

机械工业出版社汽车分社官方微信公众号——机工汽车，为您提供最新书讯，还可免费收看大咖直播课，参加有奖赠书活动，更有机会获得签名版图书、购书优惠券等专属福利。欢迎关注了解更多信息。

微信公众号
机工汽车

## 四、购书渠道

编辑微信
13641202052

我社出版的图书在京东、当当、淘宝、天猫及全国各大新华书店均有销售。

团购热线：010-88379735

零售热线：010-68326294　88379203

# 推荐阅读

| 书号 | 书名 | 作者 | 定价（元） |
|------|------|------|-----------|
| **智能网联、新能源汽车专业教材** | | | |
| 978-7-111-70269-6 | 智能网联汽车技术原理与应用（彩色版） | 程增木　杨胜兵 | 65 |
| 978-7-111-71031-8 | 新能源汽车检测与故障诊断技术（彩色版配实训工单） | 吴海东　等 | 69 |
| 978-7-111-70758-5 | 新能源汽车电动空调　转向和制动系统检修（彩色版配实训工单） | 王景智　等 | 69 |
| 978-7-111-70293-1 | 新能源汽车整车控制系统检修（彩色版配实训工单） | 吴东盛　等 | 69 |
| 978-7-111-70163-7 | 新能源汽车动力电池及管理系统检修（彩色版配实训工单） | 吴海东　等 | 59 |
| 978-7-111-70716-5 | 新能源汽车技术概论（全彩印刷） | 赵振宁 | 55 |
| 978-7-111-70671-7 | 纯电动汽车构造原理与检修（全彩印刷） | 赵振宁 | 59 |
| 978-7-111-58759-0 | 纯电动/混合动力汽车结构原理与检修（配实训工单）（全彩印刷） | 金希计　吴荣辉 | 59.9 |
| 978-7-111-70956-5 | 新能源汽车维护与故障诊断（配实训工单）（全彩印刷） | 林康　吴荣辉 | 59 |
| 978-7-111-70052-4 | 新能源汽车整车控制系统诊断（双色印刷） | 赵振宁 | 55 |
| 978-7-111-69954-5 | 智能网联汽车概论（全彩印刷） | 吴荣辉　吴论生 | 59.9 |
| 978-7-111-69808-1 | 新能源汽车结构原理与检修（全彩印刷） | 吴荣辉 | 65 |
| 978-7-111-68305-6 | 新能源汽车认知与应用（第2版）（全彩印刷） | 吴荣辉　李颖 | 55 |
| 978-7-111-61576-7 | 新能源汽车概论（全彩印刷） | 张斌　蔡春华 | 49 |
| 978-7-111-64438-5 | 新能源汽车电力电子技术（全彩印刷） | 冯津　钟永刚 | 49 |
| 978-7-111-68442-8 | 新能源汽车高压安全与防护（全彩印刷） | 吴荣辉　金朝昆 | 45 |
| 978-7-111-64624-2 | 新能源汽车维护与故障诊断（全彩印刷） | 王强　等 | 55 |
| 978-7-111-68486-2 | 智能网联汽车技术概论（彩色版配视频） | 程增木　康杰 | 55 |
| 978-7-111-67455-9 | 混合动力汽车结构与检修一体化教程（彩色版）（附赠习题册含工作任务单） | 汤茂银 | 55 |
| **传统汽车专业教材** | | | |
| 978-7-111-67889-2 | 汽车构造与原理　（彩色版） | 谢伟钢　范盈圻 | 59 |
| 978-7-111-70247-4 | 汽车销售基础与实务（全彩印刷） | 周瑞丽　冯霞 | 59 |
| 978-7-111-67815-1 | 汽车网络与新媒体营销（全彩印刷） | 田凤霞 | 59.9 |
| 978-7-111-68708-5 | 汽车销售实用教程（第2版）（全彩印刷） | 林绪东　葛长兴 | 55 |
| 978-7-111-70422-5 | 汽车机械基础一体化教程（彩色版配实训工作页） | 广东合赢 | 59 |
| 978-7-111-69809-8 | 汽车检测与故障诊断一体化教程（彩色版配工作页） | 秦志刚　梁卫强 | 69 |
| 978-7-111-69993-4 | 汽车舒适与安全系统原理检修一体化教程（配任务工单） | 栾琪文 | 59.9 |
| 978-7-111-71166-7 | 汽车发动机电控系统结构原理与检修（彩色版配实训工单） | 李先伟　吴荣辉 | 59 |
| 978-7-111-68921-8 | 汽车底盘电控系统原理与检修一体化教程（彩色版）（附实训工作页） | 杨智勇　金艳秋　翟静 | 69 |
| 978-7-111-67683-6 | 汽车底盘机械系统构造与检修一体化教程（全彩印刷） | 杨智勇　黄艳玲　李培军 | 59 |
| 978-7-111-69963-7 | 汽车电气设备结构原理与检修（配实训工单）（全彩印刷） | 管伟雄　吴荣辉 | 69 |

# 目 录

Contents

# 一、习题部分

## 学习场一　汽车传动系统结构拆装与故障诊断、检修

### 一、单选题

1. （　　）是控制离合器接合与分离的装置，它起始于离合器踏板，终止于离合器内的分离轴承。

  A．操纵机构　　B．压紧机构　　C．从动部分　　D．主动部分

2. 离合器打滑时，汽车可能出现的现象不包括（　　）。

  A．发动机怠速运转时，踩下离合器踏板，挂挡困难且伴有齿轮撞击声

  B．低速挡起步时，抬起离合器踏板后，汽车起步困难或不能起步

  C．加速行驶时，行驶速度不能随发动机转速的升高而升高，造成行驶无力

  D．满载上坡时，行驶无力现象更加明显，严重时还伴有离合器过热、产生焦煳味或冒烟等现象

3. 下列选项中，不属于离合器打滑故障原因的是（　　）。

  A．离合器踏板自由行程过小或没有自由行程

  B．压紧弹簧或膜片弹簧弹力下降或断裂

  C．液压式操纵机构漏油

  D．分离轴承套筒与其导管间油污、尘腻严重，造成操纵机构卡滞，使分离轴承不能回位

4. 下列选项中，不属于离合器分离不彻底故障现象的是（　　）。

  A．发动机怠速运转时，踩下离合器踏板，挂挡困难且伴有齿轮撞击声

  B．挂挡困难，若强行挂入挡位，则在离合器踏板未完全抬起时，汽车就会起步或熄火

  C．变速时换挡困难且伴有齿轮撞击声

  D．离合器接合时发生抖动

5. 离合器踏板自由行程一般在（　　）mm 范围内。

  A．10 ～ 15　　B．15 ～ 20　　C．20 ～ 25　　D．25 ～ 30

6. 有级式变速器采用（　　）传动，具有若干个定值传动比。

  A．传动带　　　　　　　　　B．齿轮

  C．链条　　　　　　　　　　D．齿轮箱

7. 离合器直接操纵式操纵机构常用于（　　）汽车。

  A．发动机前置前轮驱动　　　B．发动机后置后轮驱动

  C．发动机前置四轮驱动　　　D．发动机前置后轮驱动

8. 汽车发动机与驱动轮之间的动力传递装置称为汽车的（　　）。

  A．制动系统　　B．传动系统　　C．行驶系统　　D．转向系统

9. （　　）安装在发动机与变速器之间，是负责在发动机与传动系统之间传递和切断动力的部件。

　　A. 制动器　　　B. 变速器　　　　C. 驱动桥　　　D. 离合器

10. （　　）是汽车的基底，用于承受汽车的载荷和车轮传来的冲击。

　　A. 车架　　　　B. 车桥　　　　　C. 悬架　　　　D. 车轮

11. （　　）可以阻止两个拨叉轴同时移动，防止变速杆时同时挂入两个挡位。

　　A. 自锁装置　　B. 互锁装置　　　C. 锁闭装置　　D. 倒挡锁装置

12. （　　）指的是汽车在加速、减速或爬坡时，变速杆自动跳回空挡位置。

　　A. 挂挡困难　　B. 掉挡　　　　　C. 乱挡　　　　D. 同时挂入两挡

13. 下列选项中，不会引起变速器异响的是（　　）。

　　A. 齿轮磨损严重　　　　　　　B. 变速器内掉入异物

　　C. 轴承磨损严重　　　　　　　D. 变速杆下端球头定位销与定位槽配合松旷

14. （　　）可以在液力变矩器内自由转动，是液力变矩器的动力输出元件。

　　A. 泵轮　　　　B. 导轮　　　　　C. 涡轮　　　　D. 单向离合器

15. 行星齿轮机构工作时，（　　）可以绕着自身轴线自转，还可以绕着太阳轮公转。

　　A. 太阳轮　　　B. 行星架　　　　C. 行星轮　　　D. 齿圈

16. （　　）与独立悬架配套使用，其桥壳分为两段。

　　A. 整体式驱动桥　　　　　　　B. 断开式驱动桥

　　C. 变速驱动桥　　　　　　　　D. 独立驱动桥

17. 下列选项中，不属于单级主减速器优点的是（　　）。

　　A. 结构简单　　　　　　　　　B. 传动效率高

　　C. 具有较大的传动比　　　　　D. 体积小

18. 下列选项中，不属于桥壳功用的是（　　）。

　　A. 支撑并保护主减速器、差速器

　　B. 将主减速器传来的动力传递给左、右半轴

　　C. 在驱动轮与悬架之间传递动力

　　D. 支撑并保护半轴

19. 下列选项中，（　　）不是导致驱动桥过热的原因。

　　A. 油封过紧

　　B. 半轴锥齿轮与半轴花键配合松旷

　　C. 齿轮油油量不足

　　D. 行星锥齿轮与半轴锥齿轮的啮合间隙过小

20. 为确保主减速器的正常工作，在主减速器的装配过程中，需要进行一些调整，其中不包括调整（　　）。

　　A. 主动轴与主动锥齿轮配合度　　B. 轴承预紧度

　　C. 主、从动锥齿轮的啮合间隙　　D. 主、从动锥齿轮的啮合印痕

## 二、多选题

1. 离合器的功用包括（　　）。

　　A. 保证汽车平稳起步　　　　　B. 保证变速器平顺换挡

  C．防止发动机熄火    D．防止传动系统过载

2．按压紧弹簧形式及布置位置的不同，摩擦式离合器可分为（  ）。

  A．周布螺旋弹簧离合器  B．中央弹簧离合器

  C．斜置弹簧离合器   D．膜片弹簧离合器

3．摩擦式离合器的工作状态分为三种：（  ）。

  A．联动状态     B．全联动状态

  C．半联动状态    D．不联动状态

4．离合器的常见故障有（  ）。

  A．离合器打滑    B．离合器分离不彻底

  C．离合器接合不平顺  D．离合器异响

5．按操纵方式不同，变速器可分为（  ）。

  A．手动变速器    B．自动变速器

  C．手动/自动一体变速器 D．拨叉式变速器

6．手动变速器的变速传动机构按前进挡工作轴的数量可分为（  ）。

  A．三轴式  B．两轴式  C．一轴式  D．四轴式

7．现代自动变速器的齿轮传动机构多采用行星齿轮机构，常见的有（  ）。

  A．汤普森式  B．辛普森式  C．拉维那式  D．尼维那式

8．自动变速器的常见故障有（  ）。

  A．汽车不能行驶   B．自动变速器打滑

  C．换挡冲击大    D．升挡过迟

9．驱动桥的常见故障有（  ）。

  A．过热   B．振动   C．漏油   D．异响

10．驱动桥主要包括（  ）。

  A．差速器  B．主减速器  C．驱动桥壳  D．半轴

## 三、填空题

1．摩擦式离合器基本上都由_____、_____、_____、_____四部分组成。

2．离合器的_____同发动机曲轴连在一起，始终与曲轴一起转动。

3．离合器操纵机构可分为_____、_____、_____三种。

4．按传动比的级数不同，变速器可分为_____式变速器、_____式变速器、_____式变速器。

5．三轴式变速传动机构有3根前进挡工作轴：_____、_____、_____。

6．汽车底盘由_____、_____、_____和_____四部分组成。

7．传动系统主要由_____、_____、_____、_____等部分组成。

8．_____、_____、_____统称为定位锁止装置。

9．_____能够对各挡位拨叉轴进行轴向定位锁止，防止其自动产生轴向移动而造成自动换挡或脱挡。

10．按控制方式的不同，自动变速器可分为_____和_____。

11．液力变矩器通常由_____、_____、_____三部分构成。

12．双离合变速器中的离合器分为_____和_____两种。

13. 万向传动装置主要由_____、_____、_____等部分组成。

14. 驱动桥的功用是将变速器、万向传动装置传来的动力经_____、_____后，分配到左、右驱动轮，使驱动轮能够以不同的转速旋转。

15. 根据支撑形式不同，现代汽车常用的半轴主要分为_____和_____两种。

## 四、判断题

1. 正常的自动变速器油应是半透明的红色或黄色，有类似新机油的气味。（　　）

2. 传动轴过长时，自振频率会降低，易产生共振，因此传动轴被分成的段数越多越好。（　　）

3. 传动轴多为实心轴，这样可以提高轴的强度。（　　）

4. 我们所说的汽车底盘实际上就是车架。（　　）

5. 主减速器作用是降低转速，增大转矩，改变动力的传递方向90°。（　　）

6. 一辆越野汽车尾部有4×4的标识，表示驱动轮为4+4=8个。（　　）

7. 大部分轿车的传动系统形式是发动机前置、前轮驱动，而大部分货车为发动机前置、后轮驱动。（　　）

8. 为了保证汽车平稳起步，离合器至关重要。（　　）

9. 目前，与手动变速器相配合的离合器绝大多数为摩擦式离合器。（　　）

10. 无级式变速器的英文缩写为CVT，在中、高级轿车上应用越来越多。（　　）

11. 按变速器操纵方式可分为手动变速器和自动变速器两种。（　　）

12. 同步器的功用仅是缩短换挡时间，防止在同步前啮合而产生换挡冲击，所以同步器故障时汽车仍可正常行驶。（　　）

13. 具备自动挡汽车驾驶资质的驾驶人也可以驾驶手动挡汽车。（　　）

14. 变速器工作时发出响声是一种正常现象。（　　）

15. 自动变速器即为无级变速器。（　　）

16. 自动变速器传动效率较低，对液力变矩器而言，最高效率一般只有82%~86%，汽车的燃油经济性有所降低。（　　）

17. 自动变速器里的液力变矩器是靠液力传递动力和转矩的装置，相当于手动变速器里的离合器。（　　）

18. 自动变速器的电控系统使整车的燃油经济性和动力性提高，换挡精确、减少了换挡时的振动与冲击，简化了复杂的液压回路。（　　）

19. 无级变速器就是在一定范围内能线性地调节传动比，理论上相当于有无数个挡位。（　　）

20. 准等速万向节是根据两个十字轴万向节实现等速传动的原理设计而成的，可实现绝对的等角速传动。（　　）

21. 因驱动桥与车架之间是弹性连接，故普通万向传动装置不可能在任何情况下都保证等速传动，一般只是汽车满载在水平路面行驶时，近似等速。（　　）

22. 非断开式驱动桥可配合独立悬架和非独立悬架使用，大多应用于汽车的后桥。（　　）

23. 生活中的脚蹬式三轮车转弯性较差正是因为没有差速器。（　　）

24. 防滑差速器一般应用在四轮驱动汽车上。 （　　）
25. 万向传动装置主要是通过万向节实现变角度传动的。 （　　）

## 五、简答题

1. 离合器应满足哪些要求？

2. 有哪些原因可能会导致离合器接合不平顺？

3. 离合器异响的故障现象和原因分别是什么？

4. 如何检测离合器踏板自由行程？

5. 两轴式变速传动机构各挡位的传动路线是怎样的？

6. 引起手动变速器漏油的原因有哪些？应如何解决？

7. 若汽车不能行驶，可能是自动变速器出了哪些故障造成的？

8. 常见的汽车传动系统的布置形式是哪四种？并举例具体车型。

9. 变速器的功用是什么？

10. 简述自动变速器各挡位及其功能。

11. 简述齿轮传动的基本原理。

12. 简述万向传动装置常见故障及现象。

13. 小王欲从小张处购买一辆二手车，作为二手车鉴定师的你被小王邀请去帮忙验车。你发现该车变速器有过大修痕迹，但小张之前并没有如实告知小王。恰巧两人都与你相识，你将如何从职业道德素养与朋友情谊之间抉择呢？

## 学习场二　汽车行驶系统结构拆装与故障诊断、检修

### 一、单选题

1. 采用非独立悬架的汽车，其车桥一般是（　　）。
   A. 断开式　　　　　　　　　　　　B. 整体式
   C. A、B 选项均可　　　　　　　　D. 与 A、B 选项无关

2. 车轮前束是为了调整（　　）所带来的不良后果而设置的。
   A. 主销后倾角　　　　　　　　　　B. 主销内倾角
   C. 车轮外倾角　　　　　　　　　　D. 车轮内倾角

3. 主销内倾角的作用除了使车轮自动回正外，另一作用是（　　）。
   A. 转向操纵轻便　　　　　　　　　B. 减少轮胎磨损
   C. 形成车轮回正的稳定力矩　　　D. 提高车轮工作的安全性

4. 车轮安装在（　　）的两端。
   A. 车架　　　　B. 悬架　　　　C. 车桥　　　　D. 轮辋

5. 越野汽车的前桥属于（　　）。
   A. 转向桥　　　B. 驱动桥　　　C. 转向驱动桥　D. 支承桥

6. （　　）主要用作辅助弹簧，或用作悬架部件的衬套及其他支承件。
   A. 钢板弹簧　　B. 橡胶弹簧　　C. 扭杆弹簧　　D. 空气弹簧

7. （　　）悬架是车轮在汽车横向平面内摆动的悬架。
   A. 双横臂式　　B. 双纵臂式　　C. 烛式　　　　D. 麦弗逊式

8. （　　）悬架是车轮沿摆动的主销轴线上下移动的悬架。
   A. 双横臂式　　B. 双纵臂式　　C. 烛式　　　　D. 麦弗逊式

9. 轿车通常采用（　　）悬架。
   A. 独立　　　　B. 非独立　　　C. 平衡　　　　D. 非平衡

10. 0-20 型轮辋的名义直径是（　　）。
    A. 7.0mm　　　B. 20mm　　　C. 7.0in　　　D. 20in

11. 对轮胎磨损影响最大的因素是（　　）。
    A. 主销后倾角　　　　　　　　　　B. 推力角
    C. 车轮前束　　　　　　　　　　　D. 转向轴线内倾角

12. 一般轿车的车轮螺栓拧紧力矩为（　　）N·m。
    A. 10　　　　　B. 110　　　　C. 50　　　　　D. 40

13. 在检查汽车的车轮螺栓时（　　）。
    A. 目测就能判断螺栓是否紧固
    B. 应该用扭力扳手检查判断螺栓是否紧固
    C. 用脚踢就能判断螺栓是否紧固
    D. 用手摸就能判断螺栓是否紧固

14. 前轮外倾角最大不能超过多少（　　）。
    A. 1°　　　　　B. 2°　　　　　C. 3°　　　　　D. 4°

15. 一般家用轿车前轮与后轮的胎压分别是多少（　　　）bar。

A. 1.8, 2.2　B. 2.2, 1.8　　C. 2.8, 3.2　D. 3.2, 2.8

## 二、多选题

1. 汽车使用的弹簧种类有（　　　）。

A. 钢板弹簧　B. 扭杆弹簧　　C. 螺旋弹簧　D. 橡胶弹簧

2. 有内胎的充气轮胎出（　　　）等组成。

A. 内胎　　　　B. 外胎　　　　C. 轮辋　　　　D. 垫带

3. 空气悬架系统所使用到的传感器包含（　　　）。

A. 车身高度传感器　　　　B. 转向传感器

C. 车速传感器　　　　　　D. 节气门位置传感器

4. 安装非独立悬架系统的汽车，其车身倾斜的原因有（　　　）。

A. 钢板弹簧、螺旋弹簧断裂　B. 弹簧弹力下降

C. 弹簧刚度不一致　　　　　D. U 形螺栓松动

5. 汽车独立悬架系统，造成其常见故障的原因有（　　　）。

A. 螺旋弹簧弹力不足　　　　B. 稳定杆变形

C. 上、下摆臂变形　　　　　D. 各铰接点磨损、松旷

## 三、填空题

1. 检查后桥壳体内的润滑油量是否合适，其标准是油面应不低于检视孔下沿＿＿＿＿＿＿处。

2. 检查轴承的松紧度，其标准是可通过推动＿＿＿＿＿＿＿的方式来检查，推动时应感觉不到明显的＿＿＿＿＿＿＿。

3. 检视齿轮、轴承及各部螺栓紧固情况，其方法是＿＿＿＿＿＿＿，再拆下＿＿＿＿＿＿＿，最后＿＿＿＿＿＿＿。

4. 齿轮的检修中，齿轮不得有疲劳性剥落，轮齿损坏不得超过齿长的＿＿＿＿＿＿＿和齿高的＿＿＿＿＿＿＿。

5. 检验半轴弯曲度的方法是将半轴夹在车床上用＿＿＿＿＿＿＿抵在半轴中间处测量，其标准是摆差不能超过＿＿＿＿＿＿＿，否则，应进行冷压校正或更换。

6. 检查轴承与轴颈的配合，其标准是主动齿轮轴颈与滚针轴承内轴颈一般为＿＿＿＿＿＿＿，与外轴颈一般为＿＿＿＿＿＿＿。

7. 代号"9.00–20"表示宽度为＿＿＿＿＿＿＿in、轮辋直径为＿＿＿＿＿＿＿in 的斜交轮胎。

8. "195/60R1485H"表示轮胎宽度是＿＿＿＿＿＿＿、扁平比是＿＿＿＿＿＿＿、轮辋直径是＿＿＿＿＿＿＿、荷重等级是＿＿＿＿＿＿＿、速度等级是＿＿＿＿＿＿＿。

9. 轿车轮胎胎冠花纹深度不小于＿＿＿＿＿＿＿，载货汽车侧转向轮胎冠上的花纹深度不小于＿＿＿＿＿＿＿，其余轮胎胎冠花纹深度不小于＿＿＿＿＿＿＿。

10. 轮辋的种类有深槽轮辋、＿＿＿＿＿＿＿、半深槽轮辋、＿＿＿＿＿＿＿、平底宽轮辋、＿＿＿＿＿＿＿。

## 四、判断题

1. 主销后倾角一定都是正值。　　　　　　　　　　　　　　　　　　　（　　　）

2. 车轮外倾角一定大于零。　　　　　　　　　　　　　　　　　　　　（　　　）

3. 兼起转向和驱动作用的前桥称为转向驱动桥。　　　　　　　　　　　（　　　）

4. 扭杆弹簧本身的扭转刚度是可变的，所以采用扭杆弹簧的悬架刚度也
　　是可变的。　　　　　　　　　　　　　　　　　　　　　　　　　　（　　　）

5. 减振器与弹性元件是串联安装的。　　　　　　　　　　　　　　　　（　　　）

6. 减振器在汽车行驶中变热是不正常的。　　　　　　　　　　　　　　（　　　）

7. 减振器在伸张行程时，阻力应尽可能小，以充分发挥弹性元件的缓
　　冲作用。　　　　　　　　　　　　　　　　　　　　　　　　　　　（　　　）

8. 悬架的减振器仅起缓冲作用。　　　　　　　　　　　　　　　　　　（　　　）

9. 非独立悬架的汽车当一侧车轮因路面不平而跳动时，另一侧车轮不
　　会受影响。　　　　　　　　　　　　　　　　　　　　　　　　　　（　　　）

10. 麦弗逊式和多连杆式悬架在轿车和货车上应用广泛。　　　　　　　（　　　）

11. 装有电子控制悬架系统的汽车在高速行驶时，可以使车高降低，以
　　减少空气阻力，提高操纵的稳定性。　　　　　　　　　　　　　　（　　　）

12. 在电子控制悬架系统中，电子控制单元根据车速传感器和转角传感器
　　的信号，判断汽车转向时侧向力的大小和方向，以控制车身的侧倾。（　　　）

13. 电子控制悬架系统主要有半主动悬架和主动悬架两种。　　　　　　（　　　）

14. 汽车两侧车轮辐板的固定螺栓一般都采用右旋螺纹。　　　　　　　（　　　）

15. 车轮不平衡可能引起汽车行驶时过分的振动　　　　　　　　　　　（　　　）

16. 车辆在举升机升起的位置测量轮胎压力是不规范的。　　　　　　　（　　　）

17. 轿车的车轮螺栓拧紧力矩为 10N·m。　　　　　　　　　　　　　　（　　　）

18. 汽车轮胎内侧磨损的原因可能是汽车在过高的车速下转弯。　　　　（　　　）

19. 气泡水准式定位仪由于具有结构简单、价格低廉、便于携带等优点，
　　在国内获得广泛应用。　　　　　　　　　　　　　　　　　　　　（　　　）

20. 钢板弹簧所使用的每片合金弹簧钢必须厚度相等。　　　　　　　　（　　　）

## 五、简答题

1. 简述车桥的作用及类型。

2. 简述车架的作用及类型。

3. 什么是车轮定位？

4. 简述车轮的功用及其结构组成。

5. 举例说明轮胎规格的表示方法。

6. 常见的轮胎故障有哪些？

7. 与非独立悬架相比，独立悬架具备哪些优点？

8. 常见的独立悬架有哪些类型？

9. 简述电控悬架系统的基本组成。

10. 应用于货车的非独立悬架被首先发明，后来人们又创新地研发出独立悬架，这大大提高了轿车的乘坐舒适性。创新是一个民族进步的灵魂，作为中华民族的一分子，你在未来的工作中将如何做到创新？

# 学习场三 汽车转向系统结构拆装与故障诊断、检修

## 一、单选题

1. ( ) 的功能是按驾驶人的意愿控制汽车的行驶方向。
   A. 转向盘　　B. 车轮　　　C. 转向系统　　D. 行驶系统

2. 下列选项中，不属于转向操纵机构部件的是 ( )。
   A. 转向盘　　B. 转向轴　　C. 转向摇臂　　D. 传动轴

3. ( ) 转向器主要由转向器壳体、转向驱动齿轮、转向齿条等组成。
   A. 齿轮齿条式　　　　　　B. 循环球式
   C. 蜗杆曲柄指销式　　　　D. 蜗杆滚轮式

4. 下列选项中，不属于转向传动机构部件的是 ( )。
   A. 梯形臂　　B. 转向器　　C. 转向直拉杆　D. 转向摇臂

5. ( ) 与梯形臂共同构成转向梯形机构，是转向梯形机构的底边。
   A. 转向横拉杆　B. 转向直拉杆　C. 转向节臂　D. 转向摇臂

6. ( ) 是转向摇臂与转向节臂之间的传动部件。
   A. 转向直拉杆　B. 转向轴　　C. 转向摇臂　　D. 传动轴

7. ( ) 是指在汽车行驶过程中，驾驶人转动转向盘时感到沉重费力，有时转弯后转向盘不易回正。
   A. 行驶跑偏　B. 转向不灵敏　C. 高速摆振　D. 转向沉重

8. 下列选项中，不属于液压常流滑阀式动力转向系统的助力转向装置组成部分的是 ( )。
   A. 转向油罐　　　　　　　B. 转向动力缸
   C. 滑阀式转向控制阀　　　D. 转阀式转向控制阀

9. 下列选项中，不属于液压常流转阀式动力转向系统的助力转向装置组成部分的是 ( )。
   A. 转向油泵　　　　　　　B. 溢流阀
   C. 电子控制单元　　　　　D. 限压阀

10. 汽车动力转向系除了驾驶人的人力外，还以 ( ) 作为辅助转向能源。
    A. 发动机动力　　　　　　B. 电动机动力
    C. 液压动力　　　　　　　D. 电子控制

11. 一般汽车转向盘的自由行程应不超过 ( )，否则需要调整。
    A. 0°～5°　B. 5°～10°　C. 10°～15°　D. 15°～20°

12. ( ) 的功用是将转向器输出的力和运动传给转向桥两侧的转向节，使两侧转向轮偏转以实现汽车转向。
    A. 转向传动机构　　　　　B. 转向操纵机构
    C. 转向器　　　　　　　　D. 转向执行机构

13. 电动动力转向系的转向助力电动机使用的是 ( )。
    A. 三相异步电动机　　　　B. 永磁电动机

C．同步电动机　　　　　　　　　　D．直线电动机

14．电动动力转向系的电动机是由（　　　）输出的正反转触发脉冲控制。

A．晶体管　　　B．电子控制单元　　　C．IGBT　　　　D．二极管

15．电动动力转向系的减速机构有（　　　）种。

A．1　　　　　　B．2　　　　　　　C．3　　　　　　D．4

## 二、多选题

1．下列属于安全式转向柱的是（　　　）

A．分开式转向柱　　　　　　　　　B．变形收缩式转向柱

C．可溃缩式转向柱　　　　　　　　D．所有转向柱均是

2．电子控制动力转向系可分为（　　　）三种。

A．电控气压式转向系　　　　　　　B．电动式动力转向系

C．电控液力式转向系　　　　　　　D．电动液力式转向系

3．汽车转向操纵机构一般由（　　　）等组成。

A．转向盘　　　B．转向管柱（轴）　　C．万向节　　　D．转向传动轴

4．电动动力转向系控制系统的输入信号为（　　　）。

A．转向盘转矩信号　　　　　　　　B．转向灯信号

C．车速信号　　　　　　　　　　　D．发动机转速信号

5．根据电动机布置位置的不同，电动动力转向系统可分为（　　　）三种。

A．转向轴助力式　　　　　　　　　B．齿轮助力式

C．齿条助力式　　　　　　　　　　D．电动机助力式

## 三、填空题

1．转向系统按转向动力源的不同可分为_____和_____两大类。

2．机械转向系统主要由_____、_____和_____等部分组成。

3．汽车转向时，车轮轴线应全部相交于一点，此相交点就是_____，由此点到外转向轮与地面接触点的距离称为汽车的_____。

4．机械转向系统的常见故障有_____、_____、_____、_____、_____等。

5．转向不灵敏时，操纵转向盘时会感觉松旷范围很_____（大/小），需要用较_____（大/小）幅度转动转向盘，才能控制汽车行驶方向。

6．动力转向系按动力介质的不同分为_____、_____、_____三类。

7．液压式动力转向系按液流形式可以分为_____、_____。

8．液压式助力转向系统的常见故障有_____、_____、_____、_____、_____等。

9．汽车在转向行驶时，要求车轮相对于地面作_____，否则如果有_____的成分，车轮_____会导致转向行驶阻力增大、动力损耗、油耗增加、轮胎磨损增加。

10．_____是动力转向装置的动力源，常见的有_____、_____和_____。

## 四、判断题

1. 电控式动力转向系是在原有机械式转向系组成基础上增设一套液压助力装置。　　　　　　　　　　　　　　　　　　　　（　　）

2. 在电动式动力转向系统中，当电动机等发生故障时，电磁离合器会自动分离，这时可恢复手动控制转向。　　　　　　　　　　（　　）

3. 当前以及未来汽车的转向系统都必须由驾驶人操纵。　　　（　　）

4. 液压常流滑阀式和液压常流转阀式动力转向系统都大范围应用于轿车。（　　）

5. 转向角传动比太小会导致转向沉重，所以转向角传动比越大越好。（　　）

6. 由于转向盘转的圈数过多会导致操纵灵敏性变差，故转向系角传动比不能过大。　　　　　　　　　　　　　　　　　　　（　　）

7. 转向盘的自由行程是指转向盘在空转阶段的角行程。在一定范围内转动转向盘时，转向节并不马上同步转动，所以必须完全消除转向盘自由行程。　　　　　　　　　　　　　　　　　　（　　）

8. 汽车转向时，内侧车轮和外侧车轮滚过的距离是不等的。　（　　）

9. 转向盘除了作为转向操纵机构的一部分，其上还装有喇叭按钮、车速控制开关和安全气囊。　　　　　　　　　　　　　　　（　　）

10. 不同类型的转向传动机构必须与独立悬架或非独立悬架配套使用。（　　）

11. 当转向盘转动后停在某一位置，液压常流转阀式动力转向装置仍有一定的助力作用。使助力转矩与车轮的回正力矩相平衡，车轮维持在某一转角位置上。　　　　　　　　　　　　　　　（　　）

12. 普通动力转向系统的助力特性是不变的，但与车速有关。　（　　）

13. 电动动力转向系统的转向助力的工作范围局限在一定的速度区域内。（　　）

14. 智能转向系统取消了转向中间轴，转向盘与转向车轮之间不存在机械结构上的约束，实现了不影响转向盘总成的前提下直接控制转向执行机构的功能。　　　　　　　　　　　　　　　（　　）

15. 对于电动动力转向系统，左转向和右转向的助力有差异是正常现象。（　　）

16. 用万用表直流电压挡测量转矩传感器各端子之间电压时，应将转向盘置于中间位置。　　　　　　　　　　　　　　　　　（　　）

17. 汽车每行驶15000km时，应检查转向油泵传动带的张紧力，必要时更换。　　　　　　　　　　　　　　　　　　　　　（　　）

18. 装配液压转向器元件时，橡胶密封件可使用汽油或煤油清洗。（　　）

19. 转向油泵输出压力不足可能造成转向时转向盘发抖。　　　（　　）

20. 气压式动力转向系统工作灵敏度高，结构紧凑、外廓尺寸较小，工作时无噪声，工作滞后时间短，而且能吸收来自不平路面的冲击。（　　）

## 五、简答题

1. 造成汽车行驶跑偏的原因有哪些？

2. 转向盘自由行程应如何检查?

3. 以左转向为例,说明液压常流转阀式动力转向装置的工作过程。

4. 如何对电动动力转向系统进行检修?

5. 如何对转向油泵进行压力检查?

6. 用流程图的形式说明电动动力转向系统的工作过程和工作原理。

7. 当点火开关旋转到 ON 的位置时,电动动力转向装置(EPS)警告灯不亮。简述故障原因、排故步骤。

8. 对电动动力转向系统进行检修时,报出故障码 41,应如何进行检查?

9. 液压转向器是精密元件,拆卸时应注意哪些事项?

10. 汽车转向系统功能简单来说就是使汽车按照驾驶人的意愿改变行驶方向,而且需要保持行驶的稳定性,可见其重要性。路漫漫其修远兮,同样需要保证自己的人生之路始终沿着正确的方向前进,你有何方法?

# 学习场四　汽车制动系统结构拆装与故障诊断、检修

## 一、单选题

1. 下列不属于人力液压制动系统组成部分的是（　　）。
   A. 制动踏板　　　　　　　　B. 液压传动装置
   C. 气压传动装置　　　　　　D. 真空助力器

2. 下列选项中，不属于制动轮缸组成部分的是（　　）。
   A. 缸体　　B. 储液罐　　C. 活塞　　D. 弹簧

3. 汽车制动时，制动力的大小取决于（　　）。
   A. 汽车的载质量　　　　　　B. 制动力矩
   C. 车速　　　　　　　　　　D. 轮胎与地面的附着条件

4. 下列选项中，不属于 ESP 功用的是（　　）。
   A. 监控驾驶人的操纵动作、路面反应、汽车运动状态等
   B. 调整每个车轮的驱动力和制动力，修正汽车的转向不足和转向过度
   C. 缩短制动距离
   D. 当驾驶人操作不当，或路面状况异常时，通过警告灯闪烁的方式提醒驾驶人

5. 下列不属于循环流通式制动压力调节器的组成部分的是（　　）。
   A. 电磁阀　　B. 低压储液罐　　C. 电动回油泵　　D. 高压蓄能器

6. 盘式制动器是指以（　　）作为旋转元件的制动器。
   A. 制动盘　　B. 制动鼓　　C. 摩擦盘　　D. 车轮

7. ABS 中，（　　）的功用是检测车轮的运动状态，并获得车轮的转速信号，将转速信号输入电子控制单元。
   A. ECU　　B. 轮速传感器　　C. 液压调节器　　D. 制动压力调节器

8. 在汽车制动过程中，如果只是前轮制动到抱死滑移而后轮还在滚动，则汽车可能（　　）。
   A. 失去转向性能　　　　　　B. 甩尾
   C. 正常转向　　　　　　　　D. 调头

9. 轿车广泛使用的是（　　）制动系统。
   A. 液压　　B. 机械　　C. 气压　　D. 电力

10. 汽车溜车是由于（　　）系统失效。
    A. 离合　　B. 制动　　C. 停车　　D. 驻车制动

11. 宝马的 DSC、丰田的 VSC、本田的 VSA、沃尔沃的 DSTC 实质上都是（　　）。
    A. ABS　　B. DSP　　C. ESP　　D. ESD

12. 在同等条件下，汽车初速度越高，制动距离（　　）。
    A. 越小　　B. 越大　　C. 不变　　D. 不一定

13. （　　）是制动踏板踩下去的时候制动不起作用的那段距离。
    A. 制动踏板行程　　　　　　B. 制动踏板高度
    C. 制动踏板无效行程　　　　D. 制动踏板自由行程

14. 液压制动系统在使用过程中若发现侵入空气或是进行维修作业之后，都应进行（　　）操作。
    A．更换　　　B．放气　　　C．堵漏　　　　D．加液
15. 一般应行驶（　　）更换制动液。
    A．40000km 或 4 年　　　　　B．20000km 或 2 年
    C．40000km 或 2 年　　　　　D．60000km 或 2 年
16. 在汽车制动过程中，如果后轮抱死滑移，则汽车可能（　　）。
    A．失去转向性能　　　　　B．甩尾
    C．正常转向　　　　　　　D．调头
17. ESP 能以（　　）次 /s 的高频率实时监控驾驶人的操控动作、路面反应、车辆运行工况，并可及时向发动机管理系统和制动系统发出指令。
    A．10　　　B．15　　　C．20　　　　D．25
18. EBD 使用（　　）控制方式。
    A．机械　　　B．液压　　　C．气压　　　　D．电子
19. （　　）轴向和径向尺寸较小，而且制动液受热汽化的机会较少。
    A．浮钳盘式制动器　　　　　B．定钳盘式制动器
    C．鼓式制动器　　　　　　　D．盘式制动器
20. 盘式制动器管路液压比鼓式制动器的（　　）。
    A．低　　　B．高　　　C．相同　　　　D．低很多

## 二、多选题

1. 人工获取 ABS 故障码的途径有（　　）。
    A．ABS 警告灯闪烁读取　　　B．电子控制单元盒上的二极管灯读取
    C．自制的发光管灯读取　　　D．通过自动空调面板读取
2. 按功能不同，制动系统可分为（　　）。
    A．行车制动系统　　　　　B．驻车制动系统
    C．应急（或第二）制动系统　D．辅助（或安全）制动系统
3. 制动系统的常见故障有（　　）等。
    A．制动不灵　　B．制动跑偏　　C．制动拖滞　　D．制动失灵
4. 对汽车制动系统的要求主要体现在（　　）。
    A．制动舒适性　　　　　B．制动效能
    C．制动效能的恒定性　　D．制动方向稳定性
5. 盘式制动器的优点有（　　）。
    A．效能较稳定　　　　　B．热膨胀量极小
    C．间隙自动调整容易　　D．散热良好
6. 一般可用（　　）测量制动盘的厚度。
    A．卷尺　　　B．游标卡尺　　C．外径千分尺　　D．直尺
7. 液压制动传动装置以帕斯卡定律为基础，并且在传力过程中对驾驶人的踏板力进行（　　）变换，使传递到制动轮缸上的制动力（　　）踏板力。
    A．减小　　　B．增大　　　C．等于　　　　D．大于

8. 从控制方式上分，驻车制动系统包括（　　　）。

　　A. 手拉式　　　　B. 液压式　　　　C. 机械式　　　　D. 电子式

9. 领从蹄式鼓式制动器是一种典型的鼓式制动器，主要由（　　　）等组成。

　　A. 制动底板　　B. 制动轮缸　　C. 制动蹄　　　　D. 制动鼓

10. 电子驻车制动主要实现的功能包括（　　　）。

　　A. 停车时临时性制动　　　　　　B. 停车后长时性制动

　　C. 自动驻车功能　　　　　　　　D. 行驶时制动

## 三、填空题

1. _____又称制动主缸，其作用是将踏板输入的机械力转换成液压力。

2. 按电子系统不同，制动系统可分为_____、_____、_____、_____、_____和_____。

3. _____一般装在制动踏板与制动主缸之间，为便于安装，通常与制动主缸合并为一个组件。

4. 双管路液压传动装置的布置形式主要有_____、_____两种。

5. ESP 的作用具体体现在_____、_____、_____、_____方面。

6. 盘式制动器按制动钳固定方式及结构形式的不同，可分为_____和_____两种。

7. 鼓式制动器主要由_____、_____、_____、_____等组成。

8. _____是指汽车减速或制动时，将其中一部分机械能（动能）转化为其他形式的能量进行回收，并加以再利用的技术。

9. 紧急制动时，汽车不能立即减速和停车，制动距离太长。连续制动时，制动系统也无明显减速作用。这称为_____。

10. ABS 由普通的制动系统和防止车轮抱死的电子控制系统组成，其中，电子控制系统又由_____、_____、_____及 ABS 警告灯等组成。

11. 根据制动时两制动蹄对制动鼓的径向作用力之间的关系，鼓式制动器可分为_____、_____、_____。

12. _____是指依靠 ABS 的电子控制单元对系统的外部电路进行自检。

13. 故障码的读取方法有_____和_____两种。

14. ESP 电子控制单元（ECU）通过转向盘转角传感器、轮速传感器确定_____；通过纵向加速度传感器、横向加速度传感器及横摆角速度传感器的信息来计算_____。

15. 一般来说，气压制动的踏板自由行程在_____mm，液压制动的踏板自由行程在_____mm。

## 四、判断题

1. 鼓式制动器主要用于高挡轿车。　　　　　　　　　　　　　　　（　　　）

2. 制动器是产生制动力的部件，其功能一般通过固定元件与旋转元件工作表面间的摩擦作用实现。　　　　　　　　　　　　　　（　　　）

3. 制动拖滞是抬起制动踏板后，全部或个别车轮的制动作用不能立即

完全解除，影响了汽车重新起步、加速行驶或滑行。　　　　（　　　）

4. ASR 是 ABS 功能的进一步发展和重要补充。　　　　（　　　）

5. 电磁式轮速传感器优于霍尔式轮速传感器。　　　　（　　　）

6. 汽车最主要的是功能配置，制动系统只需满足基本要求即可。　（　　　）

7. 为提高工作效率，汽车制动踏板自由行程仅需测量一次。　（　　　）

8. 只要增大制动管路内的制动压力，就可加大制动器的制动力矩，从而制动力就可随之增大。　　　　（　　　）

9. 汽车制动的最佳状态是出现完全抱死的滑移现象。　（　　　）

10. 液压制动系统的管路全部为软管。　　　　（　　　）

11. 驻车制动器性能可靠，使用场景简单，日常无须进行检查。　（　　　）

12. 汽车 ABS 的工作过程主要分为"升压、保压、减压"三个阶段。（　　　）

13. 当 ESP 检测到车辆行驶轨迹与驾驶人要求不符时，ESP 就会利用牵引力控制系统向发动机控制模块发送通信信号，请求减小发动机输出转矩。　　　　（　　　）

14. 汽车 EBD 是利用 ABS 的功能与装置，不另外布置其他元件，都属于制动系统的范畴，但是独立的，不会同时投入工作。　（　　　）

15. GB 7258—2017《机动车运行安全技术条件》中，对不同车型的制动距离、制动稳定性、制动减速度仅做了推荐性要求。　（　　　）

16. 盘式制动器的制动片与制动盘必须配套更换或使用。　（　　　）

17. 单回路液压制动系统仍在广泛使用。　　　　（　　　）

18. 制动液抗水性好，即使吸收水分后仍可正常使用。　（　　　）

19. 轿车和货车使用的驻车制动器类型一致。　　　　（　　　）

20. 电子驻车制动系统的工作原理与机械式驻车制动系统相同。　（　　　）

21. 传统汽车和新能源汽车均具备制动能量回收功能。　（　　　）

22. ESP 可由驾驶人手动关闭或开启。　　　　（　　　）

23. 盘式制动器的缺点是制动时无助势作用、制动片磨损较快。　（　　　）

24. 拆卸盘式制动器时需要举升车辆两次。　　　　（　　　）

25. 鼓式制动器的旋转部分为制动鼓。　　　　（　　　）

## 五、简答题

1. 制动系统的功能有哪些？

2. 造成制动不灵的故障原因有哪些？请列举至少 5 项。

3. ABS 故障检修的流程是什么？

4. 汽车制动系统的组成有哪些？

5. 说出一种制动踏板自由行程的调整方法？

6. 制动液使用时的注意事项有哪些？

7.ASR 与 ABS 的区别是什么？

8. 制动系统的工作过程是什么？

9. 驻车制动系统的作用是什么？

10. 电子驻车制动系统的检查、调整与检修步骤是什么？

11. 简述 ABS 故障指示灯诊断与排除。

12. 汽车制动系统关系到驾乘人员的安全，作为维护人员的你责任重大，应从哪些方面保证工作万无一失呢？

# 二、实训工单部分

## 学习场一·学习情境一

| 场名称 | 汽车传动系统结构拆装与故障诊断、检修 |
|---|---|
| 情境名称 | 汽车传动系统认知与离合器检修 |
| 资讯单 | |
| 识记内容检测 | （一）简述底盘各系统的主要功用<br><br>1. 传动系统：<br>2. 行驶系统：<br>3. 转向系统：<br>4. 制动系统：<br><br>（二）写出图中各部件的名称<br><br>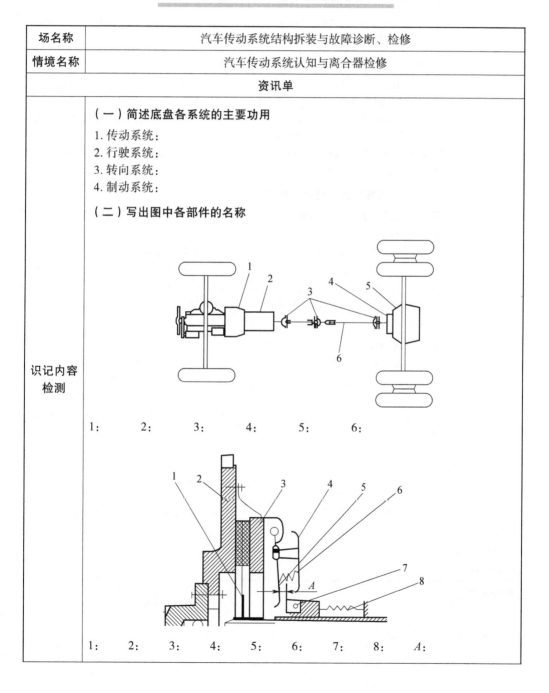<br><br>1:　　　2:　　　3:　　　4:　　　5:　　　6:<br><br>1:　　2:　　3:　　4:　　5:　　6:　　7:　　8:　　A: |

（续）

<table>
<tr><td rowspan="1">实操知识<br>与技能<br>需求</td><td>

**（一）从动盘的检修**

1. 离合器从动盘轴向偏摆的检查。将离合器从动盘装在_____上，用_____检查其轴向偏摆，在距边缘处_____测量，标准值为_____，使用极限为_____，超过极限时，可用_____工具进行修正。

2. 从动盘与变速器第一轴（输入轴）配合花键的检查。将_____装在变速器第一轴（输入轴）的_____上，检查从动盘的_____与变速器第一轴的配合，不得有明显的轴向摆动与圆周摆动，但在轴上能顺利移动。

3. 从动盘磨损的检查。检查从动盘的磨损，用_____测量从动盘铆钉头至端面的深度，不得小于_____，否则应更换从动盘。

**（二）压盘组件的检修**

1. 压盘轴向圆跳动的检查。将压盘固定在_____上，用_____检查其轴向圆跳动，使用极限为_____，若损坏，应更换压盘；

2. 膜片弹簧高度的检查。可用_____检查膜片弹簧的高度，其与标准高度相差应不大于_____，否则应更换；

3. 膜片弹簧小端磨损的检查。用_____检查离合器压盘上膜片弹簧的与分离接触磨损的痕迹，深度不得大于_____。

**（三）离合器液压操纵系统中空气的排除**

1. 用举升机将车辆举起（不能），待确认车辆已_____后，将主缸储液罐中的制动液加至_____；

2. 在工作缸的放气阀上安装一_____，接到一个盛有制动液的容器内；

3. 排空气需要两个人配合工作，一人慢慢地_____，感到阻力时踏住_____不动，另一人拧松放气阀直至_____开始流出，然后再拧紧；

4. 连续按上述方法操作几次，直到流出的制动液中_____；

5. 空气排除干净之后，需要再次检查与调整。

**（四）离合器异响故障的诊断与排除**

1. 离合器接合时发响：若是离合器_____或_____引起，应更换新轴承；若是_____，或_____与_____磨损严重所致，则根据需要进行检修或_____。

2. 离合器分离时发响：应检查_____和_____是否卡住，若卡住，应及时_____。

</td></tr>
</table>

**决策单**

| 等级 | A 优秀　B 良好　C 中等　D 合格　E 不合格 | | | | |
|---|---|---|---|---|---|
| 各组概况 | 计划的可行性 | 计划的<br>安全性 | 计划的环<br>保性 | 计划实施的难度 | 综合评定等级 |
| 本组自评 | | | | | |
| 组间互评 | | | | | |
| 教师评价 | | | | | |
| 本组初始方案或计划的修正 | | | | | |

（续）

| 实施单 | | | |
|---|---|---|---|
| 本人角色 | | | |
| 实施步骤 | | 所需工具 | 注意事项 |
| | | | |
| 实施过程中所遇到的困难 | | | |

| 检查单 | | | |
|---|---|---|---|
| 检查内容 | 检查标准 | 组内自检 | 组间互检 |
| | | | |

| 评价单 | | | | | | |
|---|---|---|---|---|---|---|
| 评价模块 | 评价内容 | 分值 | 自评（30%） | 互评（40%） | 师评（30%） | 合计 |
| 知识（30分） | 传动系统的分类与组成 | 10 | | | | |
| | 离合器的分类与组成 | 10 | | | | |
| | 离合器的工作原理 | 10 | | | | |
| 能力（30分） | 离合器的维护 | 10 | | | | |
| | 离合器的检修 | 10 | | | | |
| | 离合器各类故障的排除 | 10 | | | | |
| 素养（30分） | 团队合作，交流沟通 | 10 | | | | |
| | 规范操作，8S 管理 | 10 | | | | |
| | 规则意识，规矩意识 | 10 | | | | |
| 创新（10分） | 创新思维 创新能力 创新精神 | 10 | | | | |
| 合计 | | 100 | | | | |
| | 学生签名 | | 组长签名 | | | |
| | 教师签名 | | 日期 | | | |
| | 评语 | | | | | |

# 学习场一·学习情境二

| 场名称 | 汽车传动系统结构拆装与故障诊断、检修 |
|---|---|
| 情境名称 | 汽车手动变速器拆装与检修 |
| | 资讯单 |

| | |
|---|---|
| 识记内容<br>检测 | **（一）写出图中部件的名称** 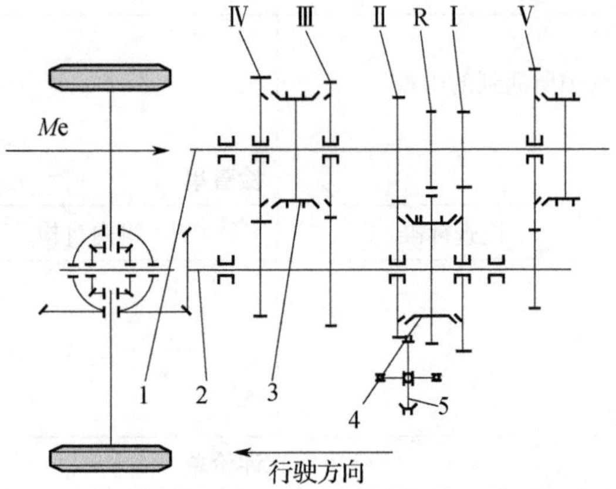<br><br>$M_e$　　行驶方向<br><br>IV　III　II　R　I　V<br>1　2　3　4　5<br><br>1:　　2:　　3:　　4:　　5:<br>I:　　II:　　III:　　IV:　　V:　　R: 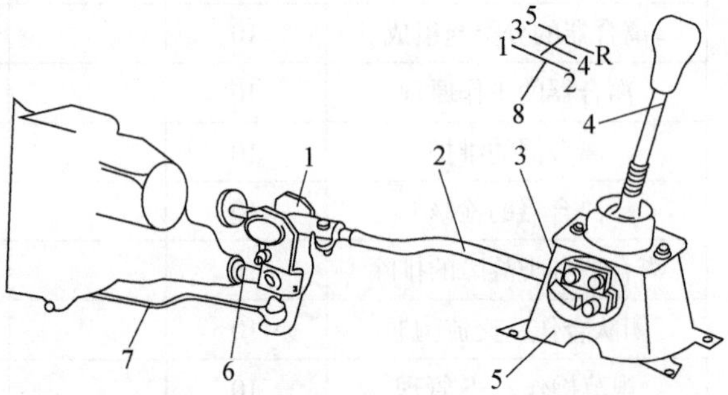<br><br>1　2　3<br>3　5<br>1<br>4　R<br>8　2<br>4<br>7　6　5<br><br>1:　　2:　　3:　　4:　　5:　　6:　　7:　　8:<br><br>**（二）换挡锁装置**<br>1:　　2:　　3: |
| 实操知识<br>与技能<br>需求 | **（一）手动变速器的拆卸**<br>1.把变速器放在工作台上，拆下_____和_____的安装螺栓；<br>2.拆下时，要先拆下_____；<br>3.从变速器壳体中_____；<br>4.取下中间轴时先从变速器的_____； |

（续）

| 实操知识与技能需求 | 5. 取出变速器里的_____；<br>6. 拆卸并更换_____；<br>7. 随着变速器的解体，要进行_____。<br><br>**（二）手动变速器的检修**<br>1. 检查所有的齿轮和同步器上齿的_____。检查所有的轴承，检查同步器接合套是否_____。如果在变速器油里存在少量_____，就说明_____，需换掉这些零件。<br>2. 检查_____的磨损，必要时予以更换。<br>3. 按厂家规定的程序，拆下_____和_____的所有齿轮。<br>4. 按厂家的要求检查各轴的_____。<br>5. 在许多手动变速器中，在重装之前需用_____检测。<br>6. _____、_____和_____在重装时通常需要调整。这种调整通常用厚薄不同的各种_____、_____和_____。<br><br>**（三）手动变速器的装配**<br>1. 装配前，必须对零件进行认真的清洗，除去_____、_____和铁屑等。<br>2. 装配各部轴承及键槽时，应涂质量优良的_____进行。<br>3. 对零件的工作表面不得用_____直接锤击，避免齿轮出现运转噪声。<br>4. 注意_____或_____的装配位置。<br>5. 组装_____和_____时，应注意各挡、_____、推力垫圈的方向及位置，以保证齿轮的_____。<br>6. 安装_____、及时_____，只许用压套垂直压在内圈上，禁止施加_____，轴承内圈圆角较大的一侧必须_____。<br>7. 装入油封前，需在油封的刃口涂少量_____，要_____，并注意安装方向。<br>8. 变速器装配后，要检查各齿轮的_____和各齿轮副的_____及_____。<br>9. 装配密封衬垫时，应在密封衬垫的两侧涂以_____，确保密封效果。<br>10. 安装变速器盖时，_____和_____均应处于空挡位置。 |
|---|---|

| 决策单 | | | | | |
|---|---|---|---|---|---|
| 等级 | A 优秀　B 良好　C 中等　D 合格　E 不合格 | | | | |
| 各组概况 | 计划的可行性 | 计划的安全性 | 计划的环保性 | 计划实施的难度 | 综合评定等级 |
| 本组自评 | | | | | |
| 组间互评 | | | | | |
| 教师评价 | | | | | |
| 本组初始方案或计划的修正 | | | | | |

（续）

| 实施单 | | |
|---|---|---|
| 本人角色 | | |
| 实施步骤 | 所需工具 | 注意事项 |
| | | |
| 实施过程中所遇到的困难 | | |

| 检查单 | | | |
|---|---|---|---|
| 检查内容 | 检查标准 | 组内自检 | 组间互检 |
| | | | |

| 评价单 | | | | | | |
|---|---|---|---|---|---|---|
| 评价模块 | 评价内容 | 分值 | 自评（30%） | 互评（40%） | 师评（30%） | 合计 |
| 知识（40分） | 二轴式手动变速器的组成、各挡位动力传递 | 15 | | | | |
| | 三轴式手动变速器的组成、各挡位动力传递 | 15 | | | | |
| | 同步器组成、工作原理 | 10 | | | | |
| 能力（30分） | 手动变速器的拆装与检修 | 15 | | | | |
| | 手动变速器各类故障的排除 | 15 | | | | |
| 素养（20分） | 团队合作，交流沟通 | 10 | | | | |
| | 规范操作，8S 管理 | 10 | | | | |
| 创新（10分） | 创新思维创新能力创新精神 | 10 | | | | |
| 合计 | | 100 | | | | |
| 学生签名 | | | 组长签名 | | | |
| 教师签名 | | | 日期 | | | |
| 评语 | | | | | | |

# 学习场一·学习情境三

| 场名称 | 汽车传动系统结构拆装与故障诊断、检修 |
|---|---|
| 情境名称 | 汽车自动变速器检修 |
| | 资讯单 |

| 识记内容检测 | （一）写出图中部件的名称 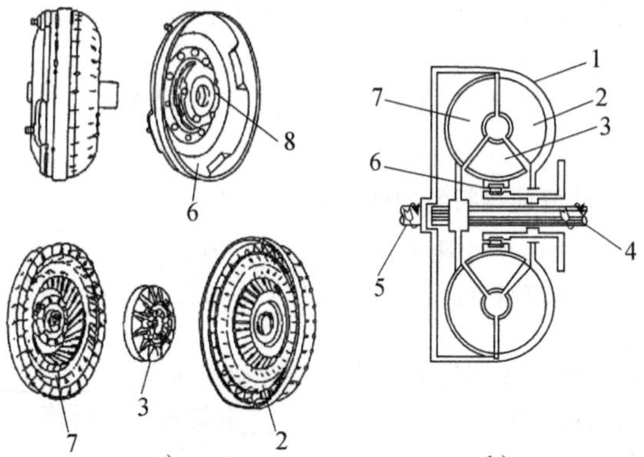 |
|---|---|

1:　　　　2:　　　　3:　　　　4:　　　　5:　　　　6:　　　　7:　　　　8:

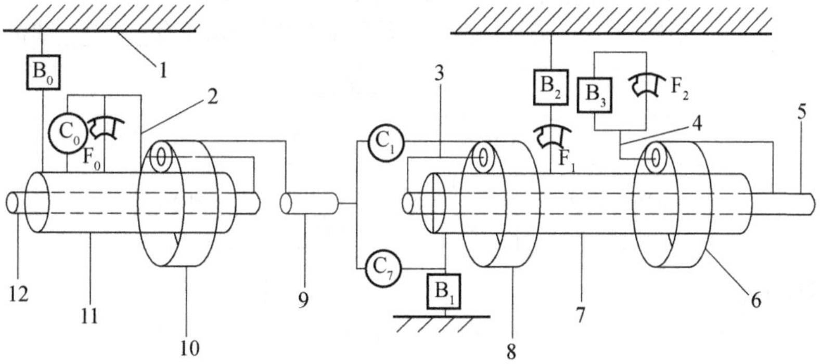

1:　　　　2:　　　　3:　　　　4:　　　　5:　　　　6:　　　　7:
8:　　　　9:　　　　10:　　　　11:　　　　12:

**（二）双离合变速器的分类、优缺点**

1. 优点：_____、_____、_____。
2. 缺点：_____、_____。
3. 分类：_____、_____。

| 实操知识与技能需求 | **（一）自动变速器油的检查**<br>　　检查油面高度时，可采用油尺检查法或_____。可用油尺检查法的自动变速器壳体上都配有油尺，可通过其上的_____进行检查。正常的自动变速器油应是_____，有类似_____的气味。 |
|---|---|

（续）

| 实操知识<br>与技能<br>需求 | **（二）自动变速器油的更换**<br>1. 举升汽车，拆下_____；<br>2. 将合适的_____放在自动变速器下方；<br>3. 拆下_____，将自动变速器油放出；<br>4. 拆下_____，并将其清洗干净；<br>5. 装好_____，使用新衬垫安装；<br>6. 移走接油容器后将汽车放下，取出_____并擦拭干净；<br>7. 将自动变速器加注漏斗固定在_____，加注规定容量、规定牌号的_____；<br>8. 起动发动机，检查_____。由于新加注的油液温度_____，油面高度应在_____；<br>9. 运行发动机和自动变速器至_____达到_____，再次检查_____，应在_____；<br><br>**（三）自动变速器打滑故障的排除**<br>1. 应先检查自动变速器油的_____和_____。若油面_____或_____，应先后再做检查。若油面调整正常后自动变速器_____，可不必拆修自动变速器。<br>2. 检查自动变速器油的品质。若自动变速器油_____或有_____，说明离合器或制动器的_____或_____有烧焦，应拆修。<br>3. 做路试，将变速杆拨入_____，让汽车行驶。若自动变速器升至某一挡位时发动机_____，但车速没有相应地提高，即说明有打滑。<br>4. 若主油路油压正常，则只要更换_____或_____的摩擦元件即可。若主油路油压不正常，则在拆修自动变速器的过程中，应根据_____，相应地对油泵或_____进行检修，并更换自动变速器的所有_____和密封环。 |
|---|---|

**决策单**

| 等级 | A 优秀　B 良好　C 中等　D 合格　E 不合格 ||||
|---|---|---|---|---|

| 各组概况 | 计划的可行性 | 计划的<br>安全性 | 计划的<br>环保性 | 计划实施的难度 | 综合评定等级 |
|---|---|---|---|---|---|
| 本组自评 | | | | | |
| 组间互评 | | | | | |
| 教师评价 | | | | | |
| 本组初始方案或计划的修正 | | | | | |

（续）

| 实施单 | | | |
|---|---|---|---|
| 本人角色 | | | |
| 实施步骤 | | 所需工具 | 注意事项 |
| | | | |
| 实施过程中所遇到的困难 | | | |

| 检查单 | | | |
|---|---|---|---|
| 检查内容 | 检查标准 | 组内自检 | 组间互检 |
| | | | |

| 评价单 | | | | | | |
|---|---|---|---|---|---|---|
| 评价模块 | 评价内容 | 分值 | 自评（30%） | 互评（40%） | 师评（30%） | 合计 |
| 知识（40分） | 自动变速器的分类、组成及各挡位功能 | 15 | | | | |
| | 液力变矩器的结构与工作原理 | 10 | | | | |
| | 齿轮变速机构的结构特点与工作原理 | 15 | | | | |
| 能力（30分） | 自动变速器的拆装 | 10 | | | | |
| | 自动变速器油的检查与更换 | 10 | | | | |
| | 自动变速器各类故障的排除 | 10 | | | | |
| 素养（20分） | 团队合作，交流沟通 | 10 | | | | |
| | 规范操作，8S管理 | 10 | | | | |
| 创新（10分） | 创新思维创新能力创新精神 | 10 | | | | |
| 合计 | | 100 | | | | |
| | 学生签名 | | 组长签名 | | | |
| | 教师签名 | | 日期 | | | |
| | 评语 | | | | | |

# 学习场一·学习情境四

| 场名称 | 汽车传动系统结构拆装与故障诊断、检修 |
|---|---|
| 情境名称 | 万向传动装置拆装与检修 |

<table>
<tr><td colspan="2" align="center">资讯单</td></tr>
<tr>
<td rowspan="1">识记内容<br>检测</td>
<td>

**（一）写出图中部件的名称**

1:　　　2:　　　3:　　　4:　　　5:　　　6:　　　7:

**（二）万向节的分类**

从速度特性角度

1:　　　2:　　　3:

从刚度大小角度

1:　　　2:

**（三）万向传动装置的应用场景**

1. _____；2. _____；

3. _____；4. _____；5. _____。

</td>
</tr>
<tr>
<td>实操知识<br>与技能<br>需求</td>
<td>

**传动轴的拆卸**

1. 将车辆停放在水平路面上，并楔住汽车的_____，以防在拆卸传动轴过程中汽车_____而造成事故；

2. 在每个万向节叉的_____做好标记，从而保证作业后的_____装配复原，不然极易导致万向传动装置_____，从而产生_____和_____；

3. 从_____与_____连接处开始，先拧松_____取下其与后桥突缘连接的螺栓；

4. 然后拧下其与突缘连接的_____，拆下传动轴总成；

5. 松开与车架的连接螺栓，松下前端突缘盘，拆下_____；

6. 维护后的传动轴按_____进行装配复原。

</td>
</tr>
</table>

<table>
<tr><td colspan="6" align="center">决策单</td></tr>
<tr>
<td>等级</td>
<td colspan="5" align="center">A 优秀　B 良好　C 中等　D 合格　E 不合格</td>
</tr>
<tr>
<td>各组概况</td>
<td>计划的可行性</td>
<td>计划的<br>安全性</td>
<td>计划的<br>环保性</td>
<td>计划实施的难度</td>
<td>综合评定等级</td>
</tr>
<tr>
<td>本组自评</td>
<td></td><td></td><td></td><td></td><td></td>
</tr>
<tr>
<td>组间互评</td>
<td></td><td></td><td></td><td></td><td></td>
</tr>
<tr>
<td>教师评价</td>
<td></td><td></td><td></td><td></td><td></td>
</tr>
<tr>
<td>本组初始方案或计划的修正</td>
<td colspan="5"></td>
</tr>
</table>

（续）

| 实施单 | | | |
|---|---|---|---|
| 本人角色 | | | |
| 实施步骤 | | 所需工具 | 注意事项 |
| | | | |
| 实施过程中所遇到的困难 | | | |

| 检查单 | | | |
|---|---|---|---|
| 检查内容 | 检查标准 | 组内自检 | 组间互检 |
| | | | |

| 评价单 | | | | | | |
|---|---|---|---|---|---|---|
| 评价模块 | 评价内容 | 分值 | 自评（30%） | 互评（40%） | 师评（30%） | 合计 |
| 知识（40分） | 万向传动装置的功用与组成 | 15 | | | | |
| | 万向节的分类、组成 | 15 | | | | |
| | 传动轴分类与布置形式 | 10 | | | | |
| 能力（30分） | 万向传动装置的装配与维护 | 10 | | | | |
| | 传动轴的拆卸 | 10 | | | | |
| | 万向传动装置各类故障的诊断与排除 | 10 | | | | |
| 素养（20分） | 团队合作，交流沟通 | 10 | | | | |
| | 规范操作，8S管理 | 10 | | | | |
| 创新（10分） | 创新思维 创新能力 创新精神 | 10 | | | | |
| 合计 | | 100 | | | | |
| | 学生签名 | | 组长签名 | | | |
| | 教师签名 | | 日期 | | | |
| | 评语 | | | | | |

# 学习场一·学习情境五

| 场名称 | 汽车传动系统结构拆装与故障诊断、检修 |
|---|---|
| 情境名称 | 驱动桥拆装与检修 |
| 资讯单 | |

| | |
|---|---|
| 识记内容<br>检测 | **（一）写出图中部件的名称**<br><br><br><br>1:　　　2:　　　3:　　　4:　　　5:<br><br><br><br>1:　　　2:　　　3:　　　4:　　　5:　　　6:　　　7:<br><br><br><br>1:　　　2:　　　3:　　　4:　　　5:　　　6:<br><br>**（二）主减速器的分类**<br><br>1. 按传动比挡数不同，可分为_____和_____；<br>2. 按布置形式不同，可分为_____和_____；<br>3. 按参加减速传动的齿轮副数目不同，可分为_____和_____。 |

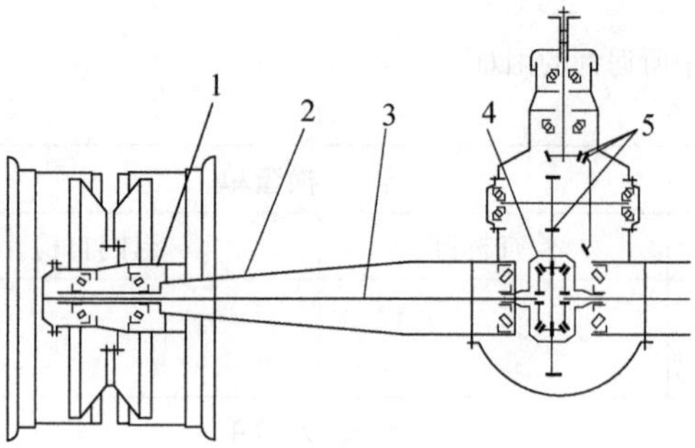

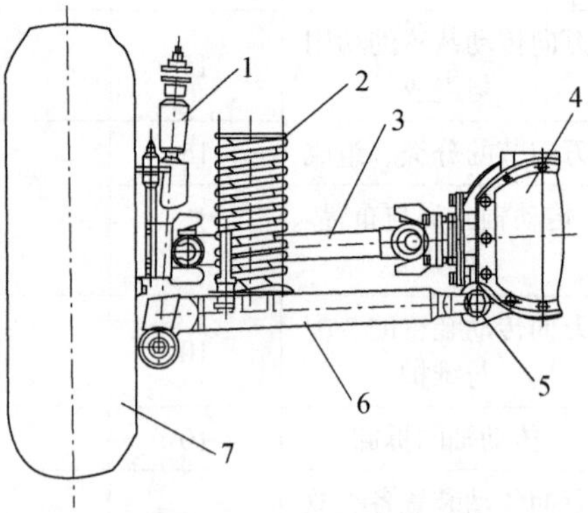

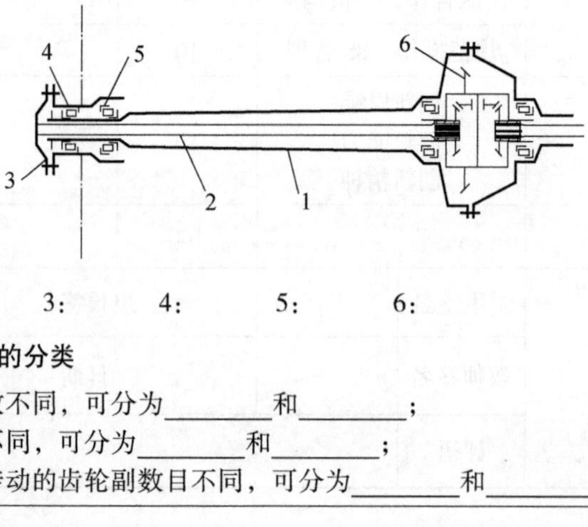

（续）

| 实操知识与技能需求 | （一）驱动桥的拆卸<br><br>1. 抬升并适当支承_____，拆卸_____和_____，适当支承前桥总成；<br>2. 拆卸_____与_____，并松开制动油管螺母，使用工具拉出_____；<br>3. 拆卸壳体，做好_____，使得在分解后重装时零件能按原位装配，用木棒从壳体中撬起_____并拿下；<br>4. 松开从动锥齿轮，拆下_____；<br>5. 拆卸_____，用专业工具冲出_____；<br>6. 取出_____、行星锥齿轮、_____、半轴齿轮调整垫片等。<br><br>（二）驱动桥的一级维护<br><br>1. 检查后桥壳是否有_____及_____，如有，应查明原因，予以排除；<br>2. 检查各部_____、_____的连接是否可靠；<br>3. 后桥壳体内的_____是否合适，其油面应不低于检视孔下沿_____处；<br>4. 后桥壳的_____应保持畅通；<br>5. 用推动轮毂来检查时，应无明显手感的旷量；<br>6. 检视_____和_____上的外露螺栓、螺母，不得有_____。<br><br>（三）驱动桥的二级维护<br><br>1. 半轴应无_____、_____，键槽无_____。如有可视的键槽磨损时，应左右换位；<br>2. 拆下_____，检查半轴套管是否有_____和_____，各螺纹损伤不得超过螺纹_____；<br>3. 检视后桥壳是否有_____；<br>4. 放油后，拆下_____，清除油污并检视_____、_____及各部紧固情况，必要时可以更换_____和_____；<br>5. 检视主减速器的油封、突缘螺母是否_____，检查主减速器的紧固；<br>6. 检查_____的紧固情况，必要时按技术条件的要求拧紧。 |
|---|---|

| 决策单 | | | | | |
|---|---|---|---|---|---|
| 等级 | A 优秀　B 良好　C 中等　D 合格　E 不合格 | | | | |
| 各组概况 | 计划的可行性 | 计划的安全性 | 计划的环保性 | 计划实施的难度 | 综合评定等级 |
| 本组自评 | | | | | |
| 组间互评 | | | | | |
| 教师评价 | | | | | |
| 本组初始方案或计划的修正 | | | | | |

（续）

| 实施单 | | | |
|---|---|---|---|
| 本人角色 | | | |
| 实施步骤 | | 所需工具 | 注意事项 |
| | | | |
| 实施过程中所遇到的困难 | | | |

| 检查单 | | | |
|---|---|---|---|
| 检查内容 | 检查标准 | 组内自检 | 组间互检 |
| | | | |

| 评价单 | | | | | | |
|---|---|---|---|---|---|---|
| 评价模块 | 评价内容 | 分值 | 自评（30%） | 互评（40%） | 师评（30%） | 合计 |
| 知识（30分） | 驱动桥的组成、分类与功用 | 10 | | | | |
| | 主减速器的分类、组成与功用 | 10 | | | | |
| | 差速器的分类、组成与功用 | 10 | | | | |
| 能力（30分） | 驱动桥的拆卸 | 10 | | | | |
| | 驱动桥的维护与检修 | 10 | | | | |
| | 驱动桥各类故障的诊断与排除 | 10 | | | | |
| 素养（30分） | 团队合作，交流沟通 | 10 | | | | |
| | 规范操作，8S管理 | 10 | | | | |
| | 矛盾的对立与统一 | 10 | | | | |
| 创新（10分） | 创新思维 创新能力 创新精神 | 10 | | | | |
| 合计 | | 100 | | | | |
| 学生签名 | | 组长签名 | | | | |
| 教师签名 | | 日期 | | | | |
| 评语 | | | | | | |

# 学习场二·学习情境一

| 场名称 | 汽车行驶系统结构拆装与故障诊断、检修 |
|---|---|
| 情境名称 | 车架与车桥检修 |

| | 资讯单 |
|---|---|
| 识记内容检测 | **（一）判断车桥类型**<br><br>a）　　　　　　　　b）<br>a）整体式□断开式□　　b）整体式□断开式□<br><br>**（二）车架的名称**<br><br>a）_____　　　　　b）_____<br><br>c）_____　　　　　d）_____ |
| 实操知识与技能需求 | **车架的检修**<br>1.外观检查。检查车架是否有严重的_____、_____、_____、_____等现象。<br>2.变形检修。通过_____来测量、检查。车架纵梁直线度允许误差为_____。<br>3.裂纹的检修。微小的裂纹可以用_____方法。裂纹较长但未扩展至整个断面，且受力不大的部位，应先_____，再用_____。 |

| 决策单 | | | | |
|---|---|---|---|---|
| 等级 | A 优秀　B 良好　C 中等　D 合格　E 不合格 | | | |

| 各组概况 | 计划的可行性 | 计划的安全性 | 计划的环保性 | 计划实施的难度 | 综合评定等级 |
|---|---|---|---|---|---|
| 本组自评 | | | | | |
| 组间互评 | | | | | |
| 教师评价 | | | | | |
| 本组初始方案或计划的修正 | | | | | |

（续）

| 实施单 | | |
|---|---|---|
| 本人角色 | | |
| 实施步骤 | 所需工具 | 注意事项 |
| | | |
| 实施过程中所遇到的困难 | | |

| 检查单 | | | |
|---|---|---|---|
| 检查内容 | 检查标准 | 组内自检 | 组间互检 |
| | | | |

| 评价单 | | | | | | |
|---|---|---|---|---|---|---|
| 评价模块 | 评价内容 | 分值 | 自评<br>（30%） | 互评<br>（40%） | 师评<br>（30%） | 合计 |
| 知识<br>（30分） | 车架与车桥的功用 | 15 | | | | |
| | 车架与车桥的分类 | 15 | | | | |
| 能力<br>（30分） | 车架的检修 | 10 | | | | |
| | 驱动桥的检修 | 10 | | | | |
| | 驱动桥的维护 | 10 | | | | |
| 素养<br>（30分） | 团队合作，交流沟通 | 10 | | | | |
| | 规范操作，8S 管理 | 10 | | | | |
| | 防微杜渐，安全意识 | 10 | | | | |
| 创新<br>（10分） | 创新思维<br>创新能力<br>创新精神 | 10 | | | | |
| 合计 | | 100 | | | | |
| 学生签名 | | 组长签名 | | | | |
| 教师签名 | | 日期 | | | | |
| 评语 | | | | | | |

# 学习场二·学习情境二

| 场名称 | 汽车行驶系统结构拆装与故障诊断、检修 |
|---|---|
| 情境名称 | 汽车轮胎检修与四轮定位 |
| | 资讯单 |

<table>
<tr><td rowspan="2">识记内容<br>检测</td><td>

（一）写出图中部件的名称

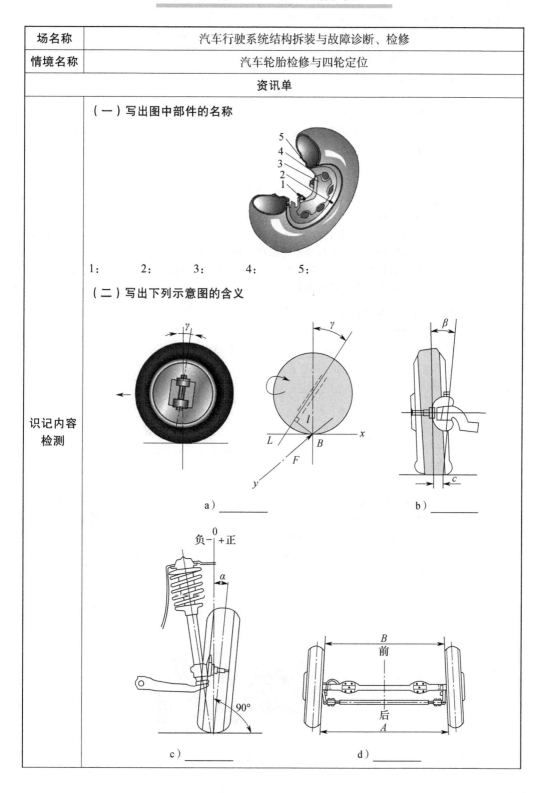

1：　　　2：　　　3：　　　4：　　　5：

（二）写出下列示意图的含义

a）_____　　　　　　　　　b）_____

c）_____　　　　　　　　　d）_____

</td></tr>
</table>

（续）

| | |
|---|---|
| 识记内容检测 | **（三）车轮**<br>1. 按轮辐结构的不同，车轮可分为_____车轮和_____车轮；<br>2. 钢丝辐条车轮由于价格昂贵、维修安装不便，一般用于_____和_____上。 |
| 实操知识与技能需求 | **（一）车轮总成的拆装**<br>1. 车轮总成的拆卸<br>（1）停稳车辆，用_____抵住各车轮；<br>（2）取下车轮上的装饰罩，使用_____或_____初步拧松各连接螺母；<br>（3）用_____顶在指定的位置，使被拆车轮稍离地面，也可将车辆停在举升架上，升起车辆，使车轮离开地面；<br>（4）拧下与_____连接的全部螺母，取下垫圈，并摆放整齐；<br>（5）一边向外拉车轮，一边_____车轮，最终从车轴上取下车轮总成。<br>2. 车轮总成的安装<br>（1）顶起车桥，_____车轮，将螺母拧在螺柱上；<br>（2）放下车轮并在车轮前后用_____抵住，用_____或_____，按对角线顺序分 2～3 次拧紧车轮螺母，最后 1 次要按_____拧紧；<br>（3）安装后轮双轮胎时，要先拧紧_____的内螺母，再装轮胎，在安装过程中，应使用千斤顶分两次顶起车桥，分别安装内、外两个车轮。<br><br>**（二）车轮定位的检查**<br>检查前轮定位前，车辆应先满足以下条件。<br>1. 汽车停放在水平场地或_____上，符合规定；<br>2. 车轮平衡，活动自如，调整正确；<br>3. 悬架弹簧无过大的_____。<br><br>**（三）检查和调整前束**<br>1. 前束的测量：使用前束尺测量时，前束尺的_____与轮胎相同。在车轮前侧，使前束尺的_____与轮胎对准，测出宽度。然后将前束尺移到_____，以同样方法测出宽度，两次测量结果之差为车轮前束。<br>2. 前束调整的步骤，如图 1 所示：<br>（1）将转向器置于_____，拧出转向中间轴盖上的_____，将带有挂钩的专用工具安置在左转向横拉杆的_____上，用提供的螺钉将作衬垫的间隔件固定到_____的转向器孔中；<br>（2）总前束值分为_____，分别在左、右转向横拉杆上调整，固定转向横拉杆；必要时调整_____，拆下专用工具 3075；重新拧紧转向中间轴盖上的螺栓，拧紧力矩为_____。 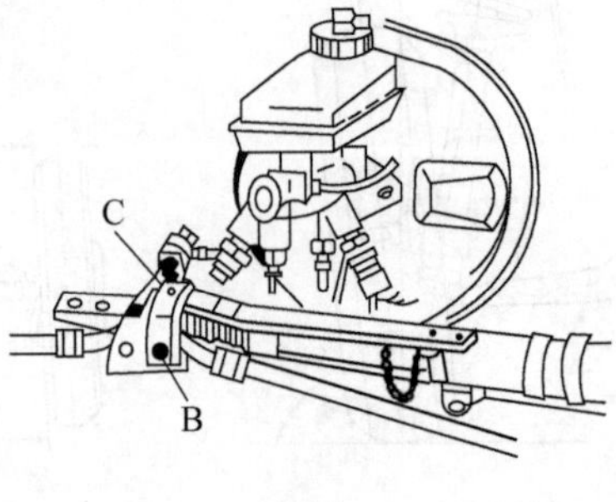<br><br><br>图 1 |

（续）

| 决策单 | | | | | |
|---|---|---|---|---|---|
| 等级 | A 优秀　B 良好　C 中等　D 合格　E 不合格 | | | | |
| 各组概况 | 计划的可行性 | 计划的安全性 | 计划的环保性 | 计划实施的难度 | 综合评定等级 |
| 本组自评 | | | | | |
| 组间互评 | | | | | |
| 教师评价 | | | | | |
| 本组初始方案或计划的修正 | | | | | |

| 实施单 | | |
|---|---|---|
| 本人角色 | | |
| 实施步骤 | 所需工具 | 注意事项 |
| | | |
| 实施过程中所遇到的困难 | | |

| 检查单 | | | |
|---|---|---|---|
| 检查内容 | 检查标准 | 组内自检 | 组间互检 |
| | | | |

（续）

| 评价单 | | | | | | |
|---|---|---|---|---|---|---|
| 评价模块 | 评价内容 | 分值 | 自评<br>（30%） | 互评<br>（40%） | 师评<br>（30%） | 合计 |
| 知识<br>（30分） | 车轮的功用、组成 | 10 | | | | |
| | 车轮与轮辋的分类 | 10 | | | | |
| | 轮胎的分类与表示方法 | 10 | | | | |
| 能力<br>（40分） | 车轮总成的拆装 | 10 | | | | |
| | 轮胎故障检修 | 15 | | | | |
| | 四位定位的检查与调整 | 15 | | | | |
| 素养<br>（20分） | 团队合作，交流沟通 | 10 | | | | |
| | 规范操作，8S 管理 | 10 | | | | |
| 创新<br>（10分） | 创新思维<br>创新能力<br>创新精神 | 10 | | | | |
| 合计 | | 100 | | | | |
| | 学生签名 | | | 组长签名 | | |
| | 教师签名 | | | 日期 | | |
| | 评语 | | | | | |

# 学习场二·学习情境三

| 场名称 | 汽车行驶系统结构拆装与故障诊断、检修 |
|---|---|
| 情境名称 | 汽车悬架系统拆装与检修 |
| | 资讯单 |

<table>
<tr><td rowspan="5">识记内容<br>检测</td><td>

（一）写出图中部件的名称

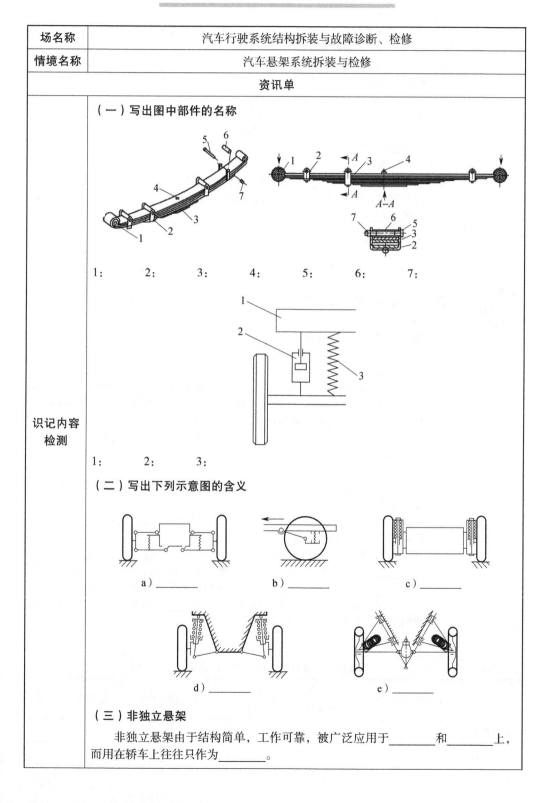

1：　　　2：　　　3：　　　4：　　　5：　　　6：　　　7：

1：　　　2：　　　3：

（二）写出下列示意图的含义

a）_____　　b）_____　　c）_____

d）_____　　e）_____

（三）非独立悬架

　　非独立悬架由于结构简单，工作可靠，被广泛应用于_____和_____上，而用在轿车上往往只作为_____。

</td></tr>
</table>

（续）

| 实操知识<br>与技能<br>需求 | **（一）减振器的装配与性能测试**<br><br>1.减振器的装配<br>（1）装配前的油封内表面涂上_____，把油封套在减振器杆上时，不要碰伤其_____，最好先在杆上套一个_____，然后再装油封。<br>（2）在工作缸的一端_____压力支承座总成，检查_____的位置是否正确，隔片距支承座的距离为_____，然后把_____与_____装入贮油缸内。<br>（3）加入适当油量，可用金属网将油液过滤，注意不要混入_____或_____。<br>（4）把_____及_____装入工作缸内，使导向座的止口套入工作缸，装好密封环（每次拆装都要更换），拧紧。<br>2.减振器性能试验<br>（1）贮油缸螺母拧紧后，减振器应能_____，不允许有_____。<br>（2）减振器往复拉动_____次，看其阻力是否恢复和有无缺油造成的空程，向上拉时，应感到_____；向下压时，应有_____；往复过程中，阻力应_____。<br><br>**（二）前悬架拆卸**<br><br>1.拆下左、右前悬吊加强梁，拆下右下_____。<br>2.拆解_____，分解_____，拆下前悬架横梁总成。<br><br>**（三）非独立悬架常见故障诊断与排除**<br><br>1.车身倾斜<br>（1）现象：汽车调整后停放在平坦路面上，车身_____，汽车行驶中_____方向。<br>（2）原因：_____、螺旋弹簧断裂、弹簧弹力下降、_____、U形螺栓松动。<br>（3）诊断与排除方法：若车身横向歪斜，通常是由_____、弹性减弱及钢板销、_____等引起的；若车身歪斜，且汽车行驶中跑偏，则多属某侧_____或螺旋弹簧不良使前桥移位所致。应检查_____或螺旋弹簧弹力是否下降；如_____，除上述现象外还可能造成汽车行驶摆振；若车身纵向歪斜，则多属某侧_____或螺旋弹簧不良使后桥移位所致，可测量_____，不一致则表明车桥移位。<br>2.异响<br>（1）现象：汽车行驶过程中，特别是_____、_____、转弯时从悬架部位发出噪声。<br>（2）原因：漏油，造成油量不足；_____，配合不紧密；连接部位脱落；铰链点_____；橡胶衬套_____；弹簧_____。<br>（3）诊断与排除方法：首先应检查悬架与车架或车桥的连接部位，看是否存在_____，其胶垫是否_____。如良好，用手按下保险杠，放松后如汽车有_____，说明减振器良好，可路试减振器效能。当汽车缓慢行驶并不断制动减速时，或行驶一段路程后，_____温度高于其他部位，则说明减振器工作不正常，应予以更换。 |
|---|---|

| 决策单 | | | | | |
|---|---|---|---|---|---|
| 等级 | A优秀　B良好　C中等　D合格　E不合格 | | | | |
| 各组概况 | 计划的可行性 | 计划的<br>安全性 | 计划的<br>环保性 | 计划实施的难度 | 综合评定等级 |
| 本组自评 | | | | | |
| 组间互评 | | | | | |

（续）

| 决策单 | | | | | |
|---|---|---|---|---|---|
| 等级 | A 优秀　B 良好　C 中等　D 合格　E 不合格 | | | | |
| 各组概况 | 计划的可行性 | 计划的安全性 | 计划的环保性 | 计划实施的难度 | 综合评定等级 |
| 教师评价 | | | | | |
| 本组初始方案或计划的修正 | | | | | |

| 实施单 | | |
|---|---|---|
| 本人角色 | | |
| 实施步骤 | 所需工具 | 注意事项 |
| | | |
| 实施过程中所遇到的困难 | | |

| 检查单 | | | |
|---|---|---|---|
| 检查内容 | 检查标准 | 组内自检 | 组间互检 |
| | | | |

| 评价单 | | | | | | |
|---|---|---|---|---|---|---|
| 评价模块 | 评价内容 | 分值 | 自评（30%） | 互评（40%） | 师评（30%） | 合计 |
| 知识（30分） | 悬架功用、组成、分类 | 10 | | | | |
| | 弹性元件分类、结构 | 10 | | | | |
| | 减振器组成、工作过程 | 10 | | | | |
| 能力（30分） | 前悬架的拆装 | 10 | | | | |
| | 减振器的拆装与检查 | 10 | | | | |
| | 悬架故障诊断与排除 | 10 | | | | |
| 素养（30分） | 团队合作，交流沟通 | 10 | | | | |
| | 规范操作，8S 管理 | 10 | | | | |
| | 以人为本，爱国精神 | 10 | | | | |
| 创新（10分） | 创新思维 创新能力 创新精神 | 10 | | | | |
| 合计 | | 100 | | | | |
| | 学生签名 | | 组长签名 | | | |
| | 教师签名 | | 日期 | | | |
| | 评语 | | | | | |

# 学习场三·学习情境一

| 场名称 | 汽车转向系统结构拆装与故障诊断、检修 |
|---|---|
| 情境名称 | 机械转向系统拆装与故障诊断、检修 |

<table>
<tr><td colspan="2" align="center">资讯单</td></tr>
<tr>
<td rowspan="1">识记内容<br>检测</td>
<td>

**（一）写出图中部件的名称**

1:　　　　2:　　　　3:　　　　4:　　　　5:　　　　6:　　　　7:

8:　　　　9:　　　　10:　　　　11:　　　　12:　　　　13:

**（二）转向系统的功用**

1. _____；

2. _____。

**（三）转向器的分类**

1: _____　　2: _____　　3: _____

</td>
</tr>
<tr>
<td>实操知识<br>与技能<br>需求</td>
<td>

**齿轮齿条式转向器的拆装、检修与调整**

1. 拆卸步骤：（1）_____（2）_____

　（3）_____（4）_____

2. 检修内容：（1）_____；

　（2）_____；

　（3）_____；

　（4）_____。

3. 调整方法：（1）_____；

　（2）_____。

</td>
</tr>
</table>

| | | | | | |
|---|---|---|---|---|---|
| 决策单 | | | | | |

<table>
<tr><td colspan="6" align="center">决策单</td></tr>
<tr><td>等级</td><td colspan="5" align="center">A 优秀　B 良好　C 中等　D 合格　E 不合格</td></tr>
<tr><td>各组概况</td><td>计划的可行性</td><td>计划的<br>安全性</td><td>计划的<br>环保性</td><td>计划实施的难度</td><td>综合评定等级</td></tr>
<tr><td>本组自评</td><td></td><td></td><td></td><td></td><td></td></tr>
<tr><td>组间互评</td><td></td><td></td><td></td><td></td><td></td></tr>
<tr><td>教师评价</td><td></td><td></td><td></td><td></td><td></td></tr>
<tr><td colspan="2">本组初始方案或计划的修正</td><td colspan="4"></td></tr>
</table>

（续）

| 实施单 | | | |
|---|---|---|---|
| 本人角色 | | | |
| 实施步骤 | | 所需工具 | 注意事项 |
| | | | |
| 实施过程中所遇到的困难 | | | |

| 检查单 | | | |
|---|---|---|---|
| 检查内容 | 检查标准 | 组内自检 | 组间互检 |
| | | | |

| 评价单 | | | | | | |
|---|---|---|---|---|---|---|
| 评价模块 | 评价内容 | 分值 | 自评（30%） | 互评（40%） | 师评（30%） | 合计 |
| 知识（30分） | 机械转向系统组成 | 10 | | | | |
| | 转向器组成与工作过程 | 10 | | | | |
| | 操纵与传动机构组成 | 10 | | | | |
| 能力（30分） | 转向操纵机构的维护 | 10 | | | | |
| | 转向器的拆装、检修 | 10 | | | | |
| | 转向传动机构的维护 | 10 | | | | |
| 素养（30分） | 团队合作，交流沟通 | 10 | | | | |
| | 规范操作，8S 管理 | 10 | | | | |
| | 保持正确方向 | 10 | | | | |
| 创新（10分） | 创新思维创新能力创新精神 | 10 | | | | |
| 合计 | | 100 | | | | |
| | 学生签名 | | 组长签名 | | | |
| | 教师签名 | | 日期 | | | |
| | 评语 | | | | | |

# 学习场三·学习情境二

| 场名称 | 汽车转向系统结构拆装与故障诊断、检修 |
|---|---|
| 情境名称 | 液压动力转向系统拆装与故障诊断、检修 |

| | 资讯单 |
|---|---|
| 识记内容<br>检测 | **（一）写出图中部件的名称** 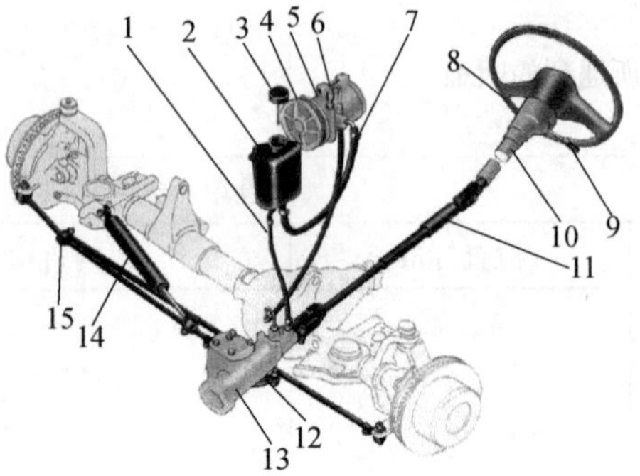<br><br><br><br>1:　　2:　　3:　　4:　　5:　　6:　　7:　　8:<br>9:　　10:　　11:　　12:　　13:　　14:　　15:<br><br>**（二）液压动力转向装置的分类**<br>1.按液流形式可以分为＿＿＿和＿＿＿；<br>2.按转向控制阀的运动方式又可以分为＿＿＿和＿＿＿。<br><br>**（三）转向油泵**<br>1.功用：＿＿＿＿＿＿＿＿＿＿＿＿＿＿＿＿＿＿＿＿＿＿<br>＿＿＿＿＿＿＿＿＿＿＿＿＿＿＿＿＿＿＿＿＿＿＿＿＿。<br>2.分类：＿＿＿＿、＿＿＿＿、＿＿＿＿。<br>3.工作原理（以双作用叶片式为例）<br>＿＿＿＿＿＿＿＿＿＿＿＿＿＿＿＿＿＿＿＿＿＿＿＿＿。<br><br>**（四）液压动力转向系统综合故障的类型**<br>1.＿＿＿＿；2.＿＿＿＿；3.＿＿＿＿；4.＿＿＿＿；5.＿＿＿＿。 |
| 实操知识<br>与技能<br>需求 | **（一）转向油泵压力检查**<br>1.接好＿＿＿＿和＿＿＿＿；<br>2.将＿＿＿＿打开，起动发动机并以怠速运转，使转向盘向＿＿＿、＿＿＿旋转<br>　极限位置，同时读出压力表上的＿＿＿＿压力，额定值为＿＿＿＿；<br>3.如果向左或向右的额定值达不到要求，就要＿＿＿＿或＿＿＿＿。<br>**（二）转向储油罐液面高度的检查及油液的更换**<br>1.转向储油罐液面的检查<br>（1）＿＿＿＿＿＿＿＿＿＿＿＿＿＿＿＿＿＿＿＿＿＿＿＿；<br>（2）＿＿＿＿＿＿＿＿＿＿＿＿＿＿＿＿＿＿＿＿＿＿＿＿； |

（续）

| 实操知识<br>与技能<br>需求 | （3）_____；<br>（4）_____；<br>（5）_____。<br>2. 转向油液的更换<br>（1）放油<br>1）_____；<br>2）_____；<br>3）_____。<br>（2）加油与排气<br>1）_____；<br>2）_____；<br>3）_____；<br>4）_____。<br>**（三）传动带张紧力的检查（三种方法）**<br>1. _____<br>2. _____<br>3. _____ |
| --- | --- |

决策单

| 等级 | A优秀　B良好　C中等　D合格　E不合格 | | | | |
| --- | --- | --- | --- | --- | --- |
| 各组概况 | 计划的可行性 | 计划的<br>安全性 | 计划的<br>环保性 | 计划实施的难度 | 综合评定等级 |
| 本组自评 | | | | | |
| 组间互评 | | | | | |
| 教师评价 | | | | | |
| 本组初始方案或计划的修正 | | | | | |

实施单

| 本人角色 | | |
| --- | --- | --- |
| 实施步骤 | 所需工具 | 注意事项 |
| | | |

（续）

| 实施单 | |
|---|---|
| 实施过程中所遇到的困难 | |

| 检查单 | | | |
|---|---|---|---|
| 检查内容 | 检查标准 | 组内自检 | 组间互检 |
| | | | |

评价单

| 评价模块 | 评价内容 | 分值 | 自评（30%） | 互评（40%） | 师评（30%） | 合计 |
|---|---|---|---|---|---|---|
| 知识（30分） | 动力转向系组成、分类 | 10 | | | | |
| | 液压动力转向装置组成、工作过程 | 10 | | | | |
| | 转向油泵的组成、分类与工作原理 | 10 | | | | |
| 能力（40分） | 液压转向器的检修 | 10 | | | | |
| | 转向储油罐液面高度检查及油液更换 | 10 | | | | |
| | 转向油泵传动带张紧力的检查与调整 | 10 | | | | |
| | 转向盘的检查 | 10 | | | | |
| 素养（20分） | 团队合作，交流沟通 | 10 | | | | |
| | 劳动精神 | 10 | | | | |
| 创新（10分） | 创新思维创新能力创新精神 | 10 | | | | |
| 合计 | | 100 | | | | |

| | 学生签名 | | 组长签名 | |
|---|---|---|---|---|
| | 教师签名 | | 日期 | |
| | 评语 | | | |

# 学习场三·学习情境三

| 场名称 | 汽车转向系统结构拆装与故障诊断、检修 |
|---|---|
| 情境名称 | 电动动力转向系统拆装与故障诊断、检修 |

| | 资讯单 |
|---|---|
| 识记内容检测 | **（一）电动动力转向系统**<br>1. 组成：_____、_____、_____、_____、_____、_____。<br>2. 分类：_____、_____、_____。<br>3. 工作原理：当操纵_____时，装在转向轴上的_____不断测出转向轴上的_____，并由此产生一个_____。该信号与_____同时输入电子控制单元，电子控制单元根据这些输入信号进行_____，确定助力转矩的_____，即选定电动机的_____，调整转向的助力_____。电动机的转矩由_____通过减速机构后，加在汽车的转向机构上，使之得到一个与工况相适应的_____。<br>**（二）减速机构**<br>1. 一种是采用_____与_____组合式；<br>2. 一种是采用_____与_____组合式。 |
| 实操知识与技能需求 | **（一）电动动力转向系统各部件的检查任务**<br><br>1. 从转向器总成上拔下转矩传感器插接器，其端子排列如图_____所示；<br>2. 从转向器上断开电磁离合器插接器，其端子排列如图_____所示；<br>3. 从转向器上断开电动机插接器，其端子排列如图_____所示；<br>4. 拔开车速传感器插接器，其端子排列如图_____所示。<br>**（二）电动动力转向系统的故障类型（列举两种）**<br>1. _____；<br>2. _____。 |

| 决策单 | | | | |
|---|---|---|---|---|
| 等级 | A 优秀　B 良好　C 中等　D 合格　E 不合格 | | | |

| 各组概况 | 计划的可行性 | 计划的安全性 | 计划的环保性 | 计划实施的难度 | 综合评定等级 |
|---|---|---|---|---|---|
| 本组自评 | | | | | |
| 组间互评 | | | | | |
| 教师评价 | | | | | |
| 本组初始方案或计划的修正 | | | | | |

（续）

| 实施单 | | | |
|---|---|---|---|
| 本人角色 | | | |
| 实施步骤 | | 所需工具 | 注意事项 |
| | | | |
| 实施过程中所遇到的困难 | | | |

| 检查单 | | | |
|---|---|---|---|
| 检查内容 | 检查标准 | 组内自检 | 组间互检 |
| | | | |

| 评价单 | | | | | | |
|---|---|---|---|---|---|---|
| 评价模块 | 评价内容 | 分值 | 自评（30%） | 互评（40%） | 师评（30%） | 合计 |
| 知识（35分） | 电动动力转向系组成 | 10 | | | | |
| | 电动动力转向系分类、工作原理 | 10 | | | | |
| | 零部件的结构与功能 | 15 | | | | |
| 能力（35分） | 各部件的检查 | 15 | | | | |
| | 故障码的检查与排除 | 10 | | | | |
| | 动力转向系统排故 | 10 | | | | |
| 素养（20分） | 团队合作，交流沟通 | 10 | | | | |
| | 规范操作，8S 管理 | 10 | | | | |
| 创新（10分） | 创新思维 创新能力 创新精神 | 10 | | | | |
| 合计 | | 100 | | | | |
| 学生签名 | | | 组长签名 | | | |
| 教师签名 | | | 日期 | | | |
| 评语 | | | | | | |

# 学习场四·学习情境一

| 场名称 | 汽车制动系统结构拆装与故障诊断、检修 |
|---|---|
| 情境名称 | 汽车制动系统认知与制动踏板自由行程 |

| | 资讯单 |
|---|---|
| 识记内容<br>检测 | **（一）写出图中部件的名称**<br><br>1：　2：　3：　4：　5：　6：　7：<br><br>**（二）电子制动系统的分类**<br>1：　2：　3：　4：　5：　6： |
| 实操知识<br>与技能<br>需求 | **（一）制动踏板自由行程的测量**<br>1. 在制动踏板处于释放位置时，用钢直尺测量_____至_____的高度；<br>2. 用手压下制动踏板至_____的位置，用钢直尺测量_____至_____的高度；<br>3. 两次测量高度差，即为该车制动踏板自由行程。（多次测量，取平均值）<br><br>**（二）制动踏板自由行程的检查**<br>　　一般来说，气压制动的踏板自由行程在_____，液压制动的踏板自由行程在_____。<br><br>**（三）液压制动踏板自由行程的调整步骤**<br>1. 取下转向盘下方的_____，拔下制动灯开关的_____，取下制动灯开关，检查制动灯开关与踏板接触位置的磨损情况；<br>2. 使用鲤鱼钳拆下推杆与制动踏板间的_____，取出转轴，使用鲤鱼钳拧松制动主缸推杆上的_____，拧进或拧出推杆进行调整，使踏板高度达到_____；<br>3. 装上_____，装上锁紧锁簧，并锁紧，装上_____，直到柱塞被完全压住，拧紧锁紧螺母，接上制动灯开关插头，装上转向盘下方的保护罩，松开_____，确认制动灯熄灭。 |

| | 决策单 | | | | |
|---|---|---|---|---|---|
| 等级 | A 优秀　B 良好　C 中等　D 合格　E 不合格 | | | | |
| 各组概况 | 计划的可行性 | 计划的<br>安全性 | 计划的<br>环保性 | 计划实施的难度 | 综合评定等级 |
| 本组自评 | | | | | |
| 组间互评 | | | | | |
| 教师评价 | | | | | |
| 本组初始方案或计划的修正 | | | | | |

（续）

| 实施单 | | |
|---|---|---|
| 本人角色 | | |
| 实施步骤 | 所需工具 | 注意事项 |
|  |  |  |
| 实施过程中所遇到的困难 | | |

| 检查单 | | | |
|---|---|---|---|
| 检查内容 | 检查标准 | 组内自检 | 组间互检 |
|  |  |  |  |

| 评价单 | | | | | | |
|---|---|---|---|---|---|---|
| 评价模块 | 评价内容 | 分值 | 自评（30%） | 互评（40%） | 师评（30%） | 合计 |
| 知识（30分） | 制动系统组成 | 10 |  |  |  |  |
|  | 制动系统工作过程 | 10 |  |  |  |  |
|  | 制动系统性能要求 | 10 |  |  |  |  |
| 能力（30分） | 制动系统实物部件辨析 | 10 |  |  |  |  |
|  | 制动踏板自由行程检查 | 10 |  |  |  |  |
|  | 制动踏板自由行程检查 | 10 |  |  |  |  |
| 素养（30分） | 团队合作，交流沟通 | 10 |  |  |  |  |
|  | 规范操作，8S管理 | 10 |  |  |  |  |
|  | 安全意识，工匠精神 | 10 |  |  |  |  |
| 创新（10分） | 创新思维 创新能力 创新精神 | 10 |  |  |  |  |
| 合计 | | 100 |  |  |  |  |
|  | 学生签名 | | 组长签名 | | | |
|  | 教师签名 | | 日期 | | | |
|  | 评语 | | | | | |

# 学习场四·学习情境二

| 场名称 | 汽车制动系统结构拆装与故障诊断、检修 |
|---|---|
| 情境名称 | 盘式制动器的组成、拆装与检修 |
| | **资讯单** |

| 识记内容检测 | （一）写出图中部件的名称 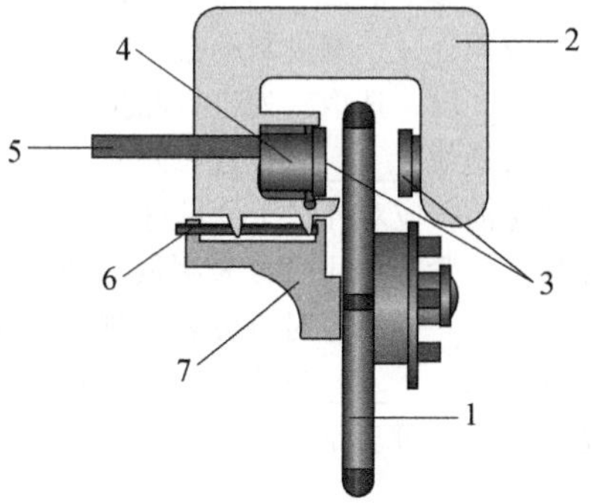<br><br><br><br>1：　　　2：　　　3：　　　4：　　　5：　　　6：　　　7：<br><br>（二）新型消声片<br>1. 工艺：_____<br>2. 材料：_____<br>3. 特点：_____<br><br>**（三）盘式制动器的优缺点**<br>1. 盘式制动器的优点：一般无摩擦助势作用，因而制动器效能受摩擦系数的影响较小，即_____；浸水后效能降低较少，而且只须_____即可恢复正常；较容易实现自动调整，其他保养修理作业也较简便；因为制动盘外露，还有_____的优点。<br>2. 盘式制动器的缺点：制动时_____，故要求管路液压比较高；磨损较快。 |
|---|---|
| 实操知识与技能需求 | **（一）盘式制动器的拆卸**<br>1. 打开车门，安装车内防护；打开发动机舱盖，安装_____，进气格栅布；放置_____（双柱举升机不需要放置）；拧松_____（注意对角拧松）；举升车辆离开地面。<br>2. 拆下车轮螺栓。注意：车轮应尽量放置在车轮架上。举升车辆至高位；拆卸与_____连接螺栓；用_____工具撬动，压回制动轮缸活塞。<br>3. 取下_____，并可靠放置（可用挂钩挂起），拆卸_____，拆卸_____的固定螺栓，取下制动轮缸支架，拆下制动盘。<br><br>**（二）盘式制动器的检修**<br>1. 清除_____及沟槽处的脏物，可用抹布擦拭，砂纸打磨；检查制动片；分解消声片与摩擦片，在消声片正反面涂上_____；将消声片与制动摩擦片组装在一起。 |

（续）

| 实操知识与技能需求 | 2. 检查磨损指示器钢片，_____磨损，_____脏污；如有锈蚀和脏物，应清洁干净；检查制动盘及其表面，可用抹布擦拭干净；检查制动盘及其表面，可使用砂纸打磨制动盘表面，注意，打磨时的痕迹可以是无方向性的，但打磨痕迹应_____。<br><br>**（三）盘式制动器的测量**<br>1. 用_____或_____测量制动片的厚度，在制动片的_____三处进行测量，制动摩擦片厚度参考值是_____，磨损极限是_____。<br>2. 用_____或_____测量制动盘的厚度，可在距离制动盘外边缘_____位置每隔_____度，选取三处进行测量，然后取平均值，若要更为准确，可在距离制动盘外边缘_____位置每隔_____度，选取四处进行测量，最后取平均值；测量前，应对外径千分尺进行零位校准。<br>3. 安装车轮螺栓并紧固，用百分表测量制动盘的_____，安装_____，并用磁性表座_____，测量时百分表的测杆应垂直于_____，测量点宜选取距离制动盘外边缘_____位置，先将百分表校零，再用手（或用扭力扳手）转动制动盘，观察百分表指针的摆动，一般应不超过_____，部分车型不超过_____即可。<br><br>**（四）盘式制动器故障所引起的制动系统故障类型**<br>1：_____<br>2：_____<br>3：_____<br>4：_____<br>5：_____ |
|---|---|

**决策单**

| 等级 | A 优秀　B 良好　C 中等　D 合格　E 不合格 | | | | |
|---|---|---|---|---|---|
| 各组概况 | 计划的可行性 | 计划的安全性 | 计划的环保性 | 计划实施的难度 | 综合评定等级 |
| 本组自评 | | | | | |
| 组间互评 | | | | | |
| 教师评价 | | | | | |
| 本组初始方案或计划的修正 | | | | | |

（续）

| 实施单 | | |
|---|---|---|
| 本人角色 | | |
| 实施步骤 | 所需工具 | 注意事项 |
| | | |
| 实施过程中所遇到的困难 | | |
| 检查单 | | |

| 检查内容 | 检查标准 | 组内自检 | 组间互检 |
|---|---|---|---|
| | | | |

| 评价单 | | | | | | |
|---|---|---|---|---|---|---|
| 评价模块 | 评价内容 | 分值 | 自评（30%） | 互评（40%） | 师评（30%） | 合计 |
| 知识（30分） | 盘式制动器组成 | 10 | | | | |
| | 盘式制动器工作过程 | 10 | | | | |
| | 盘式制动器优缺点 | 10 | | | | |
| 能力（30分） | 盘式制动器拆装 | 10 | | | | |
| | 盘式制动器测量 | 10 | | | | |
| | 盘式制动器检修 | 10 | | | | |
| 素养（30分） | 团队合作，交流沟通 | 10 | | | | |
| | 规范操作，8S管理 | 10 | | | | |
| | 诚实守信 | 10 | | | | |
| 创新（10分） | 创新思维 创新能力 创新精神 | 10 | | | | |
| 合计 | | 100 | | | | |
| | 学生签名 | | 组长签名 | | | |
| | 教师签名 | | 日期 | | | |
| | 评语 | | | | | |

# 学习场四·学习情境三

| 场名称 | 汽车制动系统结构拆装与故障诊断、检修 |
|---|---|
| 情境名称 | 鼓式制动器的组成、拆装与检修 |
| **资讯单** | |
| 识记内容<br>检测 | **（一）写出双向双领蹄式制动器各部件的名称**<br><br><br><br>1:　　　2:　　　3:　　　4:<br><br>**（二）鼓式制动器的分类**<br>1:　　　2:　　　3:　　　4:　　　5:　　　6: |
| 实操知识<br>与技能<br>需求 | **（一）制动不灵故障**<br>1. 故障现象：_____；<br>2. 诊断原因：_____、_____、_____；<br>3. 排故方法：_____、_____、_____；<br><br>**（二）制动蹄衬片厚度的检查**<br>　　测量前，应使用抹布或纸巾清除制动蹄上的_____和_____。用游标卡尺测量制动蹄片的厚度，标准值为_____，使用极限为_____，其铆钉与摩擦片的表面深度不得小于_____，以免铆钉头刮伤制动鼓内表面。<br><br>**（三）制动鼓内孔磨损及尺寸的检查**<br>1. 检查制动鼓内孔有无_____、_____、_____、_____、_____，如有，则不能_____，应更换新件。可用手或_____，触摸制动鼓，感触表面是否有_____或_____，如有，应进行修磨，如情况严重，无法修磨，则应更换制动鼓。<br>2. 检查制动鼓内孔尺寸及圆度误差时，用_____检查内孔尺寸，标准值为_____，使用极限为_____。用_____工具测量制动鼓内孔的圆度误差，使用极限为_____，超过极限应更换新件。 |

（续）

| 决策单 | | | | | |
|---|---|---|---|---|---|
| 等级 | A 优秀　B 良好　C 中等　D 合格　E 不合格 | | | | |
| 各组概况 | 计划的可行性 | 计划的安全性 | 计划的环保性 | 计划实施的难度 | 综合评定等级 |
| 本组自评 | | | | | |
| 组间互评 | | | | | |
| 教师评价 | | | | | |
| 本组初始方案或计划的修正 | | | | | |

| 实施单 | | |
|---|---|---|
| 本人角色 | | |
| 实施步骤 | 所需工具 | 注意事项 |
| | | |
| 实施过程中所遇到的困难 | | |

| 检查单 | | | |
|---|---|---|---|
| 检查内容 | 检查标准 | 组内自检 | 组间互检 |
| | | | |

（续）

| 评价单 | | | | | | |
|---|---|---|---|---|---|---|
| 评价模块 | 评价内容 | 分值 | 自评（30%） | 互评（40%） | 师评（30%） | 合计 |
| 知识（30分） | 鼓式制动器组成 | 10 | | | | |
| | 鼓式制动器工作过程 | 10 | | | | |
| | 鼓式制动器优缺点 | 10 | | | | |
| 能力（30分） | 鼓式制动器拆装 | 10 | | | | |
| | 鼓式制动器测量 | 10 | | | | |
| | 鼓式制动器检修 | 10 | | | | |
| 素养（30分） | 团队合作，交流沟通 | 10 | | | | |
| | 规范操作，8S 管理 | 10 | | | | |
| | 奉公守法，责任意识 | 10 | | | | |
| 创新（10分） | 创新思维 创新能力 创新精神 | 10 | | | | |
| 合计 | | 100 | | | | |
| | 学生签名 | | 组长签名 | | | |
| | 教师签名 | | 日期 | | | |
| | 评语 | | | | | |

# 学习场四·学习情境四

| 场名称 | 汽车制动系统结构拆装与故障诊断、检修 |
|---|---|
| 情境名称 | 汽车液压制动系统与制动液 |

<table>
<tr><td colspan="2" align="center">资讯单</td></tr>
<tr>
<td rowspan="1">识记内容<br>检测</td>
<td>

**（一）写出图中部件的名称**

1：　　2：　　3：　　4：　　5：　　6：　　7：　　8：　　9：

10：　　11：　　12：　　13：　　14：　　15：　　16：　　17：

**（二）制动液的型号**

1：　　　2：　　　3：　　　4：

**（三）制动液使用时的注意事项**

1. ＿＿＿＿＿＿＿＿＿＿＿＿＿＿＿＿＿＿＿＿＿＿＿＿＿＿＿＿＿＿＿；
2. ＿＿＿＿＿＿＿＿＿＿＿＿＿＿＿＿＿＿＿＿＿＿＿＿＿＿＿＿＿＿＿；
3. ＿＿＿＿＿＿＿＿＿＿＿＿＿＿＿＿＿＿＿＿＿＿＿＿＿＿＿＿＿＿＿；
4. ＿＿＿＿＿＿＿＿＿＿＿＿＿＿＿＿＿＿＿＿＿＿＿＿＿＿＿＿＿＿＿。

**（四）分类与组成**

1. 双回路液压制动系统按照布置形式可分为＿＿＿＿＿和＿＿＿＿＿两种；
2. 制动轮缸主要由＿＿＿＿＿、＿＿＿＿＿、＿＿＿＿＿、＿＿＿＿＿、＿＿＿＿＿和＿＿＿＿＿组成；
3. 常见的制动轮缸可分为＿＿＿＿＿、＿＿＿＿＿、＿＿＿＿＿等形式；
4. 制动管路由＿＿＿＿＿和＿＿＿＿＿组成，其功能是＿＿＿＿＿。

</td>
</tr>
<tr>
<td>实操知识<br>与技能<br>需求</td>
<td>

**（一）制动主缸的检修**

1. 检查制动主缸缸体 2 和活塞 4，其表面不得有＿＿＿＿＿和＿＿＿＿＿；
2. 用内径百分表 1 测量 B；
3. 用千分尺 3 测量 C，并计算出内孔与活塞之间的 A，看是否符合限值要求，若超过极限值应更换。如图 1 所示。

</td>
</tr>
</table>

（续）

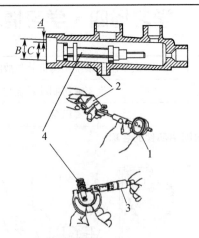

图1　制动主缸的检修

### （二）制动轮缸（单活塞）的拆卸与检修

1. 取下4，用1顶住2，以防止损坏活塞；
2. 从3上的进油孔处用压缩空气将2从3里吹出；
3. 用5取出4。如图2所示。
4. 用1测量制动轮缸2，用3测量活塞4的_____；
5. 计算出_____与_____的配合间隙，看是否符合限值要求。如图3所示。

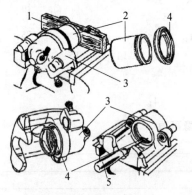

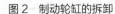

图2　制动轮缸的拆卸

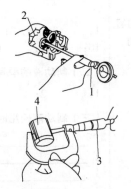

图3　制动轮缸的检修

实操知识
与技能
需求

| 决策单 | | | | | |
|---|---|---|---|---|---|
| 等级 | A优秀　B良好　C中等　D合格　E不合格 | | | | |
| 各组概况 | 计划的可行性 | 计划的安全性 | 计划的环保性 | 计划实施的难度 | 综合评定等级 |
| 本组自评 | | | | | |
| 组间互评 | | | | | |
| 教师评价 | | | | | |
| 本组初始方案或计划的修正 | | | | | |

（续）

| 实施单 | | | |
|---|---|---|---|
| 本人角色 | | | |
| 实施步骤 | | 所需工具 | 注意事项 |
| | | | |
| 实施过程中所遇到的困难 | | | |

| 检查单 | | | |
|---|---|---|---|
| 检查内容 | 检查标准 | 组内自检 | 组间互检 |
| | | | |

| 评价单 | | | | | | |
|---|---|---|---|---|---|---|
| 评价模块 | 评价内容 | 分值 | 自评<br>（30%） | 互评<br>（40%） | 师评<br>（30%） | 合计 |
| 知识<br>（30分） | 液压制动系统布置形式 | 10 | | | | |
| | 制动主缸与制动轮缸 | 10 | | | | |
| | 制动液型号及适用范围 | 10 | | | | |
| 能力<br>（30分） | 制动主缸与轮缸的检修 | 10 | | | | |
| | 制动液的更换 | 10 | | | | |
| | 制动管路检查 | 10 | | | | |
| 素养<br>（30分） | 团队合作，交流沟通 | 10 | | | | |
| | 规范操作，8S管理 | 10 | | | | |
| | 绿色环保，劳动精神 | 10 | | | | |
| 创新<br>（10分） | 创新思维<br>创新能力<br>创新精神 | 10 | | | | |
| 合计 | | 100 | | | | |
| | 学生签名 | | 组长签名 | | | |
| | 教师签名 | | 日期 | | | |
| | 评语 | | | | | |

# 学习场四·学习情境五

| 场名称 | 汽车制动系统结构拆装与故障诊断、检修 |
|---|---|
| 情境名称 | 汽车驻车制动系统检修 |

资讯单

| | |
|---|---|
| 识记内容<br>检测 | **（一）写出图中部件的名称**<br><br><br><br>1：　　　2：　　　3：　　　4：　　　5：　　　6：　　　7：<br><br>**（二）电子驻车制动系统**<br>　　电子驻车制动系统简称为_____，其工作原理与机械式驻车制动相同，均是通过_____与_____产生的摩擦力来达到控制停车制动，只是控制方式从之前的_____变成_____。 |
| 实操知识<br>与技能<br>需求 | **（一）驻车制动器蹄鼓间隙的调整**<br>　　将拉杆上的_____拧开，将_____放松到最前端，拧动拉杆上的_____。将调整螺母拧紧，蹄鼓间隙会_____；将调整螺母拧松，蹄鼓间隙会_____。<br><br>**（二）制动装置的调整与检修**<br>1. 调整：松开驻车_____，用力踩压制动踏板，然后将驻车制动操纵杆拉紧，转动拉杆上的_____，直到用手不能转动后轮为止。当放松驻车制动操纵杆后，两后轮应能_____。<br>2. 检修：拉绳一边是_____，检查其_____，如已松弛，应更换；检查其磨损情况，如磨损严重，应更换，检查其是否_____，如有_____应更换或解除。检查锁止机构中的_____和_____，如有磨损或断齿情况，应及时更换。 |

决策单

| 等级 | A 优秀　B 良好　C 中等　D 合格　E 不合格 | | | | |
|---|---|---|---|---|---|
| 各组概况 | 计划的可行性 | 计划的<br>安全性 | 计划的<br>环保性 | 计划实施的难度 | 综合评定等级 |
| 本组自评 | | | | | |
| 组间互评 | | | | | |
| 教师评价 | | | | | |
| 本组初始方案或计划的修正 | | | | | |

（续）

| 实施单 | | |
|---|---|---|
| 本人角色 | | |
| 实施步骤 | 所需工具 | 注意事项 |
| | | |
| 实施过程中所遇到的困难 | | |

| 检查单 | | | |
|---|---|---|---|
| 检查内容 | 检查标准 | 组内自检 | 组间互检 |
| | | | |

| 评价单 | | | | | | |
|---|---|---|---|---|---|---|
| 评价模块 | 评价内容 | 分值 | 自评（30%） | 互评（40%） | 师评（30%） | 合计 |
| 知识（40分） | 机械驻车制动系统组成 | 10 | | | | |
| | 驻车制动系统类型 | 10 | | | | |
| | 电子驻车制动系统结构 | 10 | | | | |
| | 电子驻车制动系统原理 | 10 | | | | |
| 能力（30分） | 机械驻车制动系统检查 | 15 | | | | |
| | 机械驻车制动系统调整 | 15 | | | | |
| 素养（20分） | 团队合作，交流沟通 | 10 | | | | |
| | 规范操作，8S管理 | 10 | | | | |
| 创新（10分） | 创新思维 创新能力 创新精神 | 10 | | | | |
| 合计 | | 100 | | | | |
| | 学生签名 | | 组长签名 | | | |
| | 教师签名 | | 日期 | | | |
| | 评语 | | | | | |

# 学习场四 · 学习情境六

| 场名称 | 汽车制动系统结构拆装与故障诊断、检修 |
|---|---|
| 情境名称 | 汽车 ABS 故障的诊断与检修 |
| | **资讯单** |

| | |
|---|---|
| **识记内容检测** | **（一）写出图中部件的名称** 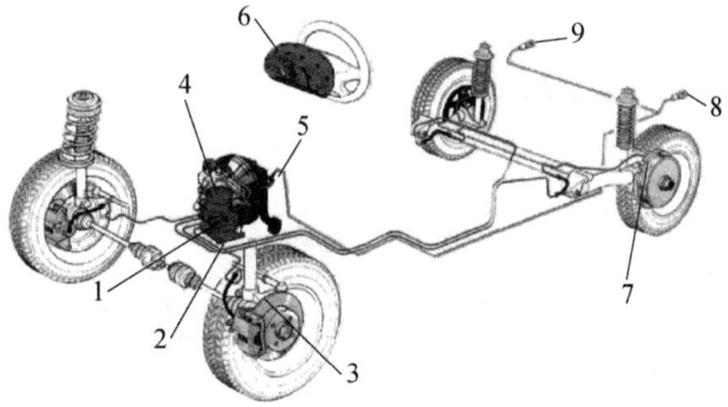<br><br><br><br>1:　　2:　　3:　　4:　　5:　　6:　　7:　　8:　　9:<br><br>**（二）ABS 系统的优点**<br><br>1. _____ ;<br>2. _____ ;<br>3. _____ ;<br>4. _____ ;<br>5. _____ 。<br><br>**（三）按控制通道及传感器数目**<br><br>1. 按控制通道数可分为_____、_____、_____和_____；按传感器数可分为_____和_____；<br>2. 控制通道是指能够_____制动管路。如果一个车轮的制动压力占用_____，可以进行_____，称为独立控制。如果两个车轮的制动压力是_____，称为一同控制。<br><br>**（四）ABS 的工作过程**<br><br>1. ABS 工作过程分为"_____、_____、_____、_____"四个阶段；<br>2. 升压阶段，电磁线圈中，电磁阀柱塞在回位弹簧的作用下处于"_____"位置，制动主缸与轮缸；<br>3. 减压阶段，电子控制单元向_____输入较大电流，产生较大的电磁力，使柱塞处于"_____"位置，电磁阀柱塞将_____与回油通道或储液器接通，_____中的制动液经_____流入储液器，压力下降。 |
| **实操知识与技能需求** | **（一）ABS 故障灯常亮的原因分析**<br><br>1. _____ ;<br>2. _____ ;<br>3. _____ ; |

（续）

| | 4. _____；<br>5. _____；<br>6. _____。<br><br>**（二）轮速传感器故障的诊断与排除**<br><br>1. 轮速传感器线路问题导致的间歇性故障：将车辆停稳，用_____查看轮速数据，同时晃动_____，或踩住_____，左右转动，特别是要在_____。如果轮速数据出现跳变，说明轮速传感器线路存在故障。注意：此方法只对轮速传感器有效。<br><br>2. 使用万用表进行测量，断开 ABS 控制单元，从 ABS 控制单元插接器的_____测量整个轮速传感器回路的电阻。正常情况下电阻为_____左右，如果线路没有虚接，电阻是不会跳变的。在观察电阻值的同时，晃动_____，如果电阻值出现，说明线路存在虚接。<br><br>3. 检测轮速传感器的_____是判断其好坏最有效的方法。电磁式轮速传感器可以使用_____直接测量其是否处于正常范围，而霍尔式和磁阻式轮速传感器需要使用_____来测量其_____。<br><br>**（三）故障码诊断与排除**<br><br>　　ABS 具有_____和_____功能，当点火开关处于_____位置时，电子控制单元将会自动地对_____、_____、_____进行静态测试，若 ABS 电子控制单元发现系统中存在故障，则电子控制单元会以_____的形式储存记忆故障情况，并持续点亮，当汽车的速度达到一定值时，ABS 的电子控制单元还要对系统中的一些电器元件进行_____，如果发现系统中有故障存在，电子控制单元会以_____的形式存储记忆故障情况。 |
|:---:|
| **实操知识<br>与技能<br>需求** |

| **决策单** |||||
|:---:|:---:|:---:|:---:|:---:|
| 等级 | A 优秀　B 良好　C 中等　D 合格　E 不合格 |||| |
| 各组概况 | 计划的可行性 | 计划的<br>安全性 | 计划的<br>环保性 | 计划实施的难度 | 综合评定等级 |
| 本组自评 | | | | | |
| 组间互评 | | | | | |
| 教师评价 | | | | | |
| 本组初始方案或计划的修正 | | | | | |

| **实施单** |||
|:---:|:---:|:---:|
| 本人角色 | | |
| 实施步骤 | 所需工具 | 注意事项 |
| | | |
| 实施过程中所遇到的困难 | | |

（续）

| 检查单 | | | |
|---|---|---|---|
| 检查内容 | 检查标准 | 组内自检 | 组间互检 |
| | | | |

| 评价单 | | | | | | |
|---|---|---|---|---|---|---|
| 评价模块 | 评价内容 | 分值 | 自评<br>（30%） | 互评<br>（40%） | 师评<br>（30%） | 合计 |
| 知识<br>（30分） | ABS 系统的组成 | 10 | | | | |
| | ABS 系统的功能 | 10 | | | | |
| | ABS 系统的优点 | 10 | | | | |
| 能力<br>（30分） | ABS 常见故障的检查 | 10 | | | | |
| | ABS 故障灯常亮检修 | 10 | | | | |
| | 轮速传感器检修 | 10 | | | | |
| 素养<br>（30分） | 团队合作，交流沟通 | 10 | | | | |
| | 规范操作，8S 管理 | 10 | | | | |
| | 求真务实，实事求是 | 10 | | | | |
| 创新<br>（10分） | 创新思维<br>创新能力<br>创新精神 | 10 | | | | |
| 合计 | | 100 | | | | |
| | 学生签名 | | 组长签名 | | | |
| | 教师签名 | | 日期 | | | |
| | 评语 | | | | | |

# 学习场四·学习情境七

| 场名称 | 汽车制动系统结构拆装与故障诊断、检修 |
|---|---|
| 情境名称 | 汽车 ASR、ESP、EBD 检修与制动能量回收 |

资讯单

| | |
|---|---|
| 识记内容<br>检测 | **（一）写出图中部件的名称** 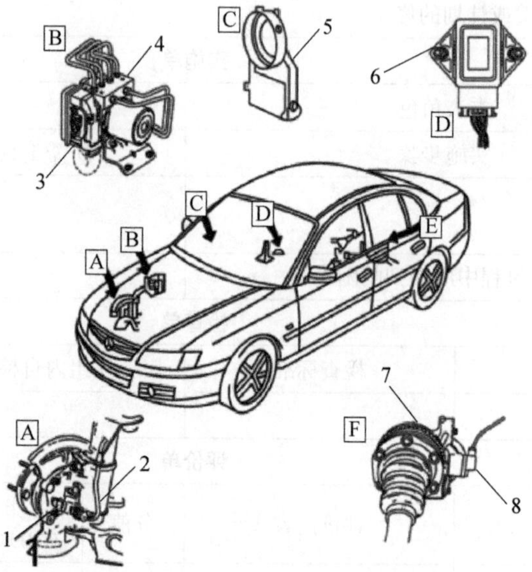<br><br>1:　　2:　　3:　　4:　　5:　　6:　　7:　　8:<br><br>**（二）系统组成**<br>1. ASR 系统一般由传感器（主要包括_____、_____、减速度传感器等）、<br>　 ASR、执行器（主要包括_____、副节气门驱动装置等）三大部分组成。<br>2. EBD 系统由_____、ECU 和_____三部分组成。<br><br>**（三）制动能量回收**<br>1. 功能：制动能量回收系统配合机械制动，能够提高电动汽车制动系统<br>　 的_____、_____和_____，同时增加_____。<br>2. 分类：根据储能方式不同，分为_____、_____和_____。 |
| 实操知识<br>与技能<br>需求 | **ASR 与 ESP 故障诊断的检修方法**<br>1. _____，可以发现比较明显的故障；<br>2. 检查管路和制动器有无_____现象；<br>3. 检查所有_____、_____是否完好，插接是否_____；<br>4. 检查电子控制单元和_____总成；<br>5. 检查传感器及_____，检查电压是否在规定范围内。 |

（续）

| 决策单 | | | | | |
|---|---|---|---|---|---|
| 等级 | A 优秀　B 良好　C 中等　D 合格　E 不合格 | | | | |
| 各组概况 | 计划的可行性 | 计划的安全性 | 计划的环保性 | 计划实施的难度 | 综合评定等级 |
| 本组自评 | | | | | |
| 组间互评 | | | | | |
| 教师评价 | | | | | |
| 本组初始方案或计划的修正 | | | | | |

| 实施单 | | |
|---|---|---|
| 本人角色 | | |
| 实施步骤 | 所需工具 | 注意事项 |
| | | |
| 实施过程中所遇到的困难 | | |

| 检查单 | | | |
|---|---|---|---|
| 检查内容 | 检查标准 | 组内自检 | 组间互检 |
| | | | |

| 评价单 | | | | | | |
|---|---|---|---|---|---|---|
| 评价模块 | 评价内容 | 分值 | 自评（30%） | 互评（40%） | 师评（30%） | 合计 |
| 知识（40分） | ASR 与 ESP 的作用 | 10 | | | | |
| | ASR 与 ESP 的组成 | 10 | | | | |
| | EBD 的作用与组成 | 10 | | | | |
| | 制动能量回收 | 10 | | | | |
| 能力（30分） | "过度转向"与"不足转向"的分析 | 15 | | | | |
| | ESP 系统故障诊断 | 15 | | | | |
| 素养（20分） | 团队合作，交流沟通 | 10 | | | | |
| | 规范操作，8S 管理 | 10 | | | | |
| 创新（10分） | 创新思维创新能力创新精神 | 10 | | | | |
| 合计 | | 100 | | | | |
| | 学生签名 | | 组长签名 | | | |
| | 教师签名 | | 日期 | | | |
| | 评语 | | | | | |